本书是教育部 2011 年度人文社会科学研究规划基金项目
"现象学直观的大学教学论"（11YJA880084）的最终成果

现象学直观的大学教学论

阮朝辉 著

Phenomenology Intuitive
University Teaching

人 民 出 版 社

序

张廷国

阮朝辉博士的新著《现象学直观的大学教学论》即将出版，这是值得祝贺的一件事情。我相信这本书的出版，一方面对于推进现象学的基本理论和方法的研究具有重要意义，另一方面则有助于我们全面了解应用现象学，尤其是教育现象学的研究现状以及存在的问题。

作者希望我能为这本书写个序，而且我也答应了下来。但是，一方面因为忙于自己的教学和科研，而一直无暇静下心来仔细阅读完该书稿的全部内容，但更主要的还是因为自己在高等教育学，特别是在大学教学论方面的知识了解不多，甚至可以说完全是个门外汉。因此，虽然我答应了写序的要求，但说句实话，我也不知该如何下笔。为了不至于误导读者，在这里我也只能就自己对现象学的初步研究和对教育学的一般性理解，来谈一点我本人对教育及其本质的看法。

现象学的基本精神就是"回到事情本身"。如果用这一基本精神去研究教育或高等教育的问题，当然地就是要"回到教育的事情本身"，而教育的"事情本身"究竟是什么、我们又该如何去正确地理解它，我认为这才是问题的真正所在。

教育的问题归根到底是人的问题。无论我们是把人理解为"社会关系的总和"（马克思语），还是把人理解为"在世之在"（海德格尔语），我们都无法怀疑人与世界的"共在"关系，在这里既包括我与他人的共在，也包括人与物的共在。在这样一种人与人、人与世界的共在关系中，人的问题首先是一个存在论的问题，而非一个知识论的问题，因此在这个意义上，我们完全可以说，教育不能仅仅被理解为一个知识范畴，而应理解为一个存在范畴。

当我们把人首先理解为一个存在范畴时，我们立刻就会发现，作为存在者的人与作为物的存在者显然是有本质区别的，这种区别就在于人是具有精神或价值取向的存在者（马克思和海德格尔都称之为"此在"），是对"至善"的渴望者。因此，这就需要有"教育"或"教化"，因为人要追求自身不断的自我完善乃至于达到"至善"，这就必须借助赋予教养和自我教育来实现，而并不像柏拉图所设想的那样仅仅借助"回忆"就能实现的。然而，作为"此在"的人并不是生活在一个孤岛上的人，他既是作为一个"个体之在"，但同时他又是"在世之在"，这就意味着他必然是"在世之在"与"个体之在"的统一。而教育的任务所面对的恰好就是这样的人，因此我们必须把教育作进一步的概念区分，为了实现人的"在世之在"，我们需要一种教育的外在规定性或外在教育，为了实现人的"个体之在"，我们也需要一种教育的内在规定性或内在教育，二者缺一不可。外在教育的核心问题是人的塑造，其目标是使人成为有教养的人。人的塑造不是一蹴而就的，而是一个漫长的过程，所以这就需要不断地通过外在教育而赋予人以基本的技能和教养。在这里，我所说的外在教育，主要是指国民教育、学校教育和家庭教育。内在教育的核心问题是使人"成人"或"立人"，其目标是使人成为有精神取向的人。在此，我所指的内在教育主要是指因个体精神取向的差异而形成的个体差异性的教育。作为个体性的存在，每个人都有自己独特的个性和精神追求，如果仅仅借助外在教育，虽然可以去塑造他并赋予他以教养，却无助于从根本上去改变他的精神取向。他的精神取向更多的是自我教育的结果，与源自他的生活世界的生命体验、记忆、习俗、宗教信仰等有着密切的联系。如果我们撇开他的生活世界和生命体验而一厢情愿地通过外在教育去教化他、改造他，不仅无助于他尽快成人，而且有可能适得其反。所以，我认为我们目前的教育理念应该改革，不能仅仅关注"应当"的教育，而应该同时去关注和探索"意愿"的教育，因为意愿的教育更加强调教育的内在规定性和自我教育，因而更有利于人从不成熟状态过渡到成熟状态。在这里，我之所以要把教育区分为外在教育和内在教育，并不是说二者的区分在每个个体身上是那么截然分明，其实在具体到对每个个体之在的教育过程中，二者往往是互相影响和互相渗透的。

理解了教育的本质问题，也就理解了当前高等教育领域中普遍存在的问题。在当前我国的高等教育领域中，也包括大学教学领域，我们的教育技术不可谓不发达，我们的教学改革举措不可谓不多，但是，我认为这并没有触及教育的本质问题。也就是说，在其根本上还是忽视了人的当下感受和意愿。而一旦脱离了人的当下感受和意愿，所有的赋予教养都只能是外在的东西，受教养者可以受到很好的知识教育，甚至可以从课堂上学到很多服务于社会的技能，但对于受教养者最终成为一个真正有精神取向和灵魂的人，并无多大实质性的帮助。

因此我认为，我们在今天仍然有必要去探索研究教育本质的途径，而且必须打破传统的研究思路和方法，即不能把探究教育的本质仅仅局限于静态的分析和推论，而应该自觉地用现象学的精神去直观教育、体验教育。在这里，我所说的现象学精神至少应当包含三个层次：一是"回到事情本身"；二是"回到人本身"；三是"回到人的生活世界"。具体到教育领域，就是要回到教育的事情本身，回到使人成人的事情本身。

阮朝辉博士这本新著可以说正是试图以现象学的基本精神来重新探讨我国当代高等教育领域中存在的问题之一——大学教学论中的问题。虽然书中提出的有些观点还存在诸多值得商榷的地方，但他通过对胡塞尔现象学的本质直观的方法的消化和理解，尝试着来直观我国当代大学精神、大学教师和学生、大学课程、大学教学、教学质量和评价等现象，并以此为基础深入探讨了我国当代大学教学论中普遍存在的困境及其出路。作为读者，我衷心希望本书能对我国目前正在进行的大学教学改革有所助益。

2016 年 6 月 4 日喻家山下

目 录

绪　论

自恢复高考以来，我国一直非常重视高等教育教学质量的提升。1985年，原国家教委颁布了《关于开展高等工程教育评估研究和试点工作的通知》，一些省市开始启动高校办学水平、专业以及课程的评估试点工作。1999年，我国高等院校开始了大规模扩大招生，高校的办学定位问题、教育资源问题以及教学质量问题等迅速暴露了出来。对此，教育部从2003年到2008年持续开展了对普通本科院校的教学工作评估，这一系列评估活动，虽然促进了各本科院校警觉自身教学质量的重要性及危机感，但也使各院校陷入了评估效果争夺之中。系列评估活动虽然在一定程度上促进了本科办学水平、教育教学质量以及科学研究水平的提升，但也强化了大学教学的行政化、功利化倾向。虽然引发了大学教学理论研究的多元审视和研究，促进了原本不被重视的大学教学问题、大学教学论（大学教学学）建设问题得到了有效重视，但是，用"回到事实本身"的现象学方法研究大学教学问题、建构大学教学论体系等问题，直到当前还是空白，这应是本书开展研究和教育部立项资助的动因所在。

第一节　现象学直观的大学教学论的内涵

对我国当代哲学研究而言，现象学作为一种哲学或哲学思潮在国内兴起和快速发展应该是20世纪90年代。经过二十多年的发展，现象学作为一种方法，已经从哲学泛化到文学、史学、法学、军事学、神学、教育学、管理学、医学、理学、工学以及艺术学等。从现有文献来看，除农学外，其他十多个学科领域都有了运用现象学进行研究的成果。

一、现象学的定义及运动

现象学（Phenomenology）的"现象"（Phenomena）早在柏拉图的哲学中就已经出现。在近代哲学中，德国的拉姆贝特（Johann Heinrich Lambert）在其《新工具》（1764）一书中最早使用了"现象学"一词，与拉姆贝特同时期的康德（Immanuel Kant）称自己的"纯粹理性批判"为"普通现象学"（1772），提出了"一般现象学"的任务是划分感性与理性的界限，规定感性原则的有效性和限度，将经验知识的范围限制在现象界，它并不追问物质实体。哈特曼（Nicolai Hartman）在他的伦理学和宗教哲学著作中经常使用现象学一词。苏格兰汉密尔顿（Wolliam Hamilton）的《形而上学讲演集》有一章"精神的现象学"，论述精神归纳哲学，属于心理学方面。此外，美国实用主义创始人之一皮尔斯（Charles Sanders Peirce）在1902—1904年间也用过现象学一词，用以指关于与范畴体系相应的构成世界的现象类别的讨论。在批判康德现象学的基础上开始出现了现象学的两大流变，其一是经费希特（Johann Gottlieb Fichte）和谢林（Friedrich Wilhelm Joseph von Schelling）中转后，经由黑格尔（Georg Wilhelm Friedrich Hegel）发展的"精神现象学"最后到马克思（Karl Heinrich Marx）创立的"历史现象学"；其二是胡塞尔（E. Edmund Husserl）在批判康德学说的基础上创立的超验现象学，后经舍勒（Max Scheler）发展为本体现象学，经盖格尔（Moritz Geiger）发展为现象学美学，经英伽登（Roman Ingarden）发展为本体论现象学美学，经康拉德、马齐乌斯（Hedwig Conrad-Martius）发展为自然本体论现象学，经海德格尔（Martin Heidegger）发展为此在现象学，经伽达默尔（Hans-Georg Gadamer）发展为诠释现象学，经范梅南（Max van Manen）发展为"做"和"体验"的教育现象学等。

胡塞尔创立的现象学的基本特点主要表现在方法论方面，即通过回到原始的意识现象，描述和分析观念（包括本质的观念、范畴）的构成过程，以此获得有关观念的规定性（意义）的实在性的明证。胡塞尔认为只有在这个基础上才能廓清传统哲学中那些概念的真实意义，从而重新说明传统哲学中的问题，并深入开展各个理论领域的研究。现象学的这一方法论特点把它和历史上出现过的对现象学的种种说法做了明确的区分。

当前流行于世的现象学一词则专指自胡塞尔创立以来的现象学。现象学还与主张只有现象（感觉材料）可以被认识，而在现象背后引起现象的东西是不存在的或不可知的现象论有严格区别。现象学的现象不是指同实在或本质严格区分的、仅仅通过感官才获得的经验，而是包括感觉、回忆、想象和判断等一切认知活动的意识形式。由布伦坦诺阐述、胡塞尔进一步发挥的意向性理论，揭示了一切意识活动的结构中包含意向和意向对象这两个基本方面，为现象学的研究和分析提供了基础。现象学家开展现象的研究时所采取的方向和要达到的目标不尽一致，但他们都有一个共同的出发点——以"回到事物本身"为旗号的研究方法。由于各现象学家根据其不同目标和看待现象的不同角度，进而各自对"回到事物本身"的现象学方法做了不同的理解，归纳起来主要有四种：（1）认为现象学是使具有普遍性的一般概念、范畴或本质获得明证性的途径，它有可能从对经验或想象提供的具体事例以及在想象中的这些事例的系统变更做仔细研究的基础上，洞察到这些现象的本质结构以及现象间的本质联系。（2）认为现象学研究的是现象在意向性的意识中出现的方式，即研究出现在现象中的对象"是什么"之外的关于对象是"如何"出现的问题。（3）认为现象学是研究意向所指的对象的构成。胡塞尔认为这一研究须先将存在的观点悬置起来，即把这一研究限制在关于对象的意义方面，而另一些意见则认为悬置存在的观点并不必要，应直接涉及关于事物的研究。（4）认为现象学是让现象自身根据其自身显现的方式得到描述的一种方法，并根据人具有对自身的领悟因而是显现的基地，把现象学导向对人自身的种种现象的描述，从而得出释义学的现象学。胡塞尔本人在发表《逻辑研究》（第2卷，1900—1901）初创现象学时，把通过对意识现象的直觉而获得的对本质观念的洞察作为主要目标，1913年其《纯粹现象学和现象学哲学的观念》（第1卷）发表时，又把现象学的目标推进到对先验主观性的研究。在此过程中，他先后提出了现象学研究的重要方法：本质还原和先验还原。胡塞尔阐述了这两种方法的特点和相互关系，强调先验还原是本质还原的前提，使现象学形成一个完整的体系。继胡塞尔之后的现象学研究者（包括舍勒、海德格尔等与胡塞尔有师承关系的现象学家），并不完全赞同胡塞尔的先验还原理论，而主要是借鉴胡塞尔的本质还原方法进行各自哲学领域的研究，并以此廓清各自研究领域中的基本概念和范畴的意义。

二、现象学直观

直观（英文 Intuition，德文 Anshauung 或 Intuition），在西方哲学史上，康德以前的哲学所指的直观，多指感性知识或对当前事物的知觉，与此相对的是再生的想象；也有用以指对人的认识的内在知觉，与此相对的是外来的感性知觉。在康德哲学中，直观是与感觉相对的范畴，康德认为感觉是接受外界认识的能力，直观（直觉）是主动认识外界的能力。康德还把直观分为经验直观与纯粹直观，经验直观是后天的来自感觉的一切对象即感性直观；纯粹直观则是先天的感性形式，即时间与空间，它们是加之于经验材料的。康德也使用"知性直观"这个概念，意思是知性可以像感觉一样知觉事物而直接得到真理，不需要采取推理的方法。

在马克思主义哲学中，"直观（Sensuous contemplation）是指人的感受器官在与事物的直接接触中产生的感觉、知觉和表象等的反映形式。它不经过中间环节，是对客观事物直接的、生动的反映"①。

在胡塞尔创立的现象学中，本质及其直观或观念及其直观是现象学思想方法的核心范畴，是胡塞尔及其以降的现象学的标志之一。胡塞尔说："本质直观并不比感知隐含更多的困难或'神奇的'秘密。……直观、直观性的意识到伸展得有多远，相应的'观念化'（如我在《逻辑研究》中通常所说）或'本质直观'便伸展得有多远。直观在多大程度上是纯粹的，在

① 冯契主编：《哲学大辞典》，上海辞书出版社 2007 年版，第 54 页。

多大程度上不带有任何超越的共指（Mitmeinung），被直观到的本质便在多大程度上是一个相即地（Adäquat）被直观到的东西、一个绝对的被给予之物。"①

　　倪梁康教授在《胡塞尔现象学概念通释》一书中说："本质直观（Wesensschau）：现象学的本质直观（观念直观）概念起源于对胡塞尔在《逻辑研究》中所采用的直观概念的扩展。在个体直观的基础上，一个普遍性意识在'观念化的抽象'中构造起自身，在这普遍性意识中，这个个体之物的'观念'，它的'普遍之物''成为现时的被给予'。在这种普遍性意识中，'相对于同一种类的个别因素之杂多性，这个种类本身被看到，并且是作为同一个种类被看到'。这种观念、种类——胡塞尔以后也说：这种本质——的被给予不是一种'符号性思维'，而是一种'直观'，一种'对普遍之物的感知'。就其起源而言，本质是一个新型的对象，它的存在方式被规定为观念性（全时性）。在其先验现象学的范围内，胡塞尔本人在'本质还原'的概念下对本质直观加以发展，由此而形成了一个在方法上得到完善和保证的本质直观操作方式，为了在一个自由选择的范例上把握到有关区域的本质，我们需要对这个范例进行'本质的变更'。"②

　　胡塞尔创建的本质直观概念被舍勒以及哥廷根、慕尼黑现象学学派所接受和发展，而成为一般的现象学方法。在舍勒那里本质直观标志着一种直接的直观，在这种直观中，在将所有设定都忽略不计的情况下，一个实事的本质作为先天而成为自身被给予性。本质直观（观念化）在舍勒的后期还意味着在某个相关本质区域的例子上一同把握到世界的实质属性和建造形式。舍勒认为，"在对这个本质的体验中直接发现的这个本质的内涵，它们才是现象学研究的事实"③。舍勒虽然开始完全赞同胡塞尔对于直观概念的拓展，但是也从未掩饰他与胡塞尔的差异。对舍勒来说，"现象学"这个词所指的就是："对在世界之中被实现的本质性（essentiae）的探寻中的一种直接的

———————————

① 转引自张任之：《论舍勒现象学的本质直观方法》，《人文杂志》2014年第3期。

② 倪梁康：《胡塞尔现象学概念通释》（修订版），三联书店2007年版，第522页。

③ Max Scheler, Schriften aus dem Nachlaß, Bd.1：Zur Ethik und Erkeenthislehre, Gw X Bonn 1986, S.394.

直观的指明（Aufweis）"。"先天性"始终就只能在"本质直观"中被"指明"，而不是被"证明"（Beweisen），后者是实证科学的"方法"。对舍勒来说，"本质直观"首先意味着一种对"对象性的、实事的先天"（第一个意义上的先天）的"把握"和"经验"。同时，"本质直观"作为一种"行为"，它本身也是一种"行为的先天"（第二个意义上的先天），也是现象学的研究对象，人们可以在一种新的"本质直观"中把握这一"行为先天"。更进一步，在"实事先天"与"行为先天"（对"实事先天"之"本质直观"）之间的本质性联系或"相关性先天"同样也可以被另一种"本质直观"把握到。就此而言，"本质直观"在舍勒这里既意味着对"实事先天"的"直接直观"，也意味着对这种"本质直观"行为自身的本质或先天的"直接直观"，同时还意味着对"实事先天"与"行为先天"之间的"相关性先天"的"直接直观"。①

三、各家学说的大学教学论

2000 年，夸美纽斯提出的"教学论（Didactic）是指教学的艺术，就是一种把一切事物教给一切人们的全部艺术，这是一种教起来准有把握，因而准有结果的艺术"②，从此教学论作为教育学的一个新兴研究领域得到了快速的发展。各种关于"教学论"的定义也百花齐放、琳琅满目，仅就国内的"大学教学论"的界说就有若干种。

张楚廷在《大学教学学》一书中认为："大学教学学也可以叫作大学教学论，是对大学教学问题进行研究的学问。"③

于美方的《大学教学论》认为："教学论是揭示教学规律和指导教学技艺的理论。它是教育学的重要组成部分，并已形成为教育学的一门分支学科。大学教学论是高等教育学的重要组成部分。它所揭示的教学规律除了有相当部分与普通学校的教学规律一致外，还要揭示高等学校教学的特殊规

---

① 参见张任之：《论舍勒现象学的本质直观方法》，《人文杂志》2014 年第 3 期。
② ［捷克］夸美纽斯：《大教学论》，傅任敢译，教育科学出版社 2000 年版，第 1 页。
③ 张楚廷：《大学教学学》，湖南师范大学出版社 2002 年版，第 3—6 页。

律，研究高等学校教学的特殊技艺。"①

钱伯毅在《大学教学论》一书中认为，"大学教学论，是揭示大学教学一般规律，研究大学教学过程中有关教和学的一系列问题的科学。具体地说，大学教学论是以一般教学论和高等教育学的基本理论为基础，从大学教育的实际出发，分析大学教学过程的特点，总结长期以来大学教学的历史经验，揭示大学教学过程的规律，研究大学教学过程中的诸要素（教学方法、教学组织形式、教学的物质条件等）及其相互间的关系，帮助教师端正教学思想和形成教学技能，并对大学教学的效果开展科学的评价"②。

李剑萍在《大学教学论》中认为，"大学教学论是由高等教育学与普通教学论相互交叉而形成的一门新兴学科。大学教学论的研究对象包括大学教与学的关系、教与学的特点、教与学的条件和教与学的实施过程等。大学教学作为高等学校的中心工作，是大学育人功能与服务功能的集中体现。大学教学具有悠久的历史，同时也存在着中西文化上的差别……大学教学工作是高等学校的中心工作，它是由大学教师的教与大学生的学所构成的意义建构活动，在这个过程中，大学生在通识教育的基础上掌握一定的专业知识和技能，参与一定的科学研究和学术活动，养成一定的专业素养和文化品格，形成一定的思想品德与价值观念"③。

由于"大学教学论"是一门新兴的学科，加上现代大学教学的自由性和大学教师的自律性、自觉性等的影响，部分大学教师对大学教学论的合法性、学术性等持怀疑态度，使得大学教学论的学理研究一直游弋于高等教育学研究的边缘。同时，由于大学教学论的研究者基本上都认为，"现代大学教学论理论体系框架的逻辑起点是'教学'，并且是'高深专门知识的教学'。不同的学者对教学论的逻辑起点的认识是不同的，如夸美纽斯是人本起点论，赫尔巴特是管理起点论，斯宾塞是知识起点论，凯洛夫是本质起点论"④，进而使得大学教学论的研究范式、哲学基础及其定义域也是

① 于美方：《大学教学论》，上海社会科学院出版社1989年版，第1页。
② 钱伯毅：《大学教学论》，中国科学技术大学出版社1991年版，第1—2页。
③ 李剑萍：《大学教学论》，山东大学出版社2008年版，第1页。
④ 孙泽文：《现代人学教学引论》，华中师范大学出版社2006年版，第10页。

自成一体，而且不少大学教学论是以"述"为主"论"为辅，甚至是"只述不论"。

四、现象学直观的大学教学论的内涵

鉴于前述的梳理和对现有国内大学教学论研究范式及其定义的反思，现象学直观的大学教学论，是用现象学直观的方法对大学教学的本质进行现象学还原的理论，是悬置此在大学教学现象，回到大学教学事实本身，直观大学教学本质的"原本是"和"之所是"的理论。是对此在大学精神、大学师生、大学课程、大学教学、大学教学方法、大学教学质量、大学教学评价与大学教学质量评价等加括号，并揭示其原本是和之所是，以及对这些范畴进行现象学重新界说的理论。是现象学教育学（或大学教育现象学）视角的大学教学研究的理论。是不以大学教学"应该如何做"、"建议怎么做"为主要研究对象，而是以回到事实本身的现象学方法去揭示大学教学相关范畴，探寻大学教学自明之在为研究对象的理论。

教学不仅仅是艺术，而且还是学问，是科学，大学教学也不例外。在胡塞尔以降的现象学看来，任何作为艺术的教学（含大学教学），因艺术本身是个体的塑造与成型，人人都可自为地创造出这一个艺术。因而教学、大学教学作为艺术的再现与创造，其本身是体验的存在，是经验的再现或反映，所以只要是接受过教育的人都可以进行这种创造和再现，这也正是大学教学应用理论接受度不高的原因所在。但是，作为科学和学问的大学教学而言，作为大学师生针对知识技能和价值理性的精神交互活动而言，大学教学论有其内在的学理和本质规定。大学教学论作为科学本身，不是先验的存在，而是一个以人为中心、以培养高级专门人才、传承高深知识技能和建构至善价值理性为主要研究对象的教育科学，是后验和意向的精神科学的分支学科。但绝不是心理学，更不是心理学的分支学科。

为什么要用胡塞尔以降的"回到事实本身"的现象学方法来研究大学教学和建构现象学直观的大学教学论体系呢？这是因为："现代人的世界观已经被实证科学支配，只见事实的科学造成了只见事实的人，科学观念被实证地简化为纯粹事实的科学，科学的'危机'表现为科学丧失生活意义"①；但是，实证科学观念支配主导人的观念仅仅是现代科技危机、人性危机、大学教育危机以及大学教学危机的原因，而不是这些危机的本源。这些危机的本源是人的自我教育与外在给予教育异化所致——大学及其教学的政治化、市场化、经济化和实用化，使大学及其教学在高等教育大众化、普及化中已经迷失了大学原本的正义、真理、善、自由和民族灵魂等的圣殿的本质规定。大学教学原本的提醒、引导、促进人的身心和世界升华的功能已经逐渐被量化为教学任务、物化教学质量的完成所取代。人们沉浸在数量规模的高等教育大众化、普及化所造成的"繁荣"假象中，而没有觉察到人之为人的自我教育、自我趋善的本质规定。虽然人们觉察到科技危机、人性危机、教育危机是"没有一所大学能够按照培养科学技术发明创造人才的模式去办学，没有自己独特的创新的东西，老是'冒'不出杰出人才"（钱学森之问）。那么大学本真的办学模式是什么？中国特色的大学及其教学的本质规定是什么？人、大学之人与大学教育教学的本真关系是什么？理解的、体验的、"做的"本真大学教学是什么？人（大学师生）在大学之中的自我教育（内因）的事实性是什么？对于上述问题，实用主义、科学主义、功利主义不仅不能有效揭示，反而会把它推向深渊而导致万劫不复。要真正揭示其本质，回到事实本身的现象学方法不失为一条重要的理路。

　　大学是培养"大人"的学校，是大师云集和培养大师的学校，是高级知识分子高度集中和培养高级知识分子的场所。大师、高级知识分子、政治精英、文明的舵手等这些"大人"不是先天的存在者，而是教育教学——自我教育与外在给予教育有机结合的建构的存在。"大人"之"大"既是其创造物超越一般，更是其精神引领公众趋善之"大"——以其精神、德范、精神产品等的楷模性临在于普通大众精神行为之前而展示其"大之所大"的实事性。因此，现象学直观的大学教学论，不仅把生命与精神同构的大学及其师生作为研究对象，而且把至善精神、大学精神、教学信仰、爱之爱者作为

① ［德］胡塞尔：《欧洲科学危机和超验现象学》，张庆熊译，上海译文出版社2005年版，第6—7页。

研究对象。也把从人自身出发，最终又回到人的身心协调建构的大学课程、大学教学、大学教学方法、大学教学评价、大学教学质量及其评价等范畴作为研究对象。现象学直观的大学教学论的这些研究对象，它们既是独立的范畴，又是统合在大学师生身心建构、大学教学建构、大学实事及其精神建构之中的不可或缺要素。

第二节　回到实事本身的大学教学论研究方法

金生鈜教授认为，我国教育学界虽然有很多学者用现象学方法研究教育问题，"现象学的经典口号'回到事情本身'在教育学界流行甚广，不少从事教育研究的人都会把这句口号挂在嘴边。但是，对于'回到事情本身'这一观念，教育学界的许多学者并不一定是清晰的！如果不甚了解，昏昏然地说'回到事情本身'，却不知道'事情本身'指什么，那就会既不能认识事情，也不能正确地做事情……许多号称以教育现象学研究的学者们常常庸俗化地理解'回到事情本身'，把这一理念转换为'回到教育生活现象之中去'、'回到教育现实或实践中去'、'讲述体验或经验中的教育现实'"①。金教授的批评确实"直观"到了我国教育学界用现象学方法研究教育问题的一些弊病，但是，对"体验"的教育或教育体验的观点尚待进一步明察。

一、何为"回到实事本身"

自胡塞尔在《逻辑研究》中提出"回到实事本身"(zu den sachen selbst) 现象学精髓以来，经过了舍勒、海德格尔等人的发展，直到当代现象学界，对"回到实事本身"的所指已经发生了一些变化。

---

① 金生鈜：《何为回到教育事情本身》，《高等教育研究》2015 年第 3 期。

（一）胡塞尔的"回到实事本身"

胡塞尔认为理性主义的科学精神是西方文明的根本特征，现代欧洲危机的根源正是抛弃了理性主义的科学精神。由于自然主义或实证科学的主导和异化——只承认物理的现象是实在的，只承认可量化的世界才是能被认知的世界，而把人文世界中的观念现象、意义排除在认识之外，否认精神、观念、理念的实事性，使得纯粹理性主义的科学精神正在被弱化。实证主义是导致欧洲的人性危机根源，而存在主义又加深了这一危机："现代人的整个世界观被实证科学支配，并迷惑于实证科学所造就的'繁荣'，成了只见事实的人。"① 对此，胡塞尔认为要拯救欧洲危机，就只有重构对意义、观念的本质直观（ideation）的超验现象学的思辨方式，只有对"经由生活世界的道路"和"经由心理学的道路"进行本质直观才是唯一出路。而这条道路最终被概括为"回到实事本身"，也就成了现象学研究的旗号。

胡塞尔认为，"在个体对象与本质对象之间存在着联系，这种联系建立起了相应的事实科学和本质科学。纯粹本质科学，如纯粹逻辑学、纯粹数学、纯粹时间学、空间学、运动学等等。就它们所有的思维步骤而言，它们完全纯粹于事实的设定。或者，完全等值地说，在这些纯粹本质的科学中，没有任何经验可以作为经验，即作为现实、作为对此在进行把握或者说对此在进行设定的意识来代替论证的作用"②。事实科学是经验的，而本质科学是超验的。虽然超验不是经验，但超验还是呈现在意向性中的，作为本质科学的现象学是超验的，但还是在意向性中、在经验中，而不是通过经验而说明。

在胡塞尔看来，事实科学依赖于本质科学，因为本质科学提供的形式原则为事实科学的认识提供了基础，所以不是本质科学依赖于事实科学，相反，事实科学要依赖于本质科学。本质科学不可能采纳任何事实科学（经验科学）的认识结果，从事实中只能推出事实，"任何事实科学（经验科学）

---

① ［德］胡塞尔：《欧洲科学危机和超验现象学》，张庆熊译，上海译文出版社 2005 年版，第 7 页。

② ［德］胡塞尔：《现象学的方法》，倪梁康译，上海译文出版社 2005 年版，第 99 页。

的根本理论基础都在本质的本体论之中"①。现象学的思维是先验的，是在先验的思维中思考呈现在意向性中的先验的本质，这是与经验主义研究的本质区别。

胡塞尔认为，回到事实本身，就是超越经验主义的话语和意见，在事情本身的给予性中探索事情，并摆脱一切不符合事情的"前见"，从而返回事情本身，而不是把事情仅仅看作是经验的，更不是把现象学看作是经验地探究事实。"经验主义论证的基本缺点是，把对返回'事情本身'的基本要求与一切通过经验获得的知识论证的要求相等同或混为一谈。经验主义者通过它用来约束可认识的'事情'范围的可以理解的自然主义限制，干脆把经验当作呈现着事情本身的唯一行为。但事情并不只是自然事实。"② 本质直观作为现象学回到事情本身的方式，是超越意见而到达真理。"回到事情本身"意味着反对偶然之见，反对任何伪问题和伪意见。

在胡塞尔看来，现象学是关于所有可想象的先验现象的科学，但不是关于在自然实证观点中的所有客观存在之物的科学，先验的本质现象学先于经验的事实现象学。胡塞尔说："一门总体的事实科学的真正形态是现象学的形态，它作为具有现象学形态的科学是一门关于事实的先验交互主体性的总体科学，这门科学建立在作为关于可能的先验主体性科学的本质现象学基础上。据此，一门随本质现象学观念之后而来的经验现象学观念便得以明了并且得以论证。它于实证科学的完整的、系统的总体是同一的，只要我们从一开始就考虑用本质的现象学从方法上对它们进行绝对地论证。"③

如此看来，胡塞尔的现象学不是简单地回到现象世界之中去，不是经验地去认识可见物的现象，或者仅仅陈述某种关于现象事实的经验，而是要回到事实本身，回到生活世界，且超验地直观其意向（精神、观念、理性）的本质。胡塞尔的"事情本身"的这个"事情"（sache）总是和人相关，是与人相关的事情，或者就是人的事情。"回到事情本身"不是要回到本质上

① ［德］胡塞尔：《现象学的方法》，倪梁康译，上海译文出版社 2005 年版，第 102 页。

② ［德］胡塞尔：《纯粹现象学和现象学哲学的观念》，张庆熊译，商务印书馆 1992 年版，第 75—76 页。

③ ［德］胡塞尔：《现象学的方法》，倪梁康译，上海译文出版社 2005 年版，第 198—199 页。

与人截然无关或并不本质相关的自然物的实体，而是回到人的事情本身，回到人的生活世界，是对人的事情的一种本质的超验直观。对于胡塞尔来说，回到事情本身的本质的超验直观，并不是转向外在，而是转向内在。但不是转向意识的心理活动，而是转向意向性中的观念的活动。这种观念的活动是对本质的直观，是按照理性的必然法则"重建"一个本质的世界（a world of essences），而且"这个世界是否存在，对于真正的现象学论者仍然是无关紧要的。对他而言，重要的是他知道这个世界，并且他有关它的知识是科学的，因为他的知识是以其本质作为对象的"①。由于被"康德式的超验主义所吸引"，胡塞尔最终构建了他的超验现象学，在胡塞尔的超验现象学中，他的"生活世界概念是模糊的，这个术语的准确意思取决于语境。非常一般地说，我们应该区分本体论的和先验的生活世界概念"②。

尽管胡塞尔提出了回归的途径就是"还原"，具体方法是进行"现象的还原"、"本质的还原"和"先验的还原"，并且他提出还原的根本目标就是要祛除人们加在事物本身上的人为色彩，所以他的中心手法就是"悬置"、"加括号"。但他在最终目标上却陷入了困境，因为他最终目标是达到"先验的还原"，而先验是什么却无从判断。为了解决这一难题，他提出"意向性"作为解脱，似乎人的认识最终目标就是要了解这种意向性。这种意向性究竟是什么，这引起了人们的不少猜测，这在胡塞尔晦涩的著述中并没有明确地提示这一问题，于是意向性本身又变成了一桩悬案。

（二）舍勒的"回到事实本身"

作为"现象学第二泰斗"的马克斯·舍勒既是现代性问题的审视者，又是表述者。他于1913年发表的《伦理学中的形式主义与质料的价值伦理学》与胡塞尔的《逻辑研究》及海德格尔的《存在与时间》合称为现象学的三大经典著述。舍勒的思想是胡塞尔现象学思想的继承与发展，在推进现象

① [德] Q.劳尔：《导言：胡塞尔的科学理想》，胡塞尔：《现象学与哲学的危机》，吕祥译，国际文化出版公司1988年版，第62页。
② [丹麦] 丹·扎哈维：《胡塞尔现象学》，李忠伟译，上海世纪出版集团2007年版，第140页。

学的哲学思想变革方面，舍勒是胡塞尔与海德格尔之间不可或缺的桥梁。舍勒自己说："1901 年结识胡塞尔之后，与胡塞尔讨论直观（an-schauung）问题，与胡塞尔在思想方面的联系就开始了，这种联系对其是大有收益的。"①但是，舍勒于 1916 年发表《现象学与认识论》一文，在批判近代以来自然科学观对人的精神生活法则的认识论优越性方面，在用现象学抵制近代以来自然科学的世界观和认识论扩张方面，既显示出舍勒与胡塞尔的继承关系，也显示出舍勒对现象学的基本理解已不同于胡塞尔。舍勒的现象学是实事的现象学，是走向生活世界，尤其是生活世界的伦理现象的现象学。舍勒说："现象学首先既不是一门科学的名称，也不是哲学的代名词，而是精神审视的一种观视，人们在此观视中获得对某物的直观（er-schauen）或体验（er-leben）。"② 舍勒在 1913 年发表的《自我认识的偶象》一文则充分显示出舍勒现象学的独立关注方向：剖析人的内在感知和体验法则，批判近代哲学基于自然科学知识原则提出的人的自我认识论，旨在打破近代哲学营构的封闭的人与世界，人与上帝之关系论。在当今的社会理论和文化研究中，自我认识问题已成为探讨现代性的重要关节点。这篇论文堪称从现象学哲学角度探讨现代性与自我认识问题的经典文献。在《论哲学的本质及哲学认识的道德条件》（1919）一文中，舍勒从现象学立场反省哲学的道德品质，表明了舍勒与胡塞尔、海德格尔的现象学哲学截然异质的哲学观，是舍勒对"何谓哲学"问题的回答。

1910 年之后，舍勒对胡塞尔的现象学积极方法的遵循快速减少，在 1910 年和 1911 年访问哥丁根时，他甚至对胡塞尔进行了十分坦率的批评。当舍勒看清了胡塞尔越来越被康德式的超验主义所吸引，并且与他背道而驰的时候，他们之间的紧张关系就进一步加剧了。因此，1916 年舍勒在他最重要的著作《伦理学中的形式主义和质料的价值伦理学》单行本的序言中就直白地表明，虽然他和其他现象学年鉴的合作者们与胡塞尔具有相同的方法论意识，但是他不仅在世界观和具体的见解上，而且在对现象学方法的更加

---

① 　[美] 赫伯特·施皮格伯格：《现象学运动》，王炳文、张金言译，商务印书馆 2011 年版，第 373 页。

② 　刘小枫选编：《舍勒选集》，上海三联书店 1999 年版，第 49 页。

具体的解释与应用上都与胡塞尔有很大分歧。后来舍勒还以更明确的形式表述了这种意见分歧。然而他从来也没有否认他心目中的胡塞尔现象学的真正独创性，并一再承认他受益于胡塞尔现象学。①

虽然，早期现象学运动的其他成员对于舍勒的方法和观点也有不少批评，但是对舍勒的著作的评价却比胡塞尔的评价要高得多。特别是慕尼黑和哥丁根的现象学家，不仅承认舍勒的才华，而且从来也没有怀疑过他作为现象学家的地位。海德格尔是在 20 世纪 20 年代认识舍勒的，在舍勒去世之后，他把自己论述康德的书题献给舍勒，称赞舍勒具有"运用自如的"聪明才智。尼柯莱·哈特曼本人固然置身于现象学运动之外，但他也认为是舍勒论述的大量问题给了现象学以巨大的推动力（grosser zug），并把现象学提高为一种精神运动，而舍勒则既是这一运动的先锋又是它的领袖。舍勒在自己生前未曾发表的著述中声称，他的现象学不同于胡塞尔的现象学，并且是独立于胡塞尔的现象学而发展的，它包含了一种哲学体系的主要原则。

舍勒认为"回到事实本身"的"事实"，现象学的事实或本质（wesenheiten）始终是充分呈现的，是超出任何可能出现的幻觉的范围的事实，即该事实独立于归纳知识特别是因果知识所能给予的东西，是去符号化的，是从符号返回的事实，是从概念的科学和满足与符号的文明返回直观地经验到的生活的事实。舍勒的"回到事实本身"才是真正回到人本身、人的生活本身。舍勒在 1928 年出版的《人在宇宙中的地位》一文中说："人之为人的新原则，存在于生命之外。使人之为人的东西，除了部分显现为生命的东西外，就是包容了理性（Vernunlft）、善、爱、悔、畏等概念的'精神'（Geist）的人本身（Person）。"②

施皮格伯格评价说："无须怀疑舍勒作为一个现象学方法独创的实践者所具有的天才。在选择现象学方法的重要而有前途的应用领域方面很少能有（即使有的话）比得上他的人。而且他看出现象中被其他人所忽视的重要的

---

① 参见［德］舍勒：《伦理学中的形式主义与质料的价值伦理学》，倪梁康译，三联书店 2004 年版，"第一版序"第 4 页。

② ［德］舍勒：《人在宇宙中的地位》，李伯杰译，贵州人民出版社 2000 年版，第 25—26 页。

差别和细微区别的能力也是独一无二的。"① 舍勒是用现象学方法——回到事实本身的方法直观教育问题的第一人，除了《伦理学中的形式主义和实质价值伦理学》这一经典之外，他的一系列著述如：《知识与教养的形式》、《知识的形式与社会》、《人在宇宙中的地位》、《爱的秩序》、《爱与认识》、《楷模与领袖》、《道德建构中的怨恨》、《大学与业余大学》、《论人类永恒的东西》等都是现象学教育学研究不可不借鉴的经典。

（三）海德格尔的"回到事实本身"②

不可否认胡塞尔与海德格尔的师承关系，也不可否认海德格尔对胡塞尔现象学的发展与创造。仅就现象学家常讲的"回到事实本身"的现象学旗号而论，胡塞尔说"回到事情本身"，而海德格尔说要"从事情本身出发处理前有、前见和前把握"。简言之，"事情本身"对于胡塞尔来说就是意向性，对于海德格尔来说就是生存性。

海德格尔在《存在与时间》中，把现象学定义为表现胡塞尔"面向事情本身"这句名言的哲学的方法或方式，并认为《存在与时间》在探讨"事情本身"方面所取得的若干进展首先应该感谢胡塞尔。③ 对海德格尔而言，"事情本身"的对立面是无根据的建构、偶发奇想和无根据的思想。他说："循环不可以被贬低为一种恶性循环，即使被认为一种可以容忍的恶性循环也不行。在这种循环中蕴藏着最原始认识的一种积极的可能性。当然，这种可能性只有在如下情况下才能得到真实理解，这就是解释理解到它的首要的经常的和最终的任务始终是不让向来就有的前有、前见和前把握以偶发奇想和流俗之见的方式出现，而是从事情本身出发处理这些前有、前见和前把握，从而确保论题的科学性。"④ 海德格尔的"面向事情本身"意味着"反对

---

① ［美］赫伯特·施皮格伯格：《现象学运动》，王炳文、张金言译，商务印书馆 2011 年版，第 413 页。
② 参见洪汉鼎：《何谓现象学的"事情本身"（Sache selbst）》（上），《学术月刊》2009 年第 6 期。
③ 孙同兴选编：《海德格尔选集》，上海三联书店 1996 年版，第 74 页脚注。
④ 转引自洪汉鼎：《何谓现象学的"事情本身"（Sache selbst）》（上），《学术月刊》2009 年第 6 期。

一切飘浮无据的虚构与偶发之见，反对采纳貌似经过证明的概念，反对任何伪问题——虽然它们往往一代复一代地大事铺张其为'问题'"。很显然，在对"事情本身"的理解方面，海德格尔是遵循了胡塞尔的观念的。对于海德格尔和胡塞尔来说，"事情本身"在广义上都意指理解的正确基础，但是，海德格尔并未使自己就停留在这里而与胡塞尔没有区别，他怀疑胡塞尔的"事情本身"是否能意指意向性意识。对此，海德格尔认为，现象学首先是让人从显现的东西那里、从事物本身所显现的那样去直观其存在。也就是说，事情本身首先就应该是那种表现自身为自身的东西，表现自身为本质的"事情本身"应当是其"存在"（德 Sein/ 英 Being）。正如海德格尔抛弃了胡塞尔的先验自我一样，在"事情本身"的理解方面，海德格尔也摆脱了胡塞尔的意向性意识，他以"此在"（Dasein）的生存性与"事情本身"相联系，创造了此在现象学。海德格尔说："现象学的阐释必须把源始开展活动之可能性给予此在本身，可以说必须让此在自己解释自己，在这种开展活动中，现象学阐释只是随同行进，以便从生存论把展开的东西的现象内容上升为概念。"① 海德格尔曾以"实存性诠释学"（Hermeneutik der Faktizitaet）这一名称来表示他关于理解的观点与以往传统诠释学的区别。"实存性"（Faktizitaet）不同于"事实性"（Tatsaechtigkeit），前者表示具有能在性质的存在者的生存状况，而后者则表示一般现成状态的存在者的事实状况。"事实性"表示现时性，"实存性"则还具有未来性和可能性。实存性诠释学的根本点在于：理解不属于主体的认识方式，而是此在的一种去存在的方式。"此在"是这样一种存在者，其存在对之乃是一个问题，也就是说，"此在"首先是通过"存在理解"（Seinsverstaendnis）而使自身与其他在者相区别。因此，"此在"在理解过程中不是把自己看成一个固定的主体，而是把自己看成它能是的东西。它理解自身为能在，它在理解过程中按照自己的可能性筹划自身。伽达默尔曾说，海德格尔在这里对于理解奠定了一个完全不同的基础，这个基础就是"有一个此，一种在的开显（eine Lichtung im Sein），也就是说，一种存在者和存在的区分。这个指向这一基本事实即'有'这个

---

① 参见孙同兴选编：《海德格尔选集》，上海三联书店 1996 年版，第 69—74 页。

的问题，虽然本身就是一个探究存在的问题，但是在所有迄今探究存在者存在的问题里必然从未想到的一种方向上，被形而上学所提出的探究存在的问题所掩盖和隐蔽了"。

在海德格尔看来，自柏拉图形而上学之后统治西方思想的是对于存在的探究，即未区分"存在者"与"存在"，并以"存在者"来代替"存在"，从而造成一种"在的遗忘"（Seinsvergessenheit）。于是他就重新提出"存在"的问题，即"此在"如何去"存在"。现象学探究的存在论基础，应当是那种不能证明和不可推导的此在的事情性，即生存，而不是那种作为典型普遍性本质结构的我思。所谓"让人从显现的东西那里，如它从其本身所显现的那样来看它"，现在可以从此在的生存论理解来加以解释。海德格尔说："我们把这个任务理解为以存在问题为主线而对古代本体论传承下来的内容所进行的解构（Destruktion），将这些内容解构为一些原始经验，而那些最初的，以后又起主导作用的存在规定就是根据这些原始经验而获得的。"

总之，正是因为舍勒、海德格尔发现了胡塞尔的康德式超验现象学发展的弊端，所以他们在继承胡塞尔的现象学"回到事实本身"、"回到生活本身"旗帜的基础上，开始了"现象学人类学"（舍勒）和"现象学诠释学"（海德格尔）的转向。他们在发展"转向事物本身"（Zu den Sachen selbst）的道路上逐渐远离了胡塞尔的超验哲学，这也使胡塞尔称"舍勒、海德格尔是现象的两个'对立者'"①。但是，不论是舍勒还是海德格尔，他们的哲学研究范式及其著作，"足够让我们相信，他们对现象学的兴趣、他们的思想更加忠实地遵循'转向事物本身'这个口号，比胡塞尔的超验主义更接近现象学的基本观念"②。除了舍勒和海德格尔外，其他后起现象学家，诸如"梅洛·庞蒂、伽达默尔、萨特等并没有局限于胡塞尔本人的研究，而是放开眼界，不断地探寻现象学的各个方面，从而形成了丰富多彩的现象学

---

① ［美］赫伯特·施皮格伯格：《现象学运动》，王炳文、张金言译，商务印书馆 2011 年版，第 374 页。

② ［美］赫伯特·施皮格伯格：《现象学运动》，王炳文、张金言译，商务印书馆 2011 年版，第 470 页。

的哲学流派"①。

也就是说，从胡塞尔以降的现象学运动来看，"现象学家不仅关心信仰活动，而且关心被信仰的对象，不仅关心评估，而且关心被评估的对象，不仅关心意愿活动，而且关心被意愿的对象……现象学是关于关注过程及其被关注的对象的学问"②；"现象学描述的是，本原体验的意识是怎样在它自己面前建立起对象的存在，这些对象而后又作为自在存在之物显现给它……胡塞尔认为，随着科学意向在无成见的世界认识基础上的原促创，一种对整个人类都有效的认识规范就被提出"③。"回到事实本身"的意向虽然不是自然（nature）的，但却是本质（essence）的，这种意向领域的本质能够直接被直观（er-schauen）或体验（er-leben）。

二、"回到事实本身"的教育之所指

自胡塞尔以降，就现象学抵制自然科学和实证科学的世界观和认识论而言，"现象学是事实的现象学，走向生活世界，尤其是生活世界的伦理现象的现象学"（舍勒），"现象学处于为了阐明关于具有可以明言的各种类型和阶段的存在者的存在（Sein des Seienden）这个问题而服务的地位"（海德格尔），"现象学是一门人文科学研究，它必须取之于生活并以反思形式来表达生活"（范梅南）。教育学界抓住现象学这一方法，教育研究所做的就是扎下根去"做"，去"体验"，就是回到教育是适合生活中去直观和体验教育现象，并澄清教育的本质。教育现象学的研究，绝不是放弃对观念实在的本质的直观，也不是放弃对本质的认识，而是要掀开教育现象的遮蔽物，把那些只能直观的部分如观念的、理性的、本真的教育本质等揭示出来。

教育学是人文科学，教育教学活动是人与人的精神互动活动，是培养

---

① 李树英：《教育现象学：一门新型的教育学——访教育现象学国际大师马克斯·范梅南教授》，《开放教育研究》2005 年第 6 期。

② ［美］莱斯特·恩布里：《现象学入门》，靳希平译，北京大学出版社 2007 年版，第 6 页。

③ ［德］胡塞尔：《生活世界现象学》，倪梁康、张廷国译，上海译文出版社 2005 年版，"导言"第 45 页。

人和人的生成活动，是建基于爱的师生意向交集的交互活动。教育是人的事情，过去发生，现在发生，将来可能发生，或者是在事实现象中，或者是在观念理念中。教育既是一个事实的我们经历的实在，也是一个具有众多可能性的实在，与现在我们经历的不同，教育可能面临可能世界的丰富性。如何直观这些丰富性，并从丰富性中体验教育的真谛，运用现象学"回到事实本身"的方法去把握其本质，是一种重要的路径。教育的现象或本质，不仅存在于我们语言中的想和说，而且存在于我们的觉察、体验、以行动去作出、以价值去评估。本质是我们努力去认识的，也是我们努力通过行动去实践的。这些生活世界的事情呈现为人为的事情，是人的精神创造，显现了人的精神的自我认识和体验。思想对人所作为的事情的本质直观或把握，是在意向性中的自我直观，对教育事实或事情的把握，是人的理性的事业，对于教育的理论态度，就是追寻教育事情的本质，就是还原教育纯粹形式（教育之为教育的永远可能性）、本真样式，而不是简单或仅仅对作为教育现象的事实做觉察或揭示。

因此，"回到事情本身"、"回到教育事实本身"这一精神，不仅仅是一种现象学教育学的研究方法，而且是一种研究理念，一种研究精神。或者说，是本质性的研究精神，而不是单纯的方法。现象学不是总体或者具体的方法集合，它是某种能够"赠予我们以道路之可能性的东西"，它可能预示着某些真正显示出来的研究的内容，也显示着具体的研究态度和研究方式，它"代表着一种灵活的看和问的方式，它具有各种不同的方向，始终进行着新的尝试而不是僵化为一个固定的同一"①。就如海德格尔所言，"面向事情本身"重点强调的是"本身"，与"事情本身"格格不入的那些东西要被排除在外。如果现象学的本质在于追问事情的本质，"面向事情本身"就不仅仅是理论研究的精神，其实也是实践的精神。这种精神不仅决定着研究的方向和内容，也决定着研究的过程和程序，更决定着我们的教育态度和应当如何去进行教育行动。

对教育现象学研究而言，"回到事情本身"、"回到教育事实本身"，就是

---

① 倪梁康：《中国现象学与哲学评论》（第一辑），上海译文出版社1995年版，"代序"第3页。

面向回返教育的本质、教育教学生活本身，就是要悬置此在的教育现象，对教育的此在样式加括号，回到教育是人的精神建构、人格养育以及身心机能提升行动所给予的层面去直观教育教学的本质。教育并不是经验到的现实教育，也不是被量化、被评价、被规定的教育，"教育不是一个知识和体验的范畴，而是一个存在范畴，教育是人的全部存在的生成了的塑造和成形"①。"回到教育事实本身"不是要回到现实教育之中，而是要回到教育就是教育本身之中，回到教育之所是和之所在之中，这是奠基教育信仰、教学自信、教学价值的根本前提，是成形为"教育是人的教育"的根本所在。

　　对此，要揭示教育是什么，就不能仅仅追问教育的此在现象是什么，而是要问本质是什么。现象学教育学研究者可能（仅仅是可能）身处现实的教育之中，也在"做"教育或教育研究，但现实的教育并不都是（或不全然是）教育事实本身。现实的教育不可否认地深受科学主义、实证主义的主导，而呈现出异人化、异教育本质化的倾向，这种异化的教育确实是现实的教育、现实生活化的教育，但并不是本真的教育。现实的教育是什么的事实判断虽然重要，但更为重要的是，现实的教育是否好、是否为真为善和应当怎样做的问题。这个问题的问法不是针对现实的教育的事实，而是针对教育之为教育的事情，即本质为善的可能教育事情，而本质为善的教育事实尽管是在现实的此在教育的基础上作出来的，但是，要把现实的、此在的教育事实做好，就必须知道什么是本来就是善的教育事实，本质是善的教育事实就是教育事情本身。所以，"回到事情本身"并不是一些教育学者所倡导的"回到现实中去"，而是回到本质是善的教育之中去。此在的、现实的教育处在现实实然之中，现实实然的是此在的人（教育者和受教育者）制造的，而一切错误或缺陷的实然教育都表现在现实中。因此"回到教育事实本身"绝不是"回到现实"，而是要置身"现实"，悬置"现实"而直观教育的本质，进而改造现实、超越现实、去伪存真、"做回"本真的教育。而"做回"本真的教育，就是要"回到教育之所以是教育的事实本身去"，就是要追问"教育事实本身"是什么，就是按照教育事实本身本然的样子去思、去

---

① 刘小枫选编：《舍勒选集》，上海三联书店 1999 年版，第 1369 页。

"做"、去体验、去建构。

总之，"回到教育事实本身"，就是回到教育是人的教育，是人与人的精神交互活动，是为了人之为人的永恒样式的是之所是之中，即以教育事实本身的本然来研究教育实事的本质（essence），以教育实事呈现在人的精神、观念、理性、良心、行动之中的本然，以本质直观态度面向教育以及教育生成物之本然，直观教育事实本身之所以是、原本是、应该做、必须做以及如何做，等等。

三、"回到事实本身"的大学教学之所是

不论是欧洲中世纪为了培养宗教教职人员而创设大学，还是19世纪初威廉·冯·洪堡（Wilhelm von Humboldt）在柏林大学提出的教学和科研相统一的大学办学职责，抑或是20世纪初范海斯（Charles R.Van Hise）在威斯康星大学提出教学、科研、服务社会等三职能相统一的"威斯康星计划"，还是中国古代书院提出的"忠孝节义礼智信"的教育信条，或是《中华人民共和国高等教育法》（1999）规定的"高等教育必须贯彻国家的教育方针，为社会主义现代化建设服务，与生产劳动相结合，使受教育者成为德、智、体等方面全面发展的社会主义事业的建设者和接班人。高等教育的任务是培养具有创新精神和实践能力的高级专门人才，发展科学技术文化，促进社会主义现代化建设"，都强调大学的本质就是发展至善精神，养育至善人格，传承高深学问，分析批判现存的知识，探索新的学问领域。而实现这一本质的本体（关键、主体、根本、目的）就是培养人才、培养高级专门人才，这一本体是从大学诞生至今一直未变的，是大学无论如何发展也不会改变的本质规定性。也就是说，大学的"回到实事本身"就是回到大学教育教学是培养高级专门人才这个实事本身，就是回到本真的大学师生的教养、教化、教育本身，而绝不是回到当下已经异化的大学现实生活本身。

现代高等教育理论的奠基者和开创者纽曼（John Henry Newman）在《大学的理念》一书的开篇给大学的定义是："大学是一个教授广域知识的

地方，其宗旨之一是展示才智的而不是道义的东西；宗旨之二是传递和扩展知识，而非提高。"① 担任康奈尔大学校长 18 年之久的弗兰克·罗德斯（Frank H.T.Rhodes）指出："大学产生于大学生对教学的需求。没有大学生，可能会有研究院、学术研究中心，但绝不会有大学。而在大学中，与其他活动相比，本科生教育占据了其大部分时间，耗费更多的资源，需要更多的教职人员，也产生了更多效益……本科教育最好地检验了大学的成效。"② 因此，回到大学教育事实本身就是回到本真的大学教学、真教学的本身，绝不是回到完成大学教育教学任务，更不是回到为完成教学任务而教学本身。

　　大学教学事实本身、大学教学活动的本质规定性，是"开阔心智、让心智得到修正和纯化、驾驭使用知识、让能力得以提升并创造出成果"（纽曼），是"追求科学知识、追求真理、建构至善精神、提升技能、培养创新精神"（雅斯贝尔斯）③，是"把普通人培养成有文化的人、把普通人培养成优秀的专业人员"（加塞特）④，是师生的德、智、体、美、劳综合素质的交互协调发展，是认知做人做事的统合发展。我国当代大学教育教学之所以备受诟病，其现实的表现就是因为重学术轻教学，重知识技能传授轻德性养成训练，重结果轻过程，重自然科学的实证应用研究轻人文精神传承发展深化，是"人的动物化训练"，是"把人变成工具的奴隶"的活动，高等教育已经成了与大学教育教学本质规定性渐行渐远的"高级保育园"。

---

① ［英］John Henry Newman：*The Idea of a University*，中国人民大学出版社 2012 年版，第 1 页。国内各翻译者徐辉（2001）、高师宁（2006）等对英语原文"The view taken of a University in these Discourses is the following：That it is a place of *teaching* universal *knowledge*. This implies that its object is，on the one hand，intellectual，not moral；and，on the other，that it is the diffusion and extension of knowledge rather than the advancement"的翻译略有不同。

② ［美］弗兰克·罗德斯：《创造未来：美国大学的作用》，王晓阳、蓝劲松译，清华大学出版社 2007 年版，第 104 页。

③ ［德］雅斯贝尔斯：《什么是教育》，邹进译，三联书店 1991 年版，第 166—178 页。

④ ［西班牙］奥尔加特·加塞特：《大学的使命》，徐小洲、陈军译，浙江教育出版社 2001 年版，第 73 页。

　　因此，回到大学教育教学事实本身，并不是一些学者所说的回到大学现实生活本身，而是回到人的精神、理性、身心协调发展本身，回到本真的大学教学，本真的人格至善，本真的知识技能和价值理性建构，本真的引领至善世界和至善生活建构本身。

第一章　直观我国当代高等教育

　　2005 年 7 月 30 日，温家宝总理在看望钱学森时，钱学森向温总理进言："现在中国没有完全发展起来，一个重要原因是没有一所大学能够按照培养科学技术发明创造人才的模式去办学，没有自己独特的创新的东西，老是'冒'不出杰出人才，这是很大的问题。"这就是著名的"钱学森之问"。"钱学森之问"提出之后，引起了各界的热烈讨论和不同的注解："据说温总理 2006 年拿这个问题请教国内最有名的六所大学校长和教育专家，他们的回答是：要培养杰出人才，关键是教师；要将基础教育和高等教育贯通起来；高校大改革大发展起来之后，应该是大提高；做大高等教育，还要做强高等教育。"有人认为："钱学森之问"揭示了中国崛起太慢的根本原因主要在教育。沈正赋等 11 位教授致教育部长和全国教育界同仁的公开信中指出："不能回避的是，今天的中国教育同样存在着许许多多让人痛心疾首的问题，有些问题甚至是深层次的……是时候直面'钱学森之问'了，中国需要建立新的教育哲学和教育理想，需要形成新的教育发展战略和目标模式，需要推进以体制改革为中心的教育改革。"王鸿生教授认为："从直接层面看，'钱学森之问'涉及学校培养人才的模式，实际上就是一个如何办教育的问题……扩而言之，'钱学森之问'实际上关联着中国社会的整体发展和中华文明的现代转型问题。或者说，钱学森这位系统科学家提出来的疑问，其实也正是一个大系统问题。当年钱学森在温家宝总理面前提出这个问题，自然是想首先引起国家领导人的重视，当然也想让更多的中国人都来关注和思考这个问

题。"① 刘人怀院士等人回答"钱学森之问"的对策是:"建立可持续发展的
教育体系、教育去行政化、教育去产业化、教育去关系化……试着办教育
特区。"②

第一节　我国当代高等教育危机

不仅钱学森看到了我国当代高等教育的危机,普通大众也意识到了我
国当代高等教育的危机,因各自视角不同而各有其化解危机的建议和方式。

一、概览我国当代高等教育危机的观点

除"钱学森之问"外,各种直击我国当代高等教育危机的文献不断出
现在各种载体之中,相关论断既有雷同的归纳,也有独特的见解。

(一)我国当代高等教育发展的问题

虽然经过了一个多世纪的发展,但是我国现代高等教育从京师大学堂
创办至今,政府一直是主办高等教育的主体。从新中国成立至今,我国当代
高等院校一直是实行党委领导下的校长负责制的管理体系,虽然党的十八届
三中全会提出"加快事业单位分类改革,加大政府购买公共服务力度,推动
公办事业单位与主管部门理顺关系和去行政化,创造条件,逐步取消学校、
科研院所、医院等单位的行政级别。建立事业单位法人治理结构……深入推
进管办评分离,扩大省级政府教育统筹权和学校办学自主权,完善学校内部
治理结构"③,但是,作为政府全额拨款的事业单位性质的公立高等院校,其
科层管理、完全依靠政府建设等"计划经济的最后一个堡垒"的属性,时至

---

① 王鸿生:《"钱学森之问":从历史文化视角看创新人才的培养》,《光明日报》2013 年 3 月
25 日。

② 刘人怀等:《试答"钱学森之问"》,《中国高校科技》2011 年第 10 期。

③ 《中共中央关于全面深化改革若干重大问题的决定》,《人民日报》2013 年 11 月 16 日。

当前并没有发生多大转变。针对我国当代高等教育发展存在的问题，学界的观点有："高等教育规模扩张的质量危机、高等教育发展的资金危机、高等教育的公平危机。"① "我国当代大学在市场经济深化改革中，正在陷入产业化、商品化、完全企业化，正在从根本上背弃教育的本质目的和实质性职能，已经出现了教育的异化。"② "金融危机进一步强化了高等教育经费危机，加剧了高等教育就业危机，加深了高等教育质量危机。"③ "我国高等教育发展面临着：高等教育经费、教师队伍建设、高等教育质量、高等教育机会公平、高等教育结构、大学毕业生就业等问题。"④ "我国高等教育发展陷入了质量危机、价值危机、公信力危机、制度危机及主体性危机等一系列危机之中；造成我国高等教育危机的根源是大学精神与逻辑的背离。构建中国特色现代大学制度是促使我国大学由异化回归本位进而发挥正能量功能的必由路径，而构建中国特色现代大学制度的基本原则是：大学制度安排和制度改革都必须着眼于大学的本质和逻辑的回归，使大学成为真正意义上的大学；我国现代大学制度的建构以解决中国高等教育的实际问题为出发点；制定完备的大学章程是当前我国现代大学制度建设的关键。"⑤ "我国高等教育发展的政策与落实存在着规模与质量、人文与功利、计划与市场、集权与放权、本土化与国际化等等矛盾冲突。"⑥

从文献资料分析来看，学界普遍认为我国当代高等教育发展存在着高等教育结构、办学质量、办学投入、教育质量、价值理性、毕业生就业等相关危机，我国当代高等教育正在悖离教育的本质——高校有陷入产业化、企业化的危险。高校扩招之后，学校升格（中职中专学校升格为高职高专院校，高职高专升格为普通本科院校，普通本科升格为大学）的速度和数量在

---

① 潘金山：《中国高等教育发展的危机》，《现代教育科学》2003 年第 2 期。
② 陈维达：《教育的异化与高等教育的危机》，《现代大学教育》2005 年第 2 期。
③ 董泽芳、张茂林：《金融危机背景下的高等教育危机》，《高教发展与评估》2011 年第 3 期。
④ 刘尧：《我国高等教育发展的现状、问题与趋势》，《教育与现代化》2009 年第 1 期。
⑤ 张继明：《解构与建构：我国高等教育的危机、归因及其突围》，《教育与考试》2014 年第 1 期。
⑥ 别敦荣、易梦春：《中国高等教育发展的现实与政策应对》，《清华大学教育研究》2014 年第 1 期。

快速提升，学校规模、硬件建设力度非常惊人，用了不到 20 年的时间就实现了数量上的高等教育大众化。从在学总人数看，中国已经成为世界高等教育第一大国，高等教育发展已经进入崭新阶段，不论是学界还是普通大众，对我国当代快速实现高等教育大众化是持肯定态度的，虽然我国高等教育办学理念和实践正在进行"从国有化的办学体制向一主多元的办学体制转变，从条块分割的领导体制向中央和省两级领导体制转变，从高度集中统一的管理体制向学校依法自主办学转变，从单一的投资制向多渠道集资转变，从以知识为本以教为中心的教学观向以人为本以学为中心的教学观转变，从统招统配的招生就业制度向面向市场的招生就业制度转变，从封闭的本土化教育向开放的国际化教育转变，从大学办社会的后勤管理体制向社会办大学的后勤管理体制转变"。① 为了应对危机，国家采取了改革高考制度，发展高等教育的内涵和特色，完善现代大学制度，促进国际化，运用市场机制以及建立质量保障体系等政策。但是，我国高等教育发展仍然存在着"高等教育的层次结构不够合理、创新人才培养机制不够理想、高等教育投资方式不够科学等瓶颈"②，高等教育发展的实际情况与"人民满意的高等教育"，使我国从人力资源大国快速发展成为人力资源强国，使我国成为创新型国家的目标仍然存在巨大差距。

（二）我国当代高校创新人才培养存在的问题

在建设创新型国家的征程中，高等院校是"创新人才培养的主要基地、知识创新的主力军、技术创新的源泉和生力军"③，但不可否认的是，我国当代高校的科技人才培养仍需要进一步提高创新能力。重点科技领域的部署，校企合作进行科技研究创新，学术自由、教学自由等的政策扶持和执行力等方面都存在不少问题，而且"科学的工业化和工业的科学化给大学带来的挑战和冲击是空前的。大学为适应社会需要和生存需要，也为了维护自己的基础研究，不得不把更多的精力投入具有明显经济效益的应用研究和技术开

---

① 杨德广：《中国高等教育办学理念的八大转变》，《北京大学教育评论》2008 年第 2 期。
② 丁钢：《制约我国高等教育发展的三个瓶颈问题》，《教育发展研究》2009 年第 9 期。
③ 谢焕忠：《创新型国家建设与高校科技发展战略》，《现代远程教育研究》2008 年第 4 期。

发"①。我国当代高校科技管理的"体制性障碍、科技活动的功利化、科技工作各要素的制约、科技工作者素质的局限、竞争格局变化的考验等问题"②具有其独特的文化渊源。这是因为我国当代高校科技人才培养存在"经费投入不足，创新人才培养数量和质量严重不足；高校定位不合理，创新人才培养的质量不高；自主创新能力不强，难于培养高素质人才"等问题③。而且"高校科技人才结构不合理、外流现象严重、评价机制欠合理、科技人才培养激励机制陈旧、薪酬待遇激励不明显、有效培训手段跟不上、科研环境不到位等现象非常严重"④。

除了高校教学科研人员这一庞大的科研群体的培养和发展存在着上述问题外，科技人才新生力量和后备人力资源的博硕生、本专科生的创新能力培养更不容乐观："我国博士生教育的生师比远远超过美国和丹麦，生师比偏高已影响博士培养质量；一些高校在博士点的建设上存在'重申请，轻建设'，申请博士点时'想方设法拼凑条件'，申请成功后并未真正落实学科建设计划，其博士培养质量难以保证。对博士生的直接资助长期以来没有实质性变化，博士生入学后将大量精力投入到论文发表上，影响了深入系统的研究工作，我国的博士学位论文在原创性等方面与国际上相比差距明显。"⑤而且，研究生的学术诚信、学术道德、创新能力、学术素养都存在危机，"博士不博硕士不硕，仓促拼凑论文"（陈思和）……普通本专科生虽然思想品德总体正常、专业素养总体较好，但是"团结协作能力、逻辑思维能力、自学学习能力、创新思维能力、学术研究能力、科技创新能力等普遍较低"⑥。"调查显示，当前大学生信仰的主流是健康、积极向上的，但部分存在'迷

① 韩骅：《现代高校科研问题的分析与思考》，《高等工程教育研究》2000 年第 3 期。

② 陈兴荣：《坚持管理创新，推进高校科技事业科学发展》，《科技管理研究》2011 年第 22 期。

③ 刘春湘、孙家鑫：《浅论高校科技人才培养与产学研一体化》，《经营管理者》2010 年第 1 期。

④ 熊文红：《我国科技人才培养与成长机制的创新》，《科学决策月刊》2006 年第 1 期。

⑤ 陈红捷：《中国博士质量报告》，北京大学出版社 2010 年版，第 35 页。

⑥ 刘畅：《影响高校人才培养质量的因素分析及对策研究》，《黑龙江教育》（高教研究与评估）2013 年第 3 期。

失'甚至'危机'情况，主要表现为试图在宗教信仰中寻求慰藉，在个人主义信仰、科技信仰、金钱权利信仰、封建迷信等世俗信仰中迷失了方向，在马克思主义信仰面前彷徨不定……政治信仰边缘化；价值信仰日趋功利化和世俗化"[1]；"大学生的实践动手能力不高，已成为影响学生就业、社会适应和创造性的重要因素"[2]。

高等教育是培养高级专门人才的特殊教育，高等教育的特殊性就在其人才培养、科学研究与服务社会的执行力和质量有别于其他教育、其他事业，它是人的培养、人的塑造与成形，最终以人的世界观、价值观、人生观和人的活动与行动认识着世界，并改造着世界。不论是高校教师和科研人员，还是硕博生和本专科生，也不论是他们自身价值理性、精神信仰和行动成效确实存在问题，还是高等教育及其管理给予他们的危机，最终都已成为当代高等教育所关涉和亟待处置的危机。从前述各位学人的文献中所再现的观点来看，绝大部分观点或是对相关危机表象的觉察，或是实证调查研究的结果，或是对中外高等教育实效的对比分析，都不乏一种他律的、指向现象的、指向未来影响的，甚至是教育管理学等的思辨范式的结论。虽然各自也都提出了化解危机的对策建议，都提出"应警觉"、"应该做"、要"怎么做"等的方略，但是，是否真正觉察到了危机的本质、是否指向自我、自己是否能做或正在如何行动等等，就需要进行本真的澄清。

二、直观我国当代高等教育危机

胡塞尔认为，实证主义导致了欧洲的人性危机，存在主义从另一方面加深了这种危机的根源。他说："科学观念被实证地简化为纯粹事实的科学。科学丧失生活意义、现代人让自己的整个世界观受实证科学的支配，是欧洲

---

① 万美容、吴倩：《21 世纪初我国大学生信仰问题研究述评》，《思想教育研究》2010 年第 10 期。

② 何万国、漆新贵：《大学生实践能力的形成及其培养机制》，《高等教育研究》2010 年第 10 期。

科学危机和欧洲人的危机的根源"①，并提出了"回到事实本身"、"回到生活本身"的超验现象学的化解危机的策略。就以"回到事实本身"、对现象加括号或悬置起来而直观的本质的现象学方法而言，除了纯粹自然灾难危机外，科技危机、信仰危机、道德失范、爱的失序，乃至高等教育危机，有哪一个危机不是人为危机？有哪一个几何化、数量化的实证科学及其观念不是由人产生、创造，最后又回到人那里，影响人、影响世界的呢？而作为人本身，从其作为生物的人来到这个世界，最终成长发展成为人之为人本身，成为既是世界的也是他自己的人本身，乃至成为被实证科学支配的人，除了生命体的自然建构外，又有哪一个正常人不是教育（施予教育和自我教育——广义教育）、生活世界等的同构物？再有，胡塞尔所说的不论是导致欧洲人危机的实证主义、存在主义，还是回归古希腊的"理性"（ratio）等，这些主义、理性又何尝不是由人产生，通过沉思、思辨、传播、教育、行动最后成了或促进或危害人自身及世界的东西呢？……胡塞尔从对康德的纯粹理性、笛卡尔的沉思、伽利略的数学观念、近代心理学的自然主义倾向等的批判中揭示了当时欧洲的科技危机、人性危机，但是，他并未觉察到这些危机既是个体人的危机，也是群体人的危机。而造成这种所有人的世界观被实证主义、存在主义支配的危机，作为教育在其中起到的作用却是胡塞尔超验现象学未触及的领域，把"回到事实本身"的现象学方法应用于对教育研究是由马克斯·舍勒兴起和发展的。

（一）教育危机与人性危机

马克斯·舍勒是用"回到事实本身"的现象学还原方法对教育危机、大学教育危机进行直观的第一人。他说："在这新人为新世界而痛苦地斗争并试图塑造自己的时代，关于人的教育问题成为人们兴趣的中心。但是，令人遗憾的是，人们对于教育的哲学本质规定几乎还没有研究过。凡是人想自我教育或者想教育别人，究其外部可行而言，必须对三个方面的问题具有明

---

① ［德］胡塞尔：《欧洲科学危机和超验现象学》，张庆熊译，上海译文出版社 2005 年版，第 6—7 页。

确的认识。第一，究竟什么是教育的本质？第二，怎样进行教育？第三，什么样的知识和认识形式限制和规定着由此人变得'有教养'的过程？如果我们考察'教育'问题，首先考察理想性和完美性的教育，而不只是教育过程，那么就可以得知：教育首先是一种个体性的特殊形式、成形和节奏。人的一切自由的精神活动在其界限内并按其尺度展开，人的'行为'的所有心身无意识的生命表现形式（表达和行动，言谈和沉默）也由其引导和控制。因此，教育不是一个知识和体验的范畴，而是一个存在的范畴。"①

　　舍勒从回到教育事实本身的现象学直观方法出发，对其所在时代的世界各国的教育异化现象和教育现实生活进行了真切的体验与深入的批判，尤其是对第一次世界大战之后德国高等教育出现的一系列危机进行了现象学方法的深入揭示。舍勒在深入揭示德国和世界其他国家的教育危机的基础上，悬置此在教育，对教育的哲学本质规定进行了现象学的还原。他认为"教育是人的全部存在的生成了的塑造和成形的存在范畴；是一种以时间的形式，以从作为展开、过程、行动的虚无中产生的整体性的形式出现的活生生的整体性塑造和成形的范畴，这个成形的小宇宙与主体的'有教养'构成一个不可分割的整体；而且这个整体不是作为知识和人的训练的对象或其劳动、行为的抵抗的世界部分，而是世界整体性；是再现所有在人从未能完全把握的存在偶然性中的宏大、绝对、实在的宇宙中实现的、处于分离状态的事物的所有本质观念和本质价值的世界整体性，甚至就是整个世界的本质结构"②。

　　教育不是万能的，没有教育却是万万不能的。教育的本质规定就是追寻自然和历史中具有世界本质性意义的一切，是"对本质之爱"的追寻。对整体性的人的塑造和成形而言，教育本质的第一规定就在于教育是人的生成，是对人和一切事物的敬畏，是通过教育活动促进人之为人的持续地自我神化（selbstdeificatio），因而在精神（geist）和理性（ratio）之中、在实事的主体纯粹可规定中、在柏拉图之爱中、在区别任何对象的本质和偶然当下的具体在者的能力之中，通过本真的给予教育和自我教育，人就能以精神和

①　刘小枫选编：《舍勒选集》，上海三联书店 1999 年版，第 1368—1369 页。
②　刘小枫选编：《舍勒选集》，上海三联书店 1999 年版，第 1369 页。

理性规劝人的动物性本能欲望、冲动，进而使自己神化、圣化，进而建构至善的自我和至善的世界。至善精神、理性才是永恒的"本质化"的教育本身，教育教学是永不止息的人与人、人与世界、人的生命与心灵的精神交互趋善建构活动，人是常新地通过自我教育生成为与至善精神、理性相关的人自己，人通过外在教育而指向现实生活的意义。

人是与其他生物具有本质区别的存在。人是精神、理性、全爱、全观、全思和生命有机统一的万物之灵。人作为人本身不限于单纯的意图和意愿，正是在生命的在世和入世的过程中，在其激情、抵抗的积极克服中，在其与专业、亲朋或国家相关的爱和行动中，在其各种收获、提升、振奋与拓展力量和自我的艰苦劳作中，以及在真正神化的思想、爱的行动中，教育生成才得以发展和实现。而且，人只有置身于高贵的事业、至善共同体以及自我趋善的建构和体验的进程之中，对所面临的一切既毫无畏惧又充满敬畏和理性，才能赢得真正的自己，即从神性和至善精神本身以及其生命建构本身的行动和善化之中赢得自己、建构人之为人的自明性。

现实的教育危机和人性危机，就其本质而言，就是外在给予教育已经抛弃了人的精神性，与精神、理性、至爱、自由渐行渐远。人的内在自我教育呈现出精神乏力、信仰迷失、无所敬畏、德范缺失等病态，本能冲动因失去了至善精神抑制力而无限膨胀，进而使人的行动本身不再是世界的而是自我的。在舍勒看来，现实教育不再是人的全部成形，而是把人训练成物，对人进行职业、专业、能力的纯粹训练，却少了许多德化、人化、圣化、神化等的教养（Bildung）和教化（Aufklärung）。

就知识传承而言，舍勒认为："人力所能及的知识有三种，即宰制知识或成效知识（Herrschafts—odei Leistungswissen）、本质知识或教化知识（wesens—oder Bildungswissen）、形而上学知识或救赎知识（metaphy—sischesoder Erlösungswissen）。所有这三种知识没有一种是自在自为的。每一种知识都是为了改造的存在者。这种存在者可以是物，也可以是人自身的构成形式，或者就是绝对物。"① 现实的教育危机、教化危机、人性危机就是

① ［德］马克斯·舍勒：《哲学与世界观》，曹卫东译，上海人民出版社2003年版，第78页。

因为"以日益片面化的方式，通过分工化的实证专业科学的形式，系统地只注重以可能实用地改变世界为目标的效能知识。随着近代西方历史的发展，教养知识和拯救知识日益变得无足轻重。而且，即使对于这种统治（宰制）知识和劳动（教养）知识，也只有其中的一半受到重视，即用于控制和统治外部自然（首先是无机自然）的那部分知识。与对外部无机自然（包括生命本身中的无机自然）的控制目的相比，内在的生命技艺和心灵技艺，即扩展控制意志和通过精神意志最大程度地控制心理机制过程的力量（就生理心理机制作为节奏化的时间单位能按纯粹的生物规律被调控而言）则大为衰退了……唯科学主义、实证主义和实用主义更是使劳动科学成为唯一可能的知识"。①

概而言之，一切教育、一切学校、一切知识原本都是为了"人的生成"，有助于真正"有教养"的培养，但是，现实状况是只注重宰制知识、教化知识，忽视或没有救赎知识，只注重把人教化成什么，而不是把人养育成人成为人本身。知识本身不再是为了生成，而是成了支配世界、支配人本身的工具。这就是舍勒现象学直观方法所觉察的教育危机和人性危机的主要内容，也适用于我国当代教育危机的现象学觉察。

（二）大学教育危机与科技发展危机

胡塞尔的超验现象学认为："通过伽利略对自然的数学化，自然本身在新的数学的指导下被理念化了；自然本身成为用现代数学集（mannigfaltigkeit）的方式的表达。"② 也就是说，在胡塞尔看来，自伽利略以降，数学化、数量化的世界成了现代人认知世界的基本理念，一切能数量化证实的才是可描述的竟然成了真理，科学的危机是因为真正科学的特征，它所提出的任务和为之建立的方法论出了问题。舍勒虽然继承和发展了胡塞尔的"本质还原"的现象学方法，也有限地接收了胡塞尔的观点，但是，舍勒却是"以一种生活于时代之中，并为了时代而生活的强烈意识从事哲学研

---

① 刘小枫：《舍勒选集》，上海三联书店 1999 年版，第 1400 页。

② ［德］胡塞尔：《欧洲科学危机和超验现象学》，张庆熊译，上海译文出版社 2005 年版，第 32 页。

究"①的"现象学的施魔者"。他从对教育的直观，尤其是对大学教育的问题揭示中觉察到科技危机、人性危机的根源是救赎知识（形而上学知识）的缺失和至善信仰的迷失。

就大学教育危机和科技发展危机的实事性而言，任何科学技术的产生及其观念、理念，并不是自在自为地迸发的产物，而是人的知识经验、精神理性、价值理念和有效行动有机结合的产物，而科学技术及其理念产出的"这一个人"必然是接受了教育（自我内在教育和外在给予教育）的存在（如果文盲也能产出科学技术及其理念，那就没有必要发展教育了）。所以，舍勒说："大学应该是充满活力的（totum）、整体的、包罗万象的，是代表着知识和教育的'最高综合体'（universitäs）；大学应尽可能忠实完好地保护和传承那些从西方人民的共同历史中获得的最高知识产品及教育产品；应尽可能让那些为国家、宗教以及社会工作的专家、学者有精力从事科学（哲学）、精神研究；应尽可能全面地对人至善位格进行精神上的细致塑造并加以完善……大学是培养圣人、领袖、英雄、科学研究人才和进行人文教育的组织，大学教师既是教师也是科学研究者。"②而今大学的危机是大学已经退化为"技术叠加的教育场所"，"只是简单而有目的地把所有知识产品及教育产品传授给公民"的机构。从教育的本质出发，虽然不能完全苟同舍勒关于大学和业余大学功能的严格区分，但是，也不得不承认舍勒对当时德国大学教育危机的本质揭示，而且舍勒直观的大学危机也契合于我国当代的大学教育。

大学教育一旦忽视人文知识、价值理性、至善信仰、健全人格等的培养和救赎知识、教养知识的传承，大学教师退化为"教书匠"和各种技术的叠加的应用者，那么大学也就失去了其本质规定的"最高综合体"的本性，也就不可能培养出健全的、具有完全伦常人格的高级专门人才和科学技术研究者。我国当代大学教育现实的状况确实如此：大学精神缺失，既是教师又

①　[美]郝伯特·施皮格伯格：《现象学运动》，王炳文、张金言译，商务印书馆1995年版，第389页。

②　Max Scheler. *Die Wissensformen Und Die Gesellschaft*. A. Francke AG. Verlag. Bern Dritte, durchfesehene Auflage 1980；pp.383-420.

是科学研究者的大学教师并不是绝大多数，大学教育教学和科学研究以及人才培养已经成为量化评价的支配对象等。残缺的大学精神，无至善信仰的大学教师，量化的教学科研评价机制，实用主义和个人主义的价值取向，不仅使大学教育教学危机重重，而且已有的大学科学技术研究的价值取向和效果也危机不断。更为关键的是那些即将迈入社会、即将成为科学技术研究的生力军的大学生，他们的信仰、价值观、人格建构未得到至善的规劝、引领、教育，何谈以健全的人格去引领建构至善世界和从事本真的科学研究与技术创新呢？其直接反映的是大学教育危机，其深层次影响的却是至善世界的建构和科学技术发展。大学生、时代精英一旦仅仅成为技术的简单使用者、操作者，必然在技术思想中迷失自己，成为技术支配的对象，那么，科技危机、社会危机就成了必然。

综上所述，当回到事实本身来直观，科技危机之源是教育危机，教育危机之源是大学教育教学远离了其本质规定性和大学教学危机，大学教学危机之源是大学师生教学信仰、良心、价值理性、爱之所爱等的错乱和人格养育的错位。因此，科技危机、教育危机、大学教育危机都是人为危机，而一切人为危机之源是人性危机，人性危机的根本是精神、信仰、理性、爱、人格等的残缺或迷失。要处置人为危机，救赎人类自己，就必须回到教育事实本身，回到大学教学本质本身（但绝不是回到大学及其教学现实或此在的生活样式本身）。从救赎大学教学这一人的精神交互活动与建构开始，拯救大学及其教育与大学之人，进而救赎这个世界，建构至善之人和至善世界。

第二节　回到事实本身直观的大学的本质

马克思主义哲学认为，"本质（essence）是事物所固有的、普遍的、相对稳定的内部联系。与'现象'相对。它决定着事物的性质。事物的本质是由它本身所包含的特殊矛盾构成的。本质相对现象来说乃是一种间接的存在。本质决定现象，它通过现象表现出来。事物的本质不能被人直接感知，而要靠抽象思维去把握"①。

在胡塞尔现象学哲学中，"本质（德 Wesen）。在《逻辑研究》发表之后，胡塞尔发现，他在其中所运用的'理念'概念常常受到误解，因此，在《纯粹现象学与现象学哲学的观念》第一卷中，为了将一般的'本质'概念纯粹地区分于康德的'理念'（Idee）概念，胡塞尔进行了术语上的更动，启用在术语上尚未被用滥的德语的'本质'，此外，胡塞尔还将'本质'划分为'形式本质'与'质料本质'……本质直观（Wesensschau）标志着一种直接的直观，在这种直观中，在将所有设定都忽略不计的情况下，一个实事的本质作为先天而成为自身被给予性。本质直观意味着在某个相关区域的例子上一同把握到世界的实质属性和建造形式"②。

大学作为一个精神与事实有机统一的存在对象，自其诞生发展至今，其本质不是被给予的，而是自身生成、建构和给予的。对大学本质给予的描述，因哲学视角不同，呈现出不同的范畴界定。

一、大学本质给予应澄清的问题

孙锦涛先生认为："通过对文献梳理发现国内外关于大学本质的界说主要有四种：一是大学的本质是学术自由；二是大学的本质是一个由多种组织所形成的集合体；三是大学的本质是探索和传授普遍知识的场所、探索和传授高深学问的机构、培养高等专门人才的机构、社会服务站；四是大学的本质是一个有多个目标、多个权力中心、多个灵魂的多元性组织，而不是有机体。笔者（孙锦涛）赞同第一种观点。"③ 该论断是站在"广义的大学"的视角对截至当前的有关大学本质界说的归纳。当回到事实本身来看，还有一些问题尚需澄清。

其一，高等教育学校与大学之间的界限问题。

当把大学作为一个组织、机构、场所、学校来看待时，广义的大学是

① 冯契主编：《哲学大辞典》，上海辞书出版社 2007 年版，第 98 页。
② 倪梁康：《胡塞尔现象学概念通释》（修订版），三联书店 2007 年版，第 521—522 页。
③ 孙锦涛：《关于大学本质观与大学观体系的思考》，《教育研究与实验》2011 年第 1 期。

指实施中等以上教育的所有高等院校；狭义的大学是指高等院校的一种——对近现代和当代大学而言，专指实施本科及以上教育、能授予学士及以上学位的高等院校。就当代世界教育而言，狭义的大学（英：University，德：Universität，法：Universitéde，俄：Университет）是比学院（college、academy、institute）和学校（School）开设课程更多、专业性更强、学制更长的学校。虽然美国的学院（college）可以授副学士学位，但它也仅仅是从事职业教育或高等职业技能教育的机构，而不是大学。在我国，之所以出现对大学本质的理解的不同看法，其中不可忽视的根源就是在20世纪80年代，我国出现了不少从事职业教育、成人继续教育、学历补偿教育的学校都冠以"大学"之名，同时，当前国内不少综合性本科院校因受改名的行政管理规定的限制，虽名为"学院"实则开展本科及以上教育，而且还与高职高专教育、成人教育、中职或单一技能培训等学校都冠名为"学院"交织在一起，使整个社会都在"实施中等以上教育的所有的组织机构都叫大学"的域内进行研究审视。

正是因为在广义的大学的定义域内论说大学的本质，才使大学本质的描述趋近于或就是高等教育学校的模糊界说。现象学第二泰斗马克斯·舍勒在其多部著作中早就阐述了他直观的"大学"与"高等院校"的本质区别，他说："大学是古老的、稳定的、已知的和经受住考验的存在，它是几百年来历史的产物，是原封不动地保留了它的本质和精神的存在；其他高等学校一直都是'为了某一目的'的高等学校，而对于大学这一名词则是不能加入一个类似的'目的'的"[1]，"大学绝不是'为了'职业、专业、任何能力的训练，而是为了自我限制、为精神和教养服务，尽其所能赢得教育自由的学术机构"[2]。在今天看来，虽然舍勒的大学和其他高等教育学校（业余大学）的本质观带有浓厚的阶层论（Klassizismus），大学就是精英教育的观念，但是，他对大学本质的揭示却有着深远的意义。

其二，大学的本质与功能的实事性问题。

[1] Max Scheler. *Die Wissensformen Und Die Gesellschaft*. A. Francke AG. Verlag. Bern Dritte, durchfesehene Auflage 1980：pp.383-420.

[2] 刘小枫选编：《舍勒选集》，上海三联书店1999年版，第1363—1385页。

　　自洪堡把科学研究纳入大学功能到"威斯康辛计划"再次增加大学服务社会的功能至今，大学的商业化、市场化、去"象牙塔"化等现象越来越浓烈。但是，不论大学功能如何紧密联系政治经济，其培养人才、引领社会及人的发展的本质亘古不变，其改变的仅仅是本质的不断丰富和永不止息的趋善，并不是胡塞尔所说"质料本质"的矮化而是提高。就大学的本质功能而论，大学因其至善精神的感召，使未成年人的社会公众都想进入大学获得自我至善的引导——这是精神层面的实事性，都想通过大学教育实现自我生命价值的提升——这是功利层面的实事性。大学毕业生迈向社会、就职于各岗位、创造不同实事价值，这仅仅是大学培养人才的实证科学观念的价值体现；而大学毕业生以其精神楷模引领各行各业超越此在，这才是大学培养人才的元初规定的本己价值的展现。而现实的大学本质的被矮化，是因为其全神贯注于大学生精神人格楷模性生成的效度弱化所致。从实证科学和当代世界高等学校人力资源培养的视角而论，大学毕业生除了走向大学之外的各行各业外，他们还走向学校。但是，时至当前，也只有大学毕业生迈入学院、学校和其他教育机构（college、academy、institute、School）的讲坛，只有接受了大学后教育（博硕教育）的毕业生才有可能回到大学的讲坛，不可能普遍存在未接受过大学（狭义的大学）教育而承担大学课程教学任务的教师现象，即使有也仅仅是个案。这就是说，大学培养人才、科学研究、服务社会的功能本身，所谓娴熟的专业技术，精湛的技艺，前沿的科学研究仅仅是大学教师成为"经师"的一个条件，其深层次、根本的还是大学教师的精神人格（人格、思想、理性等）才是可能成为"人师"的必要条件。这不仅仅是实现大学功能事实需要，也是大学本质、大学乃大师之学府的本质规定的展现。

　　从当代科学技术和社会发展对人才的需求来看，不论大学与科学技术、经济社会联系是何等的紧密，其校本技术研究和技术型人才训练都是滞后于时代需求的，这正是高等教育危机的事实体现。但是，本真大学、大学的本质不在于其落后于或同步于社会，而是以观念、价值理性、正义、真理等精神价值引领社会，这既是大学本质所给予的实事性，也是其本质规定。前沿科学技术仅仅是大学引领社会发展的一个方面，而且就科学技术发展的前沿性的总体实事性而言，大学永远不及专业的科研院所，更何况科研院所的研究人员已经是接受了大学教育的人——大学是科研院所人力资源的摇篮和主要阵地，因此，大学引领社会的主体展现在其精神、理性、文明的至善建构，这就是本真大学之所以是大学的本质给予。而现实的各种人为危机正是大学迷失了精神、理性、观念等对人格的至善建构，大学弱化了培养人才的本质功能而与科研院所争夺市场的经济利益。大学本质的揭示、界说、建构也仅仅停留在其形式本质方面，进而加深了科技危机和大学自身的危机。

其三，科技危机与大学本质的关系。

大学本质的给予是以精神、思想、价值理性和思想家、哲学家、大师、专家学者、大学生等为质料再现的。在胡塞尔、舍勒、海德格尔、伽达默尔等现象学家看来，科技危机的本原是人性危机，人性危机的本原是人的观念被实证主义支配。人的价值理性不是价值本身的给予而是被实证科学所证明，人已经不是自我体验的自己，而是被证实的存在。一旦人成为被证实的存在，人之为人的本身——精神与生命有机统一的建构本身就只能在生命及其实事价值中被证实。由于精神是永远不能被证实的存在，使精神被实证科学等认为是生命之后的东西，从而被矮化或忽视，这不仅给人是身心同构趋善的存在带来了问题，而且也给科学技术和社会经济政治的人化发展带来了一个危机：科学技术创新及其行动的动因是人的观念、理性、意向等自觉地超越此在——人超越此在的愿欲、意向是人自身及科技等发展的元动力。简言之，只有观念、理性、意向超于此在，再辅以本能之力和行动，才能奠基科技创新的行动和实效——观念决定行动。而人的创新观念并不是自在自为地生成的，而是经过教育（外在施予教育和内在自我觉察教育）不断建构的。当培养科技创新人才的摇篮的大学，在人的精神、理性、理念方面的引领被实证主义观念支配而不能展示其本己价值和实事价值时，大学师生的精神、理性、理念就很难提升其本己的至善之力。由于没有至善精神的引领，不仅科学技术的人化创新乏力，甚至将降低人对"致毁知识"的甄别能力、宰制能力，从而导致科学技术发展不是人化发展而是异化发展。因此，大学（狭义的大学，培养哲学家、思想家、科学家、领袖、精英等的大学）不应自己主动降格为培养技术使用者的学校，必须是坚持培养精神领袖、科学家、哲学家、艺术家的摇篮，这是大学区别于其他高等教育的本质的自明性所在。不是所有的人都能成为思想家、哲学家、艺术家，但是大学必须是大师汇集和培养大师的学府。"真正受过大学教育的人应该是思维严密、知识丰富、具有批判精神的人。"① 只有有批判精神的人、有至善精神位格的人、有秉持真理正义的人，才能在祛除"致毁知识"的进程中开展人化科学技术的观念引导和实践创造，而不是被科学技术支配。因此，当前的科学技术发展危机，是大学教育教学、文明传承、培养人才、科学研究、服务社会等被实证科学观念支配，并被实证化所导致的危机；是仅重视了科学技术应用技能训练而缺乏本真至善人格、科学精神、科学理性、科学价值观念养育所带来的危机；是大学崇尚科学和自由精神的本质在行动中被矮化和忽视所造成的危机；是科学的本真意义被遮蔽、被裹挟、仅仅钦佩科学的成就和产品，并不珍视科学的意义在于科学精神理性等所造成的危机。"真正的科学是一种智者的知识"②，是智者观念知识、至善价值理性引发科技行动，绝不是科技行动诱发科技观念与价值理性。因此，大学教学不仅是知识技能的供给、传授、指导，还应是人格至善、人化科学观念、至善价值理性和知识技能有机统一的引导、培育。

二、现象学直观的大学本质

从回到事实本身的现象方法来看，大学本质不是被给予的，而是大学自身给予的。大学在其自身存在、发展的过程中给予的理性、真理、正义、知识技能、价值理性、人格伦常、爱之所爱、教育教学、人才培养、文明传承、科学研究和服务社会的自明性之在，就是大学的本质。大学本质不是既成不变的此在样式，而是不断发展、丰盈和展示的存在，是以人为中心、从人出发、回归人的世界建构，是与精神和生命有机统一的人建构一样的"这一个存在"。大学的本质就在于它是一个生命和精神有机统一的永不止息的

---

① ［美］弗莱克斯纳：《现代大学论》，徐辉、陈晓菲译，浙江教育出版社 2001 年版，第 24 页。

② ［德］雅斯贝尔斯：《什么是教育》，邹进译，三联书店 1991 年版，第 141 页。

建构的在者，是以人为中心的这一个在者，是既联系又区别于其他教育组织形式的存在者，大学的本质就是大学之所以是大学的自己。

其一，大学的本质在于它既是一个组织又不是一个组织。

大学之所以是一个组织，是因为从大学诞生至今，其机体之中就有许多既独立又相关联的构成部分，教师、学生、教育场所、课程资源、大学精神等有形无形的成分构形为大学的组织形式的管理学理念的存在。之所以说大学不是一个组织，是因为大学和其他社会组织、工农业生产机构有着本质功能的区别。其他组织是以生产活动及其社会经济成效、产品等而显现其实事性，而大学是以培养人才、传承文明（知识技能和价值理性）、研究科学技术和以学术服务社会而显示其实事性。人绝不是产品，也不是艺术品，更不是既成不变的存在者，而是精神和生命持续发展的万物之灵，而且知识技能和价值理性的培养是一种精神交互活动，并不是生产过程与结果。因而，大学绝不是与其他组织类似的组织。当然，现实的各种人为危机的根源，在很大程度上就是把大学视为一个与其他组织一样的组织，把大学生视为教育产品，把大学教师视为知识技能的"资本家"和"搬运工"。重科研和服务社会效果轻本真人才培养和教学等所造成的结果——是大学本质被异化的结果，是把大学建基在实证主义管理学观念和行动之下的结果。如果要修正大学是一个组织的界说，那么大学应该是大师云集、培养高级人才、传承创新科学技术和人类文明的有机体组织，而绝不是静态的物化组织。之所以是有机体组织，是因为大学不是既成不变的组织，而是精神和生命有机统一的、不断发展建构的组织，是人、人化、人伦、人性等存在的精神和生命有机统一的永不止息的建构的有机组织。

其二，大学的本质就在于其自身的精神和生命有机统一的永不止息的建构的实事性。

大学精神是随大学产生而产生、随大学发展而发展的存在。不论是西方古典大学还是现当代大学，也不论是我国古代的"太学"和书院还是近现代"舶来品"的大学，其本真之"大"、之"学"，就是大学问、"大人"的学府。这个大学问、"大人"就在于其是爱、信仰、真理、正义、自由等的至善性、楷模性、引领性等的超一般，这是大学精神的本质规定或亘古不变的属性。不论是世界上第一所大学还是当代新生的大学，其精神本质的核心就是自由、真理、正义、人格至善、引领建构至善世界。其生命建构——大学实体建设就是精英培养、崇尚学术、科技创新、文明传承与建设，大学精神感召、引领和规劝大学实体建设，大学实体建设承载、丰盈、发展大学精神，大学精神与实体（生命）建构展现大学的本质。因此，没有至善精神引领、至善精神建构乏力的大学，其实体（生命和物质）建设也是缺乏灵性、圣性的建设。对我国当代大学的本质而言，它既在继承和发展着西方现代大学的本质的基础上，也在整合发展着我国古典的"三纲八目"（明明德、亲民、止于至善；格物、致知、诚意、正心、修身、齐家、治国、平天下——《礼记·大学》）和当代中国价值理性的基础上，不断建构具有中国当代特色的大学本质，其中"三纲"应是大学精神的本质规定，"八目"应是大学实体、生命建设的本质规定。

其三，大学本质展现在其功能价值的实事性之中。

大学本质虽然是自身给予的，但是，这个自身给予并不是实证科学、实用主义视角的大学实体（建筑、空间、师生数量规模）的给予，而是大学功能价值实现过程中的自觉给予。近现代大学的人才培养、科学研究、服务社会三大功能承载其本质，人才培养是重中之重，是大学功能亘古不变的功能，其核心是教育教学。而教育教学是承载、反映、发展大学正义、真理、善、爱等本质的主要手段和桥梁，因此，大学本质及其功能价值展现和发展于教育教学过程及其结果之中。

"大学是一个传授普遍知识、探索普遍知识的场所"（纽曼）。"大学是独立中心，既然它是一个思想中心，一个独立思想的中心，那么它也是一个批判中心"（赫钦斯）。"大学者，'囊括大典，网罗众家'之学府也；教授高深学问，养成硕学闳材"（蔡元培）。"所谓大学者，非谓有大楼之谓也，大师之谓也；办大学，应有两种目的：一是学术研究，二是造就人材"（梅贻琦）。"大学是学问的中心，致力于保存知识，增进系统的知识，并在中学之上培养人才"（弗莱克斯纳）。"大学是一个兼顾科学和教育特性的对知识进行审慎传递和研究的机构"（Norbert Ricken）。上述大家的宏论不仅从大学功能角度揭示了大学本质的实事性，而且也揭示了人才培养、科学研究等大学本质功能展示的手段是教授"高深学问"和培育"批判精神"、培养至善人格建构的人。

其四，大学本质被矮化和弱化的根源。

大学因是"大师"、"大人"、高深学问、思想家、民族灵魂等的学府，而以其大之大者本身给了大学本质的至大、至高、至纯性。但是，随着实证主义、实用主义、功利主义、绝对自由主义、享乐主义等泛滥，大学在与社会政治经济文化联系愈加紧密的进程中，就愈深陷于是需坚守至高至纯的本质还是被矮化、弱化的矛盾之中——不是大学要矮化、弱化、世俗化自身的本质，而是在被支配、被规定、被强制和不自觉之间被矮化和世俗化。其中，被支配不仅是因为大学的理念被实证主义、实用主义等观念支配，而且还因为近当代大学的功能被政治、权力、经济等支配——"大学已经成为政治的分支，大学完全的自治首先必须要求完全的经费独立，（在现当代）这种经济的完全独立是根本不可能的"①。被规定是因为大学的权力、合法性、学术自由、教学自由、自主办学等等被体制、机制、法律等规定；被强制是因为现当代大学只有与政治经济社会紧密联系、为社会服务、承担责任，才能赢得经济与政策的扶持。没有经济和政策的扶持，大学不仅失去了存在和发展的物质基础，而且其存在的合理性也被质疑；不自觉不仅因为大学及其师生员工要主动迎合政治经济而获得自身存在与发展的条件，更为主要的是大学功能的实践者、建构者（教育管理者、校领导、师生）等不自觉地陷入了价值欺罔之中，不自觉地成了"娱乐至死"，安于被实证主义和实用主义等观念支配限制，为教学而教学，为科研而科研的实践者和推波助澜者。

总之，在回到事实本身的现象学方法看来，大学的本质是自身给予的本质，是因其大之大者本身给予的真理、正义、自由、爱、信仰的至高至善的本质。大学本质的矮化、弱化，并不是大学主动的行径，而是被实证主义、实用主义等观念支配，在权力、经济、世俗化价值理性的被规定、被限制之中被矮化、被弱化。也就是说，当代大学一方面在竭尽全力坚守本真的大学本质、大学精神、大学理念、人才培养、科学研究、服务社会，在不遗

———————————

① ［美］布鲁贝克：《高等教育哲学》，王承绪译，浙江教育出版社1987年版，第15—33页。

余力地坚守正义、真理、自由、爱、自治、止于至善、良心等大学本质的同时，另一方面又不得不竭尽所能与经济、政治、权力、世俗化价值、量化理论、实用主义、实证主义、功利主义等进行抗争，这正是我国当代大学存在和发展的现实性。我国当代大学将往何处去？大学的本质能否坚守？大学能否保护和培养思想家、发明家、大师、大学师生？是外因决定内因，还是内因决定外因？现象学直观方法是一条新的路径。

第二章　直观我国当代大学精神
与大学教学

我国西汉名著《淮南子·精神训》中讲道："古未有天地之时，惟像无形，窈窈冥冥，芒芠漠闵，澒蒙鸿洞，莫知其门。有二神混生，经天营地；孔乎莫知其所终极，滔乎莫知其所止息，于是乃别为阴阳，离为八极；刚柔相成，万物乃形；烦气为虫，精气为人。是故精神，天之有也，而骨骸者，地之有也，精神入其门，而骨骸反其根，我尚何存？是故圣人法天顺情，不拘于俗，不诱于人；以天为父，以地为母；阴阳为纲，四时为纪；天静以清，地定以宁；万物失之者死，法之者生……夫精神者，所受于天也，而形体者，所禀于地也。故曰：'一生二，二生三，三生万物。'"这可能是汉语中有关"精神"一词的最早哲学论说。

第一节　回到事实本身的大学精神

现象学第二泰斗舍勒（Max Scheler）说："大学是古老的、稳定的、已知的和经受住考验的存在，它是几百年来历史的产物；对国民的思想、本质、目标和组织产生深刻影响……是'totum'（充满活力的）、整体的、包罗万象的，是代表着知识和教育的'最高综合体'（Universität）。"[1] 该论断不

---

① ［德］ Max Scheler. *Die Wissensformen Und Die Gesellschaft*. A. Francke AG. Verlag. Bern Dritte, durchfesehene Auflage 1980：pp.383-420。

仅发展了洪堡（Wilhelm von Humboldt）的大学本质观念，而且奠基了现象学直观的现代大学本质及其精神的应然与必然。

一、"精神"内涵的现当代哲学界说概览

《现代汉语小词典》对"精神"有两条界说："【精神】① 指人的意识、思维活动和一般心理状态：精神面貌 | 精神上的负担。② 宗旨；主要的意义：领会文件精神。【精神】③ 表现出来的活力：精神旺盛 | 振作精神。④ 活跃；有生气：这孩子大大的眼睛，怪精神的"①。

《辞海》对"精神"的界说是："【精神】对物质或肉体而言。在心理学上，精神作用指一切心意历程，与生理作用对待。在哲学上，有视精神为实在之终结，宇宙之根源者。是为唯心论。"②

《哲学大辞典》对"精神"有五条界说："精神（英 spirit；德 Geist；法 esprit）指人类的一切精神现象，包括思维、意志、情感等有意识的方面，也包括人的一般心理活动等无意识的方面。与'物质'相对。"③

"精神作为西方哲学史用语，指人的感觉、思维等意识活动和一般心理状态。在哲学史上的意义随哲学家本体论的不同而有所不同。古希腊柏拉图认为精神与物质是二元的，以精神为理念，精神关系到不变的东西，物质是变化的东西，由理念与物质结合而为现象世界，它也是变化的东西。新柏拉图主义继承柏拉图的观点，以精神为太一，从太一中流出'努斯'（宇宙理性），然后从努斯流出世界灵魂，最后从灵魂流出物质世界，物质世界是与太一相对立的。人的目的是摆脱物质世界，回归太一。亚里士多德从其形式与质料的学说引申出形式与质料可以相互转化的理论，认为有形式的身体对作为身体形式的灵魂来说则是物质。亚里士多德也承认没有物质的纯粹形式，而纯粹的精神就是上帝。笛卡尔的二元论把精神与物质看成两种不同的

---

① 中国社会科学院语言研究所词典编辑室：《现代汉语小词典》，商务印书馆 1988 年版，第285 页。
② 舒新城：《辞海》，中华书局 1981 年版，第 2218 页。
③ 冯契主编：《哲学大辞典》，上海辞书出版社 2007 年版，第 35、1468、1653、1937、1961 页。

实体，是直接完全对立的，他认为松果腺是两者相互作用的接触点。偶因论不承认两个完全对立的东西可以相互联系，偶因论认为上帝的干预是精神的运动与身体的运动相符合的原因。斯宾诺莎提出身心平行论，认为自然界（神）有广延（物质）与思维（精神）两个属性，自然界是无限的，而广延与思维是有限的，两者的运动变化是相互平行的。唯物主义者认为精神是大脑的作用，所有一切过程是物质的过程，精神活动只是大脑的属性，这种观点可以包括许多东西方唯物主义者的观点。唯心主义者则分为客观唯心主义者与主观唯心主义者，但两者并没有完全对立的不可超越的鸿沟。主观唯心主义者贝克莱认为人的感觉构成人所认识的事物，即存在就是被感知，除了感觉之外就没有别的东西了，但贝克莱认为个人以外的其他的自我的存在是可以由意念来论证的。休谟则把经验论推到极端，认为精神是一连串的知觉的活动，在知觉之外还有什么是不可以怀疑的，即不可知的。康德所了解的精神是自我意识或统觉。统觉以其能动作用把感性形式与知性范畴加之于感觉到的观念材料，形成人的知识，这种观点探讨了人的认识形式与认识内容相结合的关系，肯定了主体精神的作用，也没有完全否定客观的物质世界（自在之物）的存在。黑格尔的精神是绝对精神，人的精神只是绝对精神的一种表现形式，绝对精神与绝对理性同义，因而表示出它的绝对精神的理性性质。绝对理性的运行构成自然界、社会和精神世界的整体。现代西方哲学中的中立一元论或马赫主义认为，精神与物质是相同的，即物质就是精神，两者的不同就是以不同的方式组织起来，或者从不同的方式去看。逻辑实证主义的各支派也是把人所认识的客体看成是由感觉形成的。存在主义的各种形式都是把主体与客体联系起来，反对把两者分割开来或对立起来的唯物主义与唯心主义体系。存在主义者萨特的'自在'与'自为'关系只是以'自为'的精神活动吞食了自在的认识内容，把二者合而为一了。梅洛－庞蒂的知觉现象学也是这种哲学思想的表现形式，它反对精神与物质的二元观点，致力于研究人的行为的物质层次、生物层次和心理层次，把精神的东西与物质的东西看成是研究人的行为的许多概念层次中的两个层次。斯特劳森认为'个性'是更为基本的概念，它比精神与物质更为基本，心理状态与物质属性都是附属于个性的。这种观点是以'个性'代替精神，避开了精神与物质对立的传统问题。现代心理学的各流派均按其基本哲学观点的不同而对精神的了解有所不同，其中以 S. 弗洛伊德精神分析学的影响为最大，它把精神领域分为有意识状态和无意识状态，开创了对无意识的研究，并把精神分为意识、前意识、潜意识等层次，为当代西方哲学广泛采纳和研究。"

"精神，德国黑格尔用语。《精神现象学》中精神发展的第四阶段，是在理性之后绝对精神之前的意识形态。精神异化为客观的伦理、教养、道德等普遍的社会意识，精神考察它自身的发展过程也就是主体与客体相结合的社会生活。分为真实精神、自我异化了的精神、对其自身具有确定性的精神等三个阶段。在第一阶段，是个人意识与共体意识打成一片，但它们有矛盾，表现于家庭与国家的矛盾，家庭代表神的规律，国家代表人的规律，两种规律的冲突说明真正的乐园是没有的，人要去适应现实，就须异化自身，成为适应于现实的普遍的人。在第二阶段，人有多种表现，初是一般地服从高贵意识，后是对统治者的阿谀逢迎，与此相反的则是对统治者的仇视与叛逆的卑贱意识；两者并非固定，可相互转化，但其转化是有条件的；如把善与恶、真与假、高贵与卑贱混杂在一起，则成为分裂的意识；与分裂意识相对立的是诚实的意识，它看不到两者可以转化，把社会看成僵固的，是一种低级的意识。这种异化社会的出路是启蒙思想。黑格尔认为启蒙思想有利于自由，但又容易走向恐怖主义。既要有自由而又不陷于恐怖主义则须进入第三阶段，具有确定性精神，这就是德国的社会思想，以康德的道德观点为代表，但它割裂了义务与现实的关系，故应把两者结合起来，达到良心，而良心又有强调主观的片面性，因而又要以行动意志来补救。良心与行动相结合就达到了更高的意识形态，即绝对意识。这种划分与黑格尔后来的《哲学全书》第三部分'精神哲学'的形式不尽相同。'精神哲学'中的精神不再属于客观精神，而属于主观精神。它指理性与实在、主体与客体的同一，以'知晓'这个概念说明实在即理性、理性即实在，阐明其思维与存在同一性的理论，分为理论精神、实践精神和自由精神三个发展阶段。"

"精神，德国雅斯贝斯用语。是自我存在的大全的第三种形式，指知性的思维、行动和情感的整体，即人的知、情、意三者合而为一的理念世界。

认为精神克服了普遍意识与实存的片面性，把人表现为一个整体而不是片面的主观的意识或客观的实存，它包含了普遍意识所思维的东西与作为实存的现实的东西。认为精神虽然包含了这两个方面，作为达到了一定满足的整体，但又永不圆满而备受痛苦。因而自我存在的精神还要继续向前运动，加强一切事物对一切事物的联系，对任何事物都给予它应有的地位和限制，这表示了，精神的开放性和不完满性。精神是作为对象的自我存在的最后阶段，它的前进就要达到真正的自我存在，即生存。"

"精神，德国舍勒用语。指人的本质特征，人与动物相区别的标志，生命冲动的依据。包括思维的理性能力，直观纯粹现象绝对本质和永恒价值的能力，人的高级情感意志活动以及体验它的能力，人的自由和选择能力以及人在实在领域外精神领域内同上帝交往的能力。它不是普遍理性、逻辑框架或客观规律，而是与个人活动相关的，只存在于个体之中的特殊活动。他认为个人是精神活动的中心，每个人的精神是唯一的、独特的。精神不是心理活动，心理活动服从某种强制的规律；精神与个人相关决定了它是严格意义上的多元化原则，它不服从统一的精神原则或伦理规范，个人在精神领域内是绝对自由的。在一切精神活动中，爱恋是最基本的。由于精神脱离实在领域，冲破环境的束缚，从而使它具有向一切事物、向世界开放的特征。精神作为个人行为的中心、创造之源，作为一种意向性活动，其动态的倾向和开放态度构成人的本质，但精神在纯形式中是无力的，精神有自身的特征和规律，却没有实现自身的原始动能，它仅仅是一种动态的开放性，而不是一种可观察、可测量的力或能，故精神仅停留在自身的领域中是绝对软弱无力的，它需要从生命冲动中汲取实现自己的力量，即精神生命化。舍勒认为精神这一概念是和生命冲动相一致的。"

二、现象学所指之"精神"

自古希腊人提出人之为人本身除了生命之外的最高存在是"理性"（Vernunlft）之后，经由康德、笛卡尔的思辨和胡塞尔的批判，在舍勒那里得到了现象学的进一步有效的澄清，而该规定不再是"理性"而是"精神"（Geist）。在舍勒看来，精神高于理性并包含理性、善、爱、悔、恨、畏、羞等；"精神"的本质是自由、对象化存在与自我意识；是实事性（Sachlichkeit），是可由事物的具体存在本身规定的特性。而对象状态是"精神"的逻辑方面最形式化的范畴，精神行为的中心是"自我意识"，精神是唯一能使自身成为对象的存在，是纯净和纯粹的现实性（Aktualität）。精神的中心，即人本身，既不是对象的也不是物的存在，而是一个时刻在自己身上产生着的（本质规定的）行为的秩序结构。引发动物本能压抑的正是精神而不是意志，人的精神与人的欲望、冲动的重要性就在于精神引导和控制动物性本能，使人的欲望和本能控制在人性之内，超于动物性之上，精神以观念、理性、爱和敬畏之力前置于本能之前并来规劝、引导本能力量进行寻求拯救自我和世界的渴望与行动。

精神和生命相互渗透，共生共长，作为存在本身（Ens per se）的人不是自在的存在（Ens a se），而是在精神的规劝和引导中，不断圣化（Heiligung）自我，升向至善，最终实现自我神化（Selbstdeificatio）的存在。精神生成于信仰（Glauben），生成于爱（Liebe），生成于与生命（Menschen das Leben）的同构。舍勒说："'指导'是精神的主要功能，'引导'则是精神的次要功能。指导提出了某种价值观念，而引导则是对各种本能性冲动——它们那被指定的运动导致了追求实现的观念——的压抑或者释放。指导决定控制的种类。"① 对于宗教信仰有笃信的个体的人和群体而言，其精神的最终取向指向神，指向上帝，其绝对精神本身就是绝对至善的神。在中国除了部分人的宗教信仰之外，其他人的绝对至善精神信仰和敬畏指向天、道、自然、良心。不论是否信仰宗教，人先验地就有信仰、敬畏和爱，人的本质和绝对至善（绝对存在）之间先验地存在着被意指和升向的牵引，一切真正的信仰是以意向的（而非意志的）最终有效性成为其意向本质的。而且，信仰具有通过各种方式的可能经验的不可动摇性，以此为其意向性的本质。"就其本质而言，一种针对绝对至善事物的意向着的'信仰'，是不可动摇的，这是与一切相信（Glaube）行为对立的……只有在指向被意指的绝对至善的精神事

———————————

① ［德］马克斯·舍勒：《知识社会学问题》，艾彦译，华夏出版社 2000 年版，第 52 页。

物中，才产生作为信仰行为的信仰。"① 笃信者通过其信仰的亲自投入（Selbst-einsetzung）来充实、丰盈其精神的实事性。

舍勒说："在人是思之在者或意愿之在者之前，他就已经是爱之在者了。人的爱的丰盈、层级、差异和力量限定了他的可能的精神和他与宇宙的可能的交织度的丰盈、作用方式和力量。爱始终是激发认识和意愿的催醒女，爱是精神和理性之母。爱是倾向或随倾向而来的行为，爱的本质是世界之中和世界之上的营造行为和构建行为（die erbauende und aufbauende Aktion）。"② 虽然我们只能有限接受舍勒的基督教的上帝之爱是绝对至善之爱的学说，但是，完全能接受"爱是精神和理性之母"的论断已经揭示爱的本质规定性的自明性。心灵以爱为第一规定，爱优先于认识。从爱到依次升级的世界形态和世界形式之中，精神最终拥有了"理念"，爱优先于并决定着"理念"。爱优先于人的存在，爱是人先验的规定性。

概言之，没有信仰就没有精神，没有爱就没有精神，这是现象学直观的"精神"的本质规定性。现代社会的人性危机、科技发展危机以及教育危机等人为危机，就其本质而言正是因为无至善信仰，爱的失序，抑制欲望乏力以及怨恨泛滥等所造成的精神危机，"是人们不能以无限的求知欲面对科学发展所产生的危机……是把凡是理性思考的内容看成了绝对正确的信条所导致的危机"③。对此，只有"回到事实本身、回到生活（本质的而非现实的生活）本身"，澄清爱之所爱，恨之所恨，敬畏之所敬畏，良心之为良心，信仰之所信仰，行动之所行动以及人之所以为人等问题的本质规定，才能首先在观念上根治危机，然后通过行动救赎（Erlösung）自我，建构爱的共同体和至善世界。

三、直观大学精神

大学作为以人为中心、培养人才、传承文明、科学研究和服务社会的

① 刘小枫选编：《舍勒选集》，上海三联书店 1999 年版，第 953—955 页。
② 刘小枫选编：《舍勒选集》，上海三联书店 1999 年版，第 750—751 页。
③ ［德］雅斯贝尔斯：《什么是教育》，邹进译，三联书店 1991 年版，第 141—142 页。

存在者，是一个与人无异的精神和生命有机统一的持续不断建构的实体，其精神的产生、形成和发展有其内在的本质规定性。大学也与人一样，既是共性的存在，也是个性的存在。相应地，各所大学既有大学之"大"和"学"的共在精神，也有其每所大学独有的个性精神，同时还有公众和学界所理解的大学精神内涵的差异性。

（一）大学精神内涵的界说

洪堡把学术研究规定为大学的职能，"威斯康星计划"把服务社会补充为大学的职能，之后，学界对大学精神内涵的界说就一直争论至今。

纽曼（John henry Newman）在其《大学的理念》一书开篇说："大学是教授全面知识的地方，其宗旨一方面是心智性的（intellectual）而非德性的（moral）；另一方面是对知识的普及和扩展（diffusion and extension）而非只是提出（advancement）。"① 由于国内学者对纽曼的 intellectual、moral、diffusion and extension、advancement 等几个关键词汇翻译不同，形成了对纽曼的大学理念核心内涵的各种理解和引证。

雅斯贝尔斯（Karl Theodor Jaspers）认为："大学是一种特殊学校，学生在大学里不仅要学习知识，而且要从教师的教诲中学习研究事物的态度，培养影响其一生的科学思维方式，大学生要具有自我负责的观念，并带着批判精神从事学习。大学的主要功能包括：科研、教学、专业教育与特定文化的传播。"②

高等教育哲学的开创者布鲁贝克（John S.Brubacher）说："当代大学已成为知识工厂和现代社会的思想库；大学不仅仅是知识的仓库，而且是智慧炼丹师的实验室，直到自然科学与人文科学结成一个完整的领域；大学是把高深学问转化为智慧的人类精神的圣殿……大学正如它的名字，就是天地万物……大学作为真、善、美的保护人，它提出了一种毫不动摇的忠诚于精神的宗教……大学一如既往地以'社会良心'承担着教学、科研和'造就公众

---

① ［英］约翰·亨利·纽曼：《大学的理念》，中国人民大学出版社 2012 年版，第 1 页。

② ［德］雅斯贝尔斯：《什么是教育》，邹进译，三联书店 1991 年版，第 139 页。

心灵'等三大职能，进而使自己（大学）成为社会改革的自觉代理人。"①

亚伯拉罕·弗莱克斯纳（Abraham Flexner）说："大学是民族灵魂的反映，现代大学在最高层次上全心全意并毫无保留地致力于增进知识、研究问题和训练学生。为了阻止机械性或技术性专门化趋势的发展，我们必须记住大学靠的是思想、靠的是伟人，大学的繁荣取决于它是否具有足够的灵活性，是否能够为不同的具有创造性的个人提供独特的、适宜的环境；追求科学和学术的工作属于大学，这是大学和其他职业教育的区别；而学术在于它深深扎根于文化、理性、理智之中；真正受过大学教育的人应该是思维缜密、知识丰富、具有批判精神的人而不是书呆子。"②

奥尔特加·加塞特（Ortega Y. Gasset）说："从严格意义上讲，大学是为了把普通学生教育成为有文化修养（文化修养指的是人的精神思想）、具备优秀专业技能的人，大学在能够成为大学之前必须是科学性的。大学不同于科学，但又离不开科学，大学不仅要与科学进行长期而永久的接触；而且需要和公共生活、历史事实以及现实环境保持接触……人民的生活确实需要大学的参与，需要大学发挥其作用。大学不会只是一个为学生服务的机构，在生活最为激烈的阶段，大学必须坚持自己作为一种主要的、高于新闻舆论的'精神力量'的权力，在狂热之中保持平静，面对轻浮无聊和恬不知耻的愚蠢行为保持严肃性，把握理智。"③

罗纳德·巴尼特（Ronald Barnett）认为："高等教育本质上体现为一种自由观，体现为一种解放的教育观（emancipatory concept of education），高等教育的解放观念最终是建立在批判权利以及对这种理念本身也可持不同意见的权利基础之上的；高等教育应确保其履行其人类解放的诺言，不仅为国家提供合格的劳动力，还需起到一所文化精修学校的作用……高等教育理念

---

① [美] 布鲁贝克：《高等教育哲学》，王承绪译，浙江教育出版社 1987 年版，第 138—146 页。
② [美] 弗莱克斯纳：《现代大学论》，徐辉、陈晓菲译，浙江教育出版社 2001 年版，第 2—24 页。
③ [西班牙] 奥尔特加·加塞特：《大学的使命》，徐小洲、陈军译，浙江教育出版社 2006 年版，第 73—101 页。

至少意味着，教育过程中不仅要把各种思想形式介绍给学生，而且要鼓励他们积极思考；理性是高等教育意义充分实现的条件之一；高等教育应成为社会的理性楷模。"①

　　就现有国内外文献来看，国外学界很少提及和界说"大学精神"概念，而只论证"大学理念"（Idea）或"大学的使命"（Mission），但国内对"大学精神"界说却异彩纷呈。仅从杨东平主编的《大学精神》一书看，我国近现代大学所宣示过的大学精神就不计其数，虽然其中不少部分并没有冠以精神之名，却具有大学精神之质。仅就 21 世纪的前十余年而言，国内就既有大学校长和大学党委书记谈"大学精神"，也有学界对大学精神的各种界说。

　　北京大学第 30 任校长许智宏院士认为，"大学核心精神应有人文精神：理性的质疑和批判，学术自由，真善美；应有科学精神：探求真理、追求卓越、科学的奉献精神，实事求是，恪守科学道德"。清华大学现任校长邱勇院士说："大学是传承文明、播种希望的殿堂，也是孕育梦想、创造未来的地方。大学意味着从容。大学意味着执着。大学意味着超越"。曾任复旦大学校长的杨玉良先生说："大学天生是一面永远高扬的道德旗帜，其中的优秀成员必须是道德的楷模，崇尚道德、崇尚文化、崇尚学术、有社会责任感和使命感是大学精神和文化的根本"。2014 年卸任的华中科技大学校长李培根院士说："大学精神是大学的灵魂，是大学之为大学的根本所在。不同的人对于大学精神有各自不同的理解，或者说人们常常从不同的视角去看待大学精神。比如，从教育的对象和目标上看大学精神是'人本'，从教育的活动与行为上看大学精神是'求是'，从教育活动的表象与特质上看大学精神可能是'自由'与'独立'……大学精神很容易与一些其他概念混淆起来，如办学理念、校园文化、精神风貌、大学功能、校训等。但是不能认为这些就是大学精神，只能说，大学精神与这些有关。大学精神作为大学独立于其他社会机构的内在价值观，其本质可以用八个字概括，即：独立、自由、求是、责任。"②

---

① 　［英］罗纳德·巴尼特：《高等教育理念》，蓝劲松译，北京大学出版社 2012 年版，第 142—260 页。

② 　李培根：《论大学精神与文化》，《国家教育行政学院学报》2015 年第 1 期。

刘亚敏认为："'大学精神'是在某种大学理念的支配下，经过所在大学人的努力，长时期积淀而成的稳定的、共同的追求、理想和信念，它是大学生命力的源泉，是大学文化的精髓和核心之所在，是对大学的生存起决定性作用的思想导向。大学精神本身蕴含着丰富的内涵，包含自觉的学术精神、永恒的道德精神、敏锐的时代精神等。"①

李文山先生认为："所谓大学精神是指，大学在发展过程中经过长期的积淀、选择、提炼、发展而形成的相对稳定的价值体系和规范体系，以及其表现出来的心理定势和状态。它是大学区别于其他社会机构的明显标志，是大学自身存在、发展和实现价值追求的关键因素。大学精神具有导向、陶冶、激励、凝聚和规范的功能，在办学的实践过程中起到振奋精神、凝聚力量、激发斗志、规范行为的作用，对大学具有很强的驱动力、向心力和感召力。"②

程光泉教授认为："大学精神蕴含在大学理念之中，是人们投射到大学这种社会设置上的一种精神祈望与价值建构，是大学自身存在和发展中积淀而成的具有独特气质的精神形式和文明成果，是大学发展的理想、信念和价值追求，是大学的本质特征在精神层面上的反映，是大学的灵魂和大学生命力的源泉，是大学文化的精髓和核心之所在，更是大学之为大学的确证依据。'大学精神'的内涵可以通过其本质特征进一步展开，而对其本质特征的分析又可以深化对'大学精神'的理解。科学精神与人文精神的并重、独立精神与自由精神的统一、包容精神与批判精神的整合、创新精神与时代精神的协调是大学精神的本质特征，并构成了大学精神的基本内涵，同时也内在地规定了大学文化建设的根本方向。"③

黄玉顺先生认为："按照儒家的说法，大学精神就是'居仁由义'，一方面以仁爱之心为根据、为精神家园；一方面以正义原则为大路、为人间正道。"④

---

①　刘亚敏：《大学精神探论》，《未来与发展》2000 年第 12 期。

②　李文山：《中国大学精神的内涵及其演变》，《河南大学学报》（社会科学版）2006 年第 6 期。

③　程光泉：《哲学视野下的大学理念、大学精神、大学文化》，《北京师范大学学报》（社会科学版）2010 年第 1 期。

④　黄玉顺：《论"大学精神"与"大学之道"》，《寻根》2010 年第 4 期。

樊本富博士认为:"大学精神是大学的办学理念和价值追求,是大学在发展过程中形成的反映大学特色,并能激发师生积极性和增强学校活力的群体意识。大学精神是大学文化的精髓,是大学赖以生存的支柱和精神推动力。大学精神集中地体现着大学的宗旨和学生的成长取向。大学精神对于一所大学来说,有如一个人对之于自己的灵魂,没有大学精神的大学,犹如没有灵魂的躯壳,至少,这所大学不会著名。"①

刘莘认为:"大学理应是人类精神的高地。正如人的躯体并不必然承载人的灵魂,大学也并不天然地拥有大学精神。大学之所以有资格被称作人类精神的高地,是因为大学应该而且确实在对立的精神内容之间有意识地保护和发展了那些积极的价值。由于自由是精神的本质,故衡量一所大学有无精神的根本标志就在于:自由是否作为精神的原则在大学里生生不息地运行和生长。就此而论,大学精神首先表现为一种自由的公民精神,自由精神与求真精神统一于大学精神;唯有奠基于自由、真实和正义,作为大学精神的另一个重要支点的关怀才不会止步于日常生活的身心健康。"②

综上所述,仅就国内当代学人对"大学精神"的界说来看,对大学精神的本质规定既有管理学视角的评说,也有教育学的界定,当然也少不了哲学的追问和政治学的应是和应做的建议。

(二)现象学直观的大学精神的内涵

现代现象学创始人胡塞尔认为,导致欧洲科学危机和人性危机的根源,是人们的观念已经被实证科学所支配。要处置这种危机,就只有建构超验现象学并回到事实本身直观危机的本质,重塑人的观念世界。

继胡塞尔之后,马克斯·舍勒也和胡塞尔一样,认为欧洲危机、第一次世界大战的根源就是实证科学的泛滥,就是由于人们受实证主义、绝对科学主义等的支配而成了世界的索取者、资源的贪欲者,从而诱发了世界大战和欧洲危机。对此,舍勒认为,要化解危机,需重构理想的"欧洲大学"以

---

① 樊本富:《论大学精神与大学建设》,《大学》(学术版)2010年第8期。
② 刘莘:《哲学视野中的大学精神与文化自觉》,《哲学研究》2012年第5期。

培养领袖、政治精英、哲学家、文化艺术家等，以引领人类走出危机的阴霾。舍勒在《知识社会学问题》一书的结尾部分提出了理想的"欧洲大学"的精神（或理念）是："欧洲大学是一种新的和对知识社会学有利的学术气氛，并且需要一种新的和使这种气氛能够向所有各个方面传播的位置和制度的学校、是全新人文科学和社会科学的中心。""欧洲大学——这种大学应被人们理解成一种全欧洲的启蒙运动所具有的动态性中心——的各种相似的设想，输入各种国立学术机构和大学，因此，这样一所大学之享有盛誉的系的教员们便可以通过教学，在国内传播他们在那里所学到的东西，同时，各种国立大学也因此而可以为那些在这种新的欧洲大学里学习的大学生记录各学期的学分。"① 同时，舍勒在《大学与业余大学》中再次强调："大学是充满活力的、整体的、包罗万象的，也就是说它代表着知识和文化的'最高综合体'（universitäs）；大学和业余大学的根本区别就在于：大学是培养领袖、政治精英、注重学术自由、思想自由、上帝信仰的精英培养学校，是培养贵族的地方；而业余大学则是培养商人、工人、技师的专门培养机构。"② 另外，舍勒在《知识与教养的形式》一书中，也展示了他的大学理念（或精神）："大学这个名字意味着寻求灵魂的教养，意味着科学、智慧、优美、思想、正直、勇敢、高贵和崇高声誉的统一，这一机构的志业首先是：尽其所能重新赢得教育自由。"③ 也就是说，在现象学家舍勒看来，大学精神应该是有至善信仰、追求人格至善、学术自由、寻求灵魂的教养，培养政治精英、领袖、圣者、英雄以及文明领袖等的教育机构，而不是对人进行专业训练和职业培训的组织；大学凭借其精神之在，抑制其不断世俗化和不断滑向被实证科学支配的冲动，从而坚守其救赎世界和人类自身的本性。

　　1933 年 5 月 27 日，海德格尔在就任德国弗赖堡大学校长时，发表了著名的《德国大学的自我主张》的就职讲演。在该演讲中海德格尔说："一个

① ［德］马克斯·舍勒：《知识社会学问题》，艾彦译，华夏出版社 1999 年版，第 240—243 页。
② Max Scheler. *Die Wissensformen Und Die Gesellschaft*. A. Francke AG. Verlag. Bern Dritte, durchfesehene Auflage 1980：pp.383-420.
③ 刘小枫选编：《舍勒选集》，上海三联书店 1999 年版，第 1366—1368 页。

人担任大学校长之职，就有义务从精神上领导这座高校。作为校长的追随者，教师和学生唯有真正并且共同扎根于德国大学的本质，才能被激发，产生行动之力。然而，只有当追随者的领导者首先并且时刻追随那个不可动摇的精神使命时，德国大学的本质才能获得属于自己的清晰、等级和力量，也正是这项精神使命给德国民族的命运打下这个民族的历史烙印。……大学的首要本质特征就是大学的'自治'；'自治'当然意味着：让我们自己担当起使命，让我们自己决定实现使命的道路与方法，以使我们自己成为我们应当所是之人……如果我们希望在在追问和开放中坚守在存在者整体的不确定性中心的意义上追求科学的本质，那么这种追求本质的意志就会为我们的民族创造其最内在、最极端危险的世界，也就是真正的精神世界。'精神'既不是空洞的头脑精明，毫无意义的智力游戏，也不是不着边际的知性分析冲动，更不是世界理性；相反，精神是以原初命定和认知的方式对存在之本质的决断。一个民族的精神世界绝非一种文化的上层建筑，更不是实用知识和价值的武库；相反，精神是在最深层的意义上捍卫一个民族的大地与血液力量的权力，是最深沉地激起和最广泛地震撼一个民族之此在的权力。只有一个精神世界才能保证我们民族的伟大。所以这个精神世界要求：在追求伟大的意志和听任堕落之间进行的永久决裂，必将成为我们民族踏上未来历史征程的法则。"①

　　从现代现象学三大泰斗（胡塞尔、舍勒、海德格尔）有关"精神"和"大学精神"的论述来看，现象学直观的大学精神的内涵是：大学精神是随大学的产生而产生，随大学的发展而发展的实事性。即使现代大学经历了中世纪前的宗教大学，文艺复兴时期的大学，工业时代的大学和当代大学的发展历程，即使在近现代大学已经拓展了科学研究、服务社会等两大功能，但是，大学是培养高级专门人才，传承文明，养育至善精神的本质始终没有改变。因此，大学是人的大学，大学就如同人一样——是精神和生命的有机统一体，大学精神的本质就在于自由、对象化存在与自我意识。大学精神的中

---

① ［德］海德格尔：《德国大学的自我主张》，吴增定、林国荣译，2007 年 4 月 8 日，见 hhttp://blog.sina.com.cn/s/blog_4b24dodoo10008id.html。

心，即大学本身，既不是对象的也不是物的存在，而是一个时刻在大学自身之中产生着的、本质规定的行为的秩序结构。大学精神是引领大学发展的元动力，这个元动力虽不是实体的存在，但却在大学发展及其功能展示中无处不在。它以观念来引导和控制大学之为大学的历史、现在与未来发展的具体化或质料化，以世界意识、自我意识、绝对至善意识、本质之爱引领永不动摇的信仰、用生命维护正义，构成一个不可分割的结构的统一体形式存在。发展于大学这一实体和大学之人的观念与行动之中，在追求和建构大学之"大"和大学之"学"的进程中，实现其自我神化和圣化——至善知识的殿堂，科技创新发展的策源地，民族灵魂的发散地及真理和正义的保护神。

在胡塞尔以降的现象学看来，大学精神不同于办学理念、校园文化、精神风貌、大学功能或大学校训等。大学精神并不产生于大学理念，理念是理性所产生的概念，这是康德哲学对理念的规定。在康德哲学中，理性是一种原理的能力，原理是终极的、不依赖于其他命题的。办学理念、校园文化、精神风貌、大学功能、校训等仅仅是大学精神的某一方面的观念化或实体化的外化形式。在现象学回到事实本身的法则中，大学精神是随大学本身而来的本质规定性，是先验的存在。从纽曼以来的西方大学论，之所以只阐述大学理念或大学使命，是因为他们仅仅看到了大学正在被实证科学和科学主义所支配，大学正在滑向与市场和商业结合所带来的危险，并未回到大学本身去揭示大学精神迷失和大学价值欺罔的本质规定。国内学界（除现象学界之外）所界说的大学精神，大部分是从康德的纯粹现象学、黑格尔的精神现象学、马克思的"历史现象学"的视角，把大学精神界定为上层建筑，把大学精神界定在个体大学本身应是和应为的层面。这必然导致把大学精神看成是大学校长办学理念的延伸、扩展和建构，甚至滑向大学精神是大学师生贯彻校长办学理念的物化和行动观念的认识论。不论是蔡元培的"思想自由，兼容并包"的北京大学办学思想，还是梅贻琦的"所谓大学者，非谓有大楼之谓也，有大师之谓也"的论断，无一不是对大学精神的追求自由、崇尚真理、培养健全人格、建构正义等本质规定的一种阐释，但也仅仅是阐述了大学精神内涵的核心之一或比喻意义的描述，并不是全部。因此，在现象学看来，大学精神内涵的核心包含着自由（思想自由、学术自由、教学自由、人身自由、信仰自由等）、信仰（至善信仰、文化信仰、教育信仰、教学信仰）、真理（追求真理、争辩真理、发展真理）、民主（政治民主、教学民主）、正义（坚守正义、维护正义、扩展正义）、爱（爱智慧、爱世界、爱真理、爱人、爱国）、善（人格至善、精神至善、建构至善世界、止于至善）、敬畏（敬畏绝对至善、敬畏自然、敬畏真理正义、敬畏天道伦常）、科学（大学自身是科学的、人文科学与自然科学的统一、敬畏科学、理性发展科学技术）等。以大学之大承载、发展、创新民族至善精神和至善伦理，以大学之学传承良知、良心、良能等而展示其实事性。

四、现象学直观的大学精神与大学教学

在回到事实本身的现象学直观方法看来，大学精神是随大学产生而产生，随大学发展而发展的本质规定，其内涵包含着自由、信仰、真理、民主、正义、爱、善、敬畏和科学等的绝对性。大学精神以其自身之力、以观念和理性规劝及引导大学实体及其观念的发展。因为大学是以人为中心并最终回到人的世界建构而培养高级专门人才，传承和发展文明，研究和创新科学技术，以学术开展服务社会的高等教育机构，是在民族精神文明的最高综合体中培养大师云集、人才辈出的小社会，因此，培养人才是其亘古不变的主要功能，教学是历久常新的核心工作，教学将永远处于大学工作的中心地位。

其一，在现代社会，绝大多数未成为大学人（大学师生员工）之前，大学精神就已经植根于人的观念之中。自大学诞生以来，在人的精神信仰之中，随着对自我至善建构的渴望和对教育需求的不断发展，人对大学之"大"，大学之"学"，大学之真、善、美和自由等的精神向往就不断增强，对大学精神的实事性的判断也不断从模糊升向清晰。这种判断和升向的内驱力，不断促成了人对大学及其教育的渴求与行动，人力争成其为大学人的这种信仰、向往、升向与行动，既是人本身至善精神的感召与指引的结果，也是大学精神对人的感召、牵引的结果。这种双重（自我精神和大学精神）感召与牵引，既生成了人的大学向往之力与行动，也生成和促进了大学神圣性

的无限发展。这种结果既使人不自觉地想投入大学的怀抱、以实现自我身心的至善，也生成和发展了此在大学的实事性。

不论是古代大学（西方的宗教学校，中国古代的庠、序、书院）还是当代的大学、学院，其本质功能都是"大人之学校"。"大人之学"不仅仅是为了此在人生职业的政治化、功利化的需要而使人主动升向大学，想成为其中的一员，还是为了实现人自我精神至善、超越自我而获得至善精神引领和教诲的内在趋向。简言之，为了自我身心的发展、圣化、神化，为了实现自我人生最大的本己价值而被大学精神招引，进而趋向大学、渴求获得至高和至善的教育，这是大学精神和人的精神的有机组成部分，也构建了未成为大学人的人和大学之间的事实性。

另外，之所以要创造、产生和发展大学，历史唯物主义认为是因为宗教、政治、经济、文化与人口的发展而成立了大学。从现象学回到事实本身的视角来看，这仅仅是大学诞生和发展的质料依据或事实根据。之所以要创造和发展大学，其本因的另一依据是人的精神、理性、爱、善、自由等的超于此在、超越自我的"精神超越需要"。这个"超越需要"在很大意义上是大学诞生和发展的元动力，在这个元动力的指引下，才构成产生和发展大学的行动力和建设力，也构成了大学之"大"、之"学"发展方向有别于其他教育的本质规定。因此，大学精神原本是前置于大学实体本身的存在，自大学诞生以来，大学就以其精神的事实性分有未成为大学之人的至善精神，进而生成和发展大学及其精神自身，也从精神上招引人力争成其为大学人。

其二，大学建筑、文化、办学理念、大学师生的教育教学活动等承载着和发展了大学精神，其中师生的教学活动承载了本真大学精神的绝大部分，甚至是全部。大学是大学生与大学教师、大师的精神交互建构和物质创造的场所，大学师生的精神交互建构和物质创造的活动就是教育教学活动。之所以教学工作是大学的中心工作，是因为本真的大学教学是承载、发展大学实体及其精神的主要方式和主要力量。没有大学生及其培养活动，大学就和科研机构或其他社会组织没有什么区别。大学是以其培养的健全人格的大学生服务社会而展示其独特的价值，这是大学之所以是学校的本质规定。因此，教学、培养身心健康的大学生是大学的核心工作。

就当代而言，不论是研究型大学还是教学型大学、抑或是高职高专院校，教学是其亘古不变的核心工作，是主业。任何一所大学，可以没有前沿的学术研究和科技发明创造，可以没有直接的社会服务活动和成效，但绝不能没有本真的教学活动。通过教学活动培养身心健全的大学毕业生去服务社会，发展科学技术才是大学的根本。当前之所以出现大学教育危机、科技危机、人性危机，就是因为大学教学边缘化，教学与科研（主要是技术发明创造与应用）本末倒置化的结果。虽然现象学也强调回到生活（本质生活）本身，大学也必须置身社会生活发展之中，但是，大学绝不能被现实社会生活支配，也不能与正在异化的现实社会生活同流合污甚至推波助澜。大学必须坚守正义、真理、本真生活，必须以民族至善精神的思想武库之力，通过教学培养身心健康的大学生、精神领袖、政治精英、有良心的社会工作者，通过他们和大学教师一起去建设本真的社会生活，引领发展至善伦理，遏制科技异化和德性沦丧。这才是本真的当代大学精神、大学教学的本质规定。反之，大学不以教学为中心，不培养大师，只注重大楼建设、科学研究和服务社会的绩效，抑或把学生看成是需要大学训练、塑造的产品，那就不存在大学及其精神的实事性，大学就和科研院所、企业、产品生产机构没有什么区别，这必然是毁灭人们对本真大学精神信仰的行为。

其三，倾注了本真大学精神的教学活动，是培养和发展大学及其精神的基本方式与元构造。大学生以其对大学的向往，深受本真大学精神的感召而迈入大学校园，其善之善者、信仰之所信仰、爱之爱者本身是对至善、真理、正义、至善人格等笃信与升向绝对的善本身。大学生以其纯真之心、纯正之信仰进身于大学生活，大学生通过本真的教学活动、校园生活的体验而不断丰盈和发展自我对具体大学及其精神的依恋，纯化和深化自己的信仰，构建自我的学习信仰和学习自信，积极行动以健全自己的身心。当然，大学生的这一趋善信仰和行动的建构之力源自秉持大学精神本质的大学教师的本真施教活动的魅力引领。如果大学教师没有秉持大学精神本质而仅是实施伪教学行为，大学生原本的趋善信仰、对本真的大学及其精神的笃信等将随着伪教学的泛滥而消失殆尽，这也正是我国当代大学教育教学危机的根源所在。不少大学教师把大学生的学习倦怠、信仰迷失、至爱异化等完全归责于社会价值失范、社会伦常失序等，这虽然也是诱因，但仅仅是外因。大学教师自己是否反思过自己为师的精神信仰和价值伦常，为教信仰与自信，为学做研与以学术服务社会的本真性以及人格魅力建构等是否基于本真的大学精神和人类至善精神之中，是否觉察自我的施教行为是真教学还是伪教学，是否明察自己是"经师"、"人师"抑或是"匠人"、"娱乐至死的人"……大学教学失范、失序、失效、失德的本因是没有把本真的大学精神倾注于教学活动之中，是由于师生自我精神至善建构中对本真大学精神、至善人格、民族伦常等的价值欺罔与失察，是因为师生、尤其是教师自我的精神中心，即人本身，在观念先导、精神之为精神的建构与展示等已经失信、失效。这不仅仅是被实证科学、实用主义、科学主义、个人主义、享乐主义等的观念所支配的问题，更主要的是作为高级知识分子、专家和学者的大学教师，其精神回返自身，理性觉察自我为师、为教、为学、做研以及以学术服务社会的本质规定性乏力乃至无力，以及抑制本能贪欲失力所致。人之为人本身，在人性的先天本能是贪婪享乐，不劳而获，绝对自由。一旦抑制这种本能的精神乏力或无力，人外显行为就会失范、失序、失效。这就是舍勒强调的：引发本能压抑的正是精神的根本所在。

教学是师生双方的精神交互活动，本真的施教活动是教师以其至善人格、至善精神及其信仰、至善的伦常价值观、良心、爱，祛除了致毁知识之后的至善知识技能和价值理性等的典范，置身于教学活动之中，置身于学生效仿活动之前。这是真教学的本质规定之一，也是学习活动的外因。学生愿不愿学，会不会主动效仿，这是学习活动的内因。对大学生的学习活动而言，其精神本身，进入大学之前对大学至善精神的信仰，对自我身心至善建构的精神牵引本身是已经成形了的构造，是已经构形了的存在。大学生应是有甄别能力的成年人，因此，大学生自我的至善人格丰盈，真、善、美的觉察，身心趋善发展，知识技能和价值理性的提升等，虽然也能受外因（此在现实生活）的正向或反动影响，但是，作为成年人的大学生对本质生活的向往与甄别能力，在原本的至善精神招引中是完全有可能进行纯化、至善化并积极行动使其观念化和物化的，这种内因的、本质精神之力的是放弃还是加固，就在于大学生自己精神趋善的原初规定和此在建构之中。虽然原初意向的、理想的、意指的本真大学精神和大学生活，与此在的、现实的大学精神和大学生活之间有一定的差距，但是，原初的本真大学精神的笃信正是实现意向的"全人"的本己之力。这一原初的笃信正是自己建构人之为人，善之为善，生活之为生活，我之为我的不竭动力。简言之，不论世界如何变化，现实生活如何残酷，我之为我本身是趋善的、有良心的、有敬畏的存在，这是大学生之"大"、之"学"以及主动真学的本己之力，也承载了本真大学精神和民族至善精神的实在性与永恒性。

另外，必须觉察大学精神在我国与西方大学精神之间的本质差异：在西方，随着政教分离和大学去宗教化的发展，虽然大学教学，尤其是自然科学、实证科学的教学已经完全超脱于宗教的意旨，走向了纯粹的为科技而科技、为经济而经济的大学教学活动，当然这也正是胡塞尔、舍勒、海德格尔等现象学大师批评之所在。但是，西方人的科技教学活动之外、校园之外，大部分人的宗教信仰与皈依活动，还在始终感召、牵引着人之为人本身的向神性和趋向绝对善性。对我国而言，不论是古代的庠、序、太学、书院、私塾，还是当今的大中小学，其教育教学本身不仅要传播知识技能和价值理性，更要培育至善精神和德性。我国古今的各级各类教学活动是德化智育统一的活动，是教书育人相统一的活动，教学和校园之外并无清晰的天、道、自然、良心的笃信与皈依，只是一种模糊的自悟和自觉的觉醒、觉察与敬畏，这是中西教育教学的本质区别所在。之所以我国当代大学教育教学备受诟病，其中一个重要原因就是我国大学（中小学相对较好）的自然科学、应用科学技术的教学活动完全照搬西方当代大学为科学而科学的教学范式，以及完全背弃了我国大学教学同中小学一样——是实行德化和智育有机统一、德化为先的教学传统与实际所造成的结果。人一旦没有至善精神建构、无德化强化训练，本能冲动也就失去了自我抑制的本己之力，其行为的中心和外化的行动及其结果，必然生成只见事实不见人本身，甚至是异化于人的反动行为。

综上所述，就我国当代大学教学而言，只有回到大学教育事实本身、回到我国本真生活本身，才能直观到大学教学危机、大学精神危机、教育危机、科学技术发展危机、至善德性和伦常建构危机等这些人为危机的本质。

要化解人为危机，作为民族精神的圣地、高级专门人才培养和探索高深学问的殿堂的大学，必须建构大学本真教学、把民族至善精神和大学精神倾注入教学过程、对中华民族伟大复兴的建设者接班人实行德化和智育有机统一的教学，建构其至善人格，坚守正义真理自由。只有遵循"物格而后知至，知至而后意诚，意诚而后心正，心正而后身修，身修而后家齐，家齐而后国治，国治而后天下平"的中国大学精神及其教学理性、民族至善精神建构逻辑，才能发展"大学之道，在明明德，在亲民，在止于至善"的中国特色大学本真精神、本真的中国人的人格精神和民族精神。只有在"止于至善"精神的召引、规劝和抑制之中，国人的人性本能（而非动物性本能）冲动才不会失范、失序、失效，而成为我国持续发展的不竭动力。

第二节　体验我国当代大学精神危机

由于"中国大学先天精神性缺钙、大学经费不足、中国知识分子先天不足、集权化的大学管理体制与大学精神的冲突、转型时期社会大环境中消极因素的影响等，促使大学的政治化、经济化、学术腐败日趋严重，大学从社会经济发展舞台的边缘走向中心的过程中，虽然有一些大学仍在守望着大学精神，但从整体上来看，在大学和社会发展中曾发挥着重要作用的大学精神却日渐失落。这一点在当代中国表现得尤为明显"①。刘宝存博士的这一论断，虽然有限地揭示了我国大学精神危机的原因与表征，但还是基于管理学视角的分析。当回到教育实事本身、回到大学本身来看，我国当代大学精神危机有其内在的本质规定性。

一、我国当代大学精神之实然与始然

随着我国当代大学的快速扩张，不仅出现了大学（University）与学院

---

① 刘宝存：《大学精神的失落与重塑》，《学术界》2014 年第 1 期。

（College）的功能相混淆的现象，甚至出现了大学精神（Spirit/Geist）的严重危机——不少大学已经下滑成了"为了就业的职业培训机构"——所有人都希望接受大学教育，但所有人都在怨恨和怀疑当前的大学还是不是大学、大学教育还是不是大学教育本身。不少学者都深感我国当代许多大学的办学理念倍受工具主义、功利主义、结果至上理论的影响，大学人文精神严重缺失——看重知识技能传授，忽视至善人格养育；推崇实证科学的应用价值，轻视人文科学的精神建构；看重大学的规模效应，而内涵发展亟待大力提高；等等。这导致近几十年来大师和杰出人才越来越少，整个社会德性欺罔及精神溃散，全民处于娱乐至死的恐惧之中。从回到大学事实本身的现象学方法看来，这与我国大学精神危机特殊生成规律不无关系。

其一，群体至善之爱的迷乱使大学精神建构缺乏先天至善的始基。

大学精神是一种群体精神，而西方大学精神建构之始基原本源自至善之爱——绝对之"神爱"。虽然经历了政教分离的中世纪、资本主义个人至上以及当代人本主义的发展，但其本源——精神至善之爱有其亘古不变的规定性。我国现代意义的大学精神，在其生成之初，原本是脱胎于中国古代书院的明德至善——注重修身养性，明德，亲民，止于至善，以人文精神为主导兼顾经济天下，实业救国等，但经过战乱洗礼和个人绝对崇拜的冲击，我国当代大学精神之爱之所爱者的始基发生了错乱——从至善人格，止于至善精神之爱为主导变成了物质、实证科学、宰制自然、救赎经济及愉悦肉身之爱为主导之爱。

爱是一切的原动力，爱的错乱必然导致行为及其结果的无序与失范。我国当代大学精神的群体之爱从止于至善之爱转型为人的生命、产业、实业与宰制自然的救赎之爱，使我国当代（后现代）大学精神建构之始基在爱之所爱者本身就显得极为脆弱、极度迷茫——生命（肉身）、经济产业实业、宰制自然的物质化救赎原本就是此时此在的、快速变异的、发展的、永不满足的、自私的甚至是"致毁"的，不是群体共认共在的、永恒的、所在的。因此，我国当代大学精神危机的先验始基就是因为爱的迷乱——只奠基于爱的暂时、自私、此在的物化样式，是摒弃了止于至善精神之爱为基础的纯物欲建构，而不是奠基于社会、群体、人格等的止于至善的爱的发展与升向永恒。简言之，我国当代大学精神建构是缺失、摒弃了精神至善及其信仰的爱的先天基础的，或者说我国当代大学精神建构是摒弃至善精神或重视不够之爱的建设。在群体精神的爱之所爱中，精神与物质至善之爱是有机统一的，而我国当代大学精神建构之始基及其建构过程只强调物质之爱而忽视了精神之爱，这种以迷乱、单一、残缺之爱为始基的大学精神建构，自然就是不健全的了。

其二，在弃绝对政治化向经济科技化转型进程中，大学忽视了自身是精神与生命有机同构的本质规定。

我国在十年"文化大革命"动荡期间，真正意义的大学已经名存实亡。党的十一届三中全会确立的以经济建设为中心，开启了恢复大学功能、重构大学精神之门。大学在摒弃绝对政治化的过程中寻找到了政治、经济、社会和大学之间的一个接洽点——培养经济建设为核心的建设者，加快大学基础设施（物质）建设，加速推进高等教育大众化。这个接洽点使我国大学从绝对政治从属机构转型为以科技、实业、就业为核心的人力资源培训中心。由于大学教育以科技、实业、就业为价值核心，使大学的资本性、实物性、功利性被强化。在赢得大学产业化的"欣欣向荣"的进程中，实证科学也在大学和整个社会中被推上了绝对优势地位。实证科学的快速发展所造成的物化世界、物化观念快速弱化了人文科学、精神哲学在人和大学生活之中的本真意义及其主导地位，使我国当代大学快速滑向了对实物绝对化的追求之中。这也就是公众怀疑和怨恨我国当代大学及其教化效果，大学精神残缺的又一原因之所在。

其三，从物质困窘的人走向物质丰盈的人，用物欲化大学逐渐弱化了神圣化大学。

应用技术及资本化、娱乐化的快速发展，促进了大学精神的嬗变——使仅有的至善精神正在被全民娱乐需求所取代。随着实证科学所带来的技术革命及其成果的快速生活化、娱乐化应用——实证科学的"繁荣"所带来的物质丰盈，既使人和大学享乐于科学技术所带来的物质富足，使人沉浸于宰制世界能力的绝对自信和膨胀之中，也使人和大学原本的自然崇拜与敬畏，至善精神的信仰转化成了对实证科学（自然科学、工程技术、商业经济等）

以及量化世界的笃信，以及滋长了享乐主义的蔓延。而大学培养工商业经营精英、实证科学技术人才、政经合一的行政精英的功能快速弱化了大学培养智者、政教合一的精英的功能——物化的大学精神逐渐主导了神圣的、理性的人和大学的精神。"象牙塔"的大学精神已经被物化世界观念彻底遮蔽和裹挟，而失去了彰显和建构的动力。

大学和人一样，"既不是对象也不是物的存在，而是一个时刻在自己身上产生着的行为的秩序结构"①。人是唯一能把世界、他的身体和他的心灵具象化的存在。大学作为人才培养的组织、知识的圣殿，大学也必须是精神、灵性与物质的载体。因此，不仅人有物质生活和精神生活需要，大学也必须有物质和精神建构的需要。但是，现实的大学却只关注了物质建设的快速推进，不自觉地使物质丰盈弱化着至善精神的建构，也就使大学成了"大楼林立的机构"，而找不到大师的身影——从大学的管理机构到大学的经营者、大学生等不少人都沉浸在物质丰盈的自我陶醉和自我愉悦的绝对自信之中，但又时刻迷茫、恐惧于至善精神的绝对空虚与无助之中。当然，正是这种物质丰盈与至善精神空虚的矛盾，才造就了有识之士对我国当代大学精神的追问、呼吁、探索、重构与再造的成果。

其四，精神科学的非量化属性使大学精神难以进入唯科学主义的直观范畴。

实证科学和唯科学主义除了打着科学的旗号对人和大学的精神需求严加拒斥外，实证科学、技术生产本身并不能对人和大学的精神进行"量化"和"证实"。这就使得人和大学陷入了物质丰盈与精神空虚的价值迷惘之中——不仅迷失了人和大学生活的本真意义，也深深地陷入了实证科学的价值欺罔和发展创新的危机之中——既追求更大的物质丰盈，又抵制实证科学的非人性。胡塞尔在对欧洲科学危机进行现象学审视时，早就说过："现代人让自己的整个世界观受实证科学支配……只见事实的科学造成了只见事实的人。"② 不仅如此，实证科学和唯科学主义的泛滥，使得大学至善精神也快

① 刘小枫选编：《舍勒选集》，上海三联书店1999年版，第1338页。
② [德] 胡塞尔：《欧洲科学危机和超验现象学》，张庆熊译，上海译文出版社2005年版，第7页。

速地被"唯科学主义"、技术至上主义等所遮蔽和裹挟——一切都被限制在了只有可量化、可证实的、技术化的东西才是可接受、可认同、有价值的观念和行动之中。而那些对人来说具有真正意义的又不可量化的精神质料就被遮蔽、被裹挟继而被忽视了。大学至善精神就在实证科学、技术至上的思想中迷失自己——在实证主义、唯科学主义、实用主义等观念的支配中主动放弃了自身至善精神建构的实事性和价值取向。

当然,不能完全归责于实证科学、技术至上的实事性。可量化、可证实的实证科学和技术化不仅带来了物质的繁荣,而且也带来了人的"享乐精神"的无限扩展、无限未知,也正是世界充满了前进的不竭动力。但是,大学作为精英人才汇集,养育至善人格,传承人类文明,开展人化科学技术发明研究,以学术服务社会的圣殿,因人的存在和发展是精神与物质的同构并升向至善,而使大学本身的精神性存在具有不可或缺性。而精神知识、精神产品、精神存在本身就是不可量化的、也不可能量化的存在,在一切以因能被证实和可量化方可被认知、被评价的价值观中,大学精神、人的精神也因其不可量化和不可实证化的属性而不能被评价和获得建设的外在动力被漠视、被遮蔽、被裹挟。最终是人人都知道大学精神的不可或缺性,但人人都不清楚其自明性是需要建构的存在。

其五,误读的结果至上理论与世界因能量化而不认知的理论的泛滥,导致大学精神的功利化趋向被强化。

教育不是人的结果,而是人格养育和智慧技能培育的过程。上大学、接受大学教育也不是人存在与发展的结果,接受大学教育也仅仅是物质与精神相统一的人的自我至善化建构过程。但是,由于误读的结果至上理论和世界因可测量、可量化而被认知的理论的泛滥,虽然在数量上造成了大学产业化和高等教育大众化表象的"繁荣"——事实上则放大了唯钱唯权至上、德性滑坡、人性灭失、毕业即失业等社会怨恨。本真的高等教育大众化绝不仅仅是在校生、毕业生在数和量上的快速扩大化,而是共认至善精神和至善人格的培育及其时代至善精神引领的普遍化、升级化。在大学以培养人、促进"全人"和精神与物质相统一的人的发展为根本的进程中,引领时代至善精神的发展方向。精神与物质相统一的人的养成是一个过程,而绝不是结果,更不是数量（也不可能数量化）的扩大化。大学教育，绝不是把人"生产成产品"或"艺术品"。人的塑造与艺术创造和工农业生产有着本质的区别，人的塑造和成形是一种以时间的形式，是以从作为展开、过程、行动的不可量化的整体性的形式出现的活生生的整体性塑造和成形，人就是人本身。因此，判定大学之在，绝不是能以其给社会或已经给社会输送了多少"教育产品"的大学生为价值尺度，而必须以其能为社会和已经为社会培养了多少"健全人格"（"全人"）的人以及对时代趋向至善发挥了多大引领作用为价值标准。所以，大学精神建构绝不能曲解结果至上理论，更不能以结果至上理论作为大学精神建构、人才培养的哲学观念。

二、回到事实本身的大学精神

"精神是实事性（Sachlichkeit），是纯净和纯粹的现实性（Aktualität），是可由事物的具体存在本身规定的特性。"[①] 舍勒对"精神"的这一界定，不仅适用于人之为人本身，也适用于"大师之学府"的大学。

大学精神是一种群体精神，这一群体精神是在大学创建之初或转型的某个特定阶段，由大学校长及其领导团队、师生一起基于大学的本质而推崇、建构的实事性和纯粹的现实性。是由具体大学的所有师生员工共认并长期为之奋斗而养成的崇尚学术、真理、大爱、自由、止于至善、对国家和民族乃至整个人类的担当责任等的价值追求与群体意识等升华之后的实事性和现实性。大学精神的核心，即大学本身，既不是对象的，也不是物的存在，而是在大学发展进程中养成的（本质规定的）秩序结构，这个秩序结构既来自社会至善精神及其价值的共认与推崇，也来自具体大学师生的自律、自觉与自信。正如云南大学的董云川教授所言："大学精神听起来抽象，但却是实实在在地存在着，亦即'有而不在'之实在，而且在大学组织中无所不在，表现之一就在大学人的言语、眉目和举手投足之间。"[②] 从普遍的意义上

---

① [德] 舍勒：《人在宇宙中的地位》，李伯杰译，贵州人民出版社1989年版，第20页。

② 董云川、刘永存：《再谈大学精神》，《大学》2012年第4期。

讲，大学精神包括自由精神、独立精神、人文精神、科学精神、创新精神和批判精神等几个相互联系的方面。大学精神是大学的灵魂，在大学发展中发挥着至关重要的作用。不仅如此，至善的大学精神对大学的世俗化、产业化、商业化等进程产生抑制和规劝，使大学的人（师生）和大学的物（大楼、图书馆、实验室、校园等）以及大学的理念、价值观念、理性思考、学术创新乃至整个社会进行观念的指导、引导、规劝，使大学及其人的非理性发展欲望得到抑制（drangsale）和规劝。

大学精神是超时空的存在，是持续的、后延的、扩展的存在，是圣洁的、充满活力和感召力的存在。大学精神的超时空性是因大学作为一个独立的存在，不因作为物质实体形态的大学的时空位移、师生变化而发生质变——这一群体精神始终高扬传承高深知识和引导至善社会精神建构的旗帜，担负起追求高深知识、至善精神，拯救社会的重任而不断扩展、建构自身的至善性。大学精神的持续性、后延性、扩展性是因为作为群体精神的大学精神不是一开始就具有的既定的、固定不变的、先验的存在，大学精神是对大学至善价值偏爱的一个长期的养育、发展过程。这种至善价值偏爱可以促进大学精神的进步与发展，但是如果对善之善者本身不能作出理性的判断，这种价值偏爱便可导致大学精神的倒退或衰落（这似乎也是我国当代大学危机之源之一，甚至是根本性因素）。大学精神的圣洁性和感召力，潜藏于大学精神对人和社会的无声、无形的感召引导之中，通过人的参与，通过人的投入和积极的建构行动，通过人分享大学及其精神的现实性，通过人对大学生命体的、物化形态的、大学人的活动等的感知和觉察体验等，在大学精神的至善性、至大性的建构过程中彰显大学精神无形而巨大的感召力、净化力和纯化力。

大学精神的产生与升向至善有着中西差异：西方大学精神建基于宗教，建基于神性的向往和人性自我原罪的救赎，即使经历了中世纪的神学至上，工业时代的技术理性与当前数字时代的人性至上等的变迁，大学精神的至善性的本质并没有发生质的改变——因西方大学精神建基于宗教绝对至善精神且超拔于政治理念和实证科学之上。因西方大学精神的向神性本质，从而赢得了西方社会的推崇和扶持——为大学自治、教学自由、学术自由等赢得发展的物质和精神基础。我国当代大学精神建基于政治和国家实体经济建设，教育救国的价值赋予其中。由于我国根深蒂固的集权文化和各大学校长及其团队对大学精神实质的被集权化认识而呈现出不同大学精神在特定时期的不同的实事性：有的大学一直以来不仅有着让世人景仰的精神感召力，而且可量化的办学效果也让市民敬佩。但是，不少大学一直以来仅仅是政府全额事业拨款的"人力资源训练机构"，缺大师、缺人化的科学技术精神及成果，就连大学生也仅仅是获得大学文凭和学位的人……这也正是我国当代大学教育危机的根本所在。

大学作为以培养至善人格为核心的"小社会"，是物质和精神有机统一的持续建构体，是精神和生命有机统一的实在。对大学精神的秩序结构的界说，目前学界也众说纷纭：四川大学刘莘认为大学精神表现为自由的公民精神、正义等①；复旦大学杜作润教授认为大学精神显现为创造、科学意识、独立意识、实践等②……。但是，在回到大学事实本身的现象学方法看来，"大爱"、"大智"、"明德"、"止于至善"不仅是群体精神长青的实事性，也是大学精神秩序结构永恒的实事性。

首先，大学精神奠基于和扩展着"大爱"。大爱者，爱人、爱国、爱科学、爱自由、爱真理也。舍勒说，"爱优先于认识"，"爱始终是激发认识和意愿的催醒女，是精神和理性之母……爱是宇宙和整体世界诸位格的中心"。③ 也就是说，有爱才有了大学，爱优先于大学存在，大学因师生群体的爱人、爱国、爱自由、爱真理而显现其实事性，在爱的建构中彰显、承载大学精神之实在。大学因为有至爱，才对人和大学本身的生命注入了活力，大学才有凝聚对外开放、吸引一切事物的能力。可以说，谁把握了一所大学的爱的秩序，谁就理解了这所大学，理解了这所大学的精神之在（being）——以至爱建设物质和精神有机统一体的大学，才有大学至爱之所在。

其次，大学精神承载和发展着大智慧。大智者，大师之智慧也。"大师，

---

① 刘莘：《哲学视野中的大学精神与文化自觉》，《哲学研究》2012 年第 5 期。

② 杜作润：《大学精神何处觅》，《高教论坛》2012 年第 7 期。

③ 刘小枫选编：《舍勒选集》，上海三联书店 1999 年版，第 751 页。

就是在学问或艺术上有很深的造诣，为众人所尊崇的人"①。大学之大体现其
"有容乃大"，不仅有不同的学科，关键在于有不同的学术观点、造诣精湛的
大师群。大学不仅是大师云集之地，而且是培养大师的场所。大师之大，不
仅在于其学术造诣精湛和传授了高深学问，更在于其典范人格被尊崇和效
仿——大师之大在于对学子、对社会进行至善精神引领。"大学必须把高深
的学问转化为智慧，只有真正反映事物本质的知识按照人类的需要组合起
来并满足人们的希望时，智慧就从知识背后呈现出来了。"② 简言之，因大学
精神有大爱，则必吸引、培育出大师；因大师有大爱、大智、大德，则必教
化、引领才俊与科学技术、民族社会发展之至善方向。

再次，大学精神传承和升华着明明德、止于至善。对现代大学而言，
大学之道，在于大爱、大智，在于崇尚自由，追求真理，学术创新。而学
术创新，教学自由（Lehrfreiheit）、学习自由（Lernfreiheit）必须自律、"慎
独"、"毋自欺"。正如雅斯贝尔斯所言："决定教育成功的因素，不在于语
言的天才、数学的头脑或者实用的本领，而在于具备精神受震撼的内在准
备。"③ 当代大学在深化和反省学术自由、教学自由的限度中扩展其精神之
在，"学术自由既要对社会进行谴责而与此同时又要对社会负责……应划清
言论和行动的界限"④。也就是说，当代大学所秉持的"学术研究无国界（学术
自由）、学术自由有底线、教学自由有规矩"的理性，是真实大学精神的自我
规定性。在很大意义上说，当代大学的危机就是人性的危机、精神信仰的迷
失，尤其是大学之人（师生）至善精神迷失、道德失范、无限的欲求、科学
快速发展及其人性与信仰的迷失、学术无德、教学失效等所诱发的危机。

再其次，大学精神承载和指导着社会至善精神的建构。"现代大学凭借
其内在的精神气质，发挥着社会精神领袖的作用"⑤，"大学之道，在明明德，

---

① 中国社会科学院语言研究所词典编辑室：《现代汉语词典》（修订本），商务印书馆 1983
  年版，第 94 页。
② ［美］布鲁贝克：《高等教育哲学》，王承绪译，浙江教育出版社 2002 年版，第 141 页。
③ ［德］雅斯贝尔斯：《什么是教育》，邹进译，三联书店 1991 年版，第 109 页。
④ ［美］布鲁贝克：《高等教育哲学》，王承绪译，浙江教育出版社 2002 年版，第 52 页。
⑤ 徐辉、季诚钧：《大学教学概论》，浙江大学出版社 2004 年版，第 92 页。

在亲民，在止于至善"（《礼记·大学》）。大学不仅是高深学问的殿堂，而且是人类至善精神的圣殿。"止于至善"不仅是中国古今人格养育的最高追求，也是世界各国大学精神的共同的最高存在。舍勒讲"引发本能压抑的，正是精神"①。虽然精神本身并不能创造或消除任何本能，但是，精神凭借其本己之力对动物性本能冲动进行控制（Lenkung）和引导（Leitung）而实现人的圣化。大学精神也是如此，大学精神并不能直接消除大学的此在危机，但是大学凭借其止于至善的精神之力控制和引导大学行动的无序，人性残缺的异化冲动，并对大学之人及其观念和行动进行理性的指导、纯化、净化，最终促进大学精神和大学本质的至善化持续建构。在大学止于至善精神的感召、拉拢之中，使大学师生以及整个社会都不自觉地被其吸引，主动投入积极向善的未来，并在其中获得自我救赎、升向至善。大学也只有超拔于绝对物化的世界和享乐化的世俗生活，回归其为了人和社会的至善，担当起引领社会集体向善的责任，才能扩展其至善性，彰显其人类灵魂净化圣殿的本质。

最后，凝练校训、校风、学风、教风、校歌、制度、章程以及建筑等形式，并把它们有效嵌入教育教学活动之中，最终以观念生成和行动及其成效方式而彰显、建构大学精神的实事性。大学精神是高于大学理念的存在，凝练的大学校训、校风、学风等的实在形式或物化样式，都只是大学精神质料化的某一个、某一些的展现，它们并不是大学精神的全部，仅仅是一部分或其中的一个。我国当代不少学人在论述大学精神时，或把大学校园文化混同于大学精神，或说大学校训代表了具体大学精神，这是对大学精神本质的未全然性觉察和体认。凝练且外化的大学校训、校风、校园文化、实体建筑等，只是管理学视角的为了彰显、建构大学精神的某一点的质料化形式。大学精神是相对于大学生命（或实体化大学）的存在范畴，是高于大学生命体、质料化的观念化大全。这个观念化大全的一部分可以通过质料化、显性方式展示为凝练的校训、校风等，而这些能质料化的东西也仅仅展示了具体大学区别于其他大学的精神的某些构成部分或极少的部分。大学精神的观念化大全既有具体大学能显性化的部分，也有不能显性化、实体化的隐性部

---

① ［德］舍勒：《人在宇宙中的地位》，李伯杰译，贵州人民出版社 1989 年版，第 22 页。

分，而且隐性部分占据了绝大多数。大学精神的全部是所有人（包括大学师生、社会公众）对生命和精神有机统一的建构体的大学的直观、体验、意愿的全部。大学精神的绝大部分是只可体验、觉察、直观、体悟而不可描述、实体化、量化的存在，它浸润在大学人、财、物、事等的观念、行动的过程与效果之中，招引、指导、规劝着大学的质料化建构过程及其效果，也抑制着大学的非理性建构活动。它既展示在大学可质料化的一切过程及结果之中，也展示在大学观念、理性、理念的培育和建构过程之中。凝练的校训、校风、学风、教风、校歌、制度、章程以及建筑等，是以物化（文字、图片、实物）形式体现大学精神和大学本质的实事性，是以大学文化所包含的这些（校训、校风等）范畴建构实践行动，不断彰显、丰盈大学精神与本质的实事性、独特性，最终以观念、理性、价值形式等显现大学精神真实性。

三、大学的本质与大学精神的关联

康德说，"人是唯一必须接受教育的被造物……人是需要保育和塑造的存在"。① 随着大学和其他高等教育的快速发展，大学已经是人类精神文明、政治文明、科学技术等的引领者；大学不仅是人才培养、文明传承、科技研究和社会服务的机构，而且是以人为中心的，为了人类自身的精神和生命有机统一的持续建构的存在。大学精神的不断丰盈、发展、持续建构，不仅直接影响着大学实体建设，而且也通过大学及大学人（师生、毕业生）精神和行动直接影响着人类及世界的趋善建构。

其一，大学精神和大学本质是不可分割的有机统一体。

在多大程度上把大学止于至善精神实现在人身上和通过人而存在的世界历史的趋善建构过程之中，就在多大程度上使大学至善精神得以存在和发展。作为最高教育机构的大学，在多大程度上实现了至善精神和自我发展的

---

① Immanuel Kant. *Band XI. Theorie-Werkausgabe Immanuel Kant*, Suhrkamp Taschenbuch Wissenschaft, pp.192-193, Frankfurt am Main, 1981.1.

完美结合，就在多大程度上趋近了"大学是民族灵魂的反映"、"大学是大师的学府"、"大学是传承高深学问、培养人才、发展科学技术和以学术服务社会的圣殿"。换言之，大学精神是大学本质的观念化，只有大学本质把其精神投入到教育过程之中，并把大学精神变成现实（无论是从最简单的知识传播行为，还是到完成最具精神意愿的人的培养上，都是如此）时，大学的本质与大学的精神就最终真正展示了它的"大"之所在。

大学精神与大学本质的关系就如同人的生命与人的精神的关系一样，"健康的精神寓于健康的身体"①。精神与生命绝不是"二元的"，而是有机统一的、持续建构的，生命是精神承载之基，而精神则使生命具有灵性。"生命的本能可以进入精神的法则和观念及意义结构之中；精神为生命指明方向，不让他们看到观念和意义的结构及精神的法则"②。对大学的本质与大学精神之关系也适用于该定论：大学精神引导和控制大学的本质形态和本质范围；大学本质的升华凝聚成大学精神，并承载大学精神的此在形式。

"大学精神是体现大学的智慧、气度、品格、信念、风范、操守等的核心文化体系。在大学的发展中凝聚、激励、导向、保障和熏陶等重要功能，对大学的思想、观念、制度、机制、行为等，具有全面统辖的作用和意义。"③ 因此，"大学精神是大学之所以为大学的前提，守住大学精神，就保住了大学的'根'和'脉'"④。大学精神统辖大学文化、置身大学中的人（师生员工）和需要接受大学教育的人。人通过其信仰、行为、观念、文化传承、学术研究、教育学生等承载、显现大学精神之在。大学精神从置身其中的人的物质生活、精神生活以及学校文化建设等之中呈现出来，并扩展于社会之中，也以其"有容乃大"的吸纳世界之至善精神扩展其精神之在和引领世界的发展趋势。

其二，大学精神以观念、理性的形式浸润在大学本质之中，大学本质彰显、丰盈、发展着大学精神的实事性。

---

① ［英］约翰·洛克：《教育漫话》，傅任敢译，人民教育出版社1985年版，第24页。

② ［德］舍勒：《人在宇宙中的地位》，李伯杰译，贵州人民出版社1989年版，第52页。

③ 蒲芝权：《守望大学精神》，贵州人民出版社2011年版，第312页。

④ 张晋衡：《大学论》，中国档案出版社2010年版，第122页。

大学精神统辖和指导大学的章程、校训、教风、学风、制度、建筑、师资、课程设计与实施、学术研究、科技创新等大学本质的建构过程，并浸润、成型、显现、扩展于其中。因此，一所守住了大学精神"根"和"脉"的大学，其校园建设和师生的发展，是在拒斥把师生被教育成为一个无个性的、没能力发表个人观点和逻辑的科技机器人的过程中，寻找、构建一个完全属于自己的、有别于职业教育和专业培训以及科研院所研究活动之外的文化和照应。

大学的本质活动在大学精神统辖、指引、规劝下，把大学精神投入到人才培养的教育教学实践，浸润于大学实体建筑，植根于大学文化建设，泛化在大学课程建设，彰显在科技发明研究等之中，并把大学精神变成大学教育的现实。因此，一所大学，如果没有以人为本的、止于至善的大学精神，就等同于大学没有灵魂，就会缺乏凝聚力、生命力和教育引领力，也就失去了大学存在的本己价值、实事价值、活力价值、精神价值和神圣价值。对当代大学而言，是否植根于并不断开展以人为本、止于至善的大学精神的持续建构，是衡量大学乃至民族强弱的一个重要尺度。

把大学精神观念化为人才培养和文明传承的教育教学行动，是大学亘古不变的本质规定。大学开展以人为本、止于至善的培养人才和培养大师的教育教学行动及其效果，是大学精神核心的本己部分的反映。保存和延续人类文明经典、传承高深学问、在最高层次上全心全意并毫不保留地致力于增进知识和开展科学技术研究等活动，无疑是大学作为人类精神文明神殿的生命圣化的体现。大学开展人化（绝不是异化）科学技术研究，并把最新成果转化为人才培养的课程，是秉持正义、真理、自由、善的大学精神的持续建构。以学术开展服务社会的活动，而绝不仅仅是为了经济效益而被经济价值观念支配的大学服务社会实践，是大学精神的异己价值在社会领域的体认与持续建构。

总之，大学精神事实的存在，是具有本己价值、异己价值、成效价值的存在。大学精神以观念和理性的方式植根于大学本质、大学功能之中，并统辖、指引、规劝大学本质的持续建设方式和价值成效。大学本质及其功能之所以被实证科学观念支配、被经济利益裹挟，就是因为大学精神建构乏力、抑制功利主义失效所致。这并不是大学本身功能的异化，而是人（大学人、社会人、政治人等）止于至善精神建构乏力所致。在现代社会，大学虽然不能完全脱离政治、经济、时代价值理性。但大学毕竟是高级知识分子和大师云集、培养高级知识分子和大师的学府，大学必将在抵制世俗化的侵袭、裹挟、遮蔽的进程中持续建构大学之为大学的精神，这才是大学本质与精神统合的必然路径。当然，核心问题还是人，尤其是作为内在因素的大学人与大学相关的人。大学人都不能坚守大学精神，一切外在更不可能建构大学精神的永恒性。

第三章　直观我国当代大学教师

大学的本己价值就在于大学的四大功能（培养人才、传承文明、学术研究、服务社会）的实际成效。大学本己价值承载、发展于大学教师集群对四大功能实际的实现程度。而大学从其诞生至今，最本真、最能承载大学本质的正是培养人才——教学功能是大学本质的核心部分。"教学是学校的核心工作，教师是教学质量提升的根本保障"，"提高教学质量，教师是根本"，这是学校诞生至今的共识，也是学校存在与发展的质性规定。教学是师生和课程三者意向性交集的精神与实事的交互活动，大学教师的意向性不仅直接决定其教的路径、方式及其成效，还彰显其人格魅力及学术水平，进而展示大学教学的价值及其公信力。

第一节　体验我国当代大学教师的危机

进入 21 世纪以来，我国大学教师已经成了备受诟病的职业，大学部分教师德行的沦丧已经被世人骂成"白天的教授，晚上的禽兽"。国内学人撰文批评说：大学不少教师不仅"敬业精神、创新精神、人文精神等缺失"[1]，而且深陷"自主精神危机、求知精神危机、创新精神危机、仁爱精神危机"[2]之

---

[1]　施文甫：《新时期高校教师精神的缺失与重塑》，《青海民族大学学报》2011 年第 4 期。

[2]　李德显、韩彩虹：《论大学教师精神特质》，《教育科学》2009 年第 2 期。

中……可以说，我国大学部分教师不仅已经被拉下了"神坛"，而且已经被拉下了"杏坛"，已经处在深度危机之中。

一、我国当代大学教师危机之实然与始然

教师首先是精神和生命有机统一的社会人，大学教师因其独特的专业结构、学识结构、人格结构、职业结构等而成就其为大学教师的特殊性，大学教师的危机就蕴含在其作为精神人和生命人之中，显现在其作为社会人和职业人之中。

（一）爱的欺罔使大学教师陷入爱的迷乱之中

现象学第二泰斗马克斯·舍勒（Max Scheler）说："爱是倾向或随倾向而来的行为"，"在人是思之在者或意愿之在者之前，他就已是爱之在者"①。但是，我国当代不少大学教师都已从群体对圣者、神圣知识的笃爱转向了对纯粹的自我之爱（Selbstliebe）、绝对自爱。在这下移了的绝对自爱之中，完全从自我本能出发去看待一切和自我，同时把一切给予物与自我的感性的感觉状态联系起来，以至于分不清自我意识与他爱、爱他是宇宙存在的应然关系，从而陷入了爱的价值秩序的欺罔之中而毫无觉察、无力自拔、不愿自救。

我国当代大学不少教师作为爱之爱者本身，并不是把自己看成是整个宇宙的一个"小宇宙"，而是把自己看成是宇宙中心——一切都以自我爱之所爱者而存在，完全以自我本能之爱的方式和所爱的种类而进行价值取舍，这种以自我为中心的自爱，使得爱党、爱国、爱民、爱人、爱学生、爱真理、爱科学等都被自我动物性本能之爱所遮蔽和裹挟，这就使得"人的爱之丰盈、层级、差异和力量限定了他的可能的精神和他与宇宙的可能的交织程度的丰盈、作用方式和力量"②的爱的价值观和方法论等处于对立状态之中。

---

① 刘小枫选编：《舍勒选集》，上海三联书店 1999 年版，第 751 页。

② 刘小枫选编：《舍勒选集》，上海三联书店 1999 年版，第 751 页。

真爱的异化促成了我国当代不少大学教师的自爱对象从对宇宙的真爱下移为对自我生命本能之爱、物欲之爱。在大学不少教师看来：爱科学并不是科学本身有可爱性，而是科学能给自我本能带来快乐（精神的愉悦也有，但只是附属产品）；爱学生也并不是学生至善人格的塑造过程展示着人先验的可爱性，而是爱学生可以保持自我作为大学教师的头衔和薪酬，甚至爱学生是爱学生的身体可以给自己带来物欲的享乐；爱真理也并不是真理本身具有宇宙真知的可爱性，而是爱自我认知、体悟的自恋的真理……也就是说，我国当代大学不少教师作为爱之爱者本身完全退化在本能之爱的层级之中——爱钱、权、物、人（肉身）等能带来本能的欢悦，这种爱的世俗化和动物本能之爱的泛滥也就限定了其精神和与宇宙可能的交织限度、作用方式和力量的低级化、庸俗化、动物本能化。

人所共知，教育是奠基于精神之爱，成形于至善世界之爱的事业，如果作为引领至爱的主体的大学教师都只停滞在爱的低级化、庸俗化、本能化阶段而不主动超越、自我救赎、自我神化，大学教师、大学和整个教育的危机就不言而喻了。

（二）精神信仰的缺失，使不少大学教师缺乏抑制本能享乐的至善精神之力

大学教师的精神信仰是大学精神的构成部分。大学精神是社会精神中的一个主流精神，社会精神因国家、民族的政治精神和传统精神的同构、统整而呈现出具有民族特色的共契至善社会精神。

对我国当下而言，共契至善社会精神是共产主义与中国传统天道、人道、良心、至善等之精髓相统整的精神。这种精神信仰既是对实事性存在的共产主义、中国特色社会主义的信仰——按照马克思的说法："我们这里所说的是这样的共产主义社会，它不是它自身基础上已经发展了的，恰好相反，是刚刚从资本主义社会中产生出来的，因此它在各方面，在经济、道德和精神方面都还带着它脱胎出来的那个旧社会的痕迹……"[1] 如果对共产主

---

[1] 《马克思恩格斯文集》第 3 卷，人民出版社 2009 年版，第 434 页。

义，中国特色社会主义的信仰及其行动精神不能与我国传统至善，"人在做天在看"等人伦精神进行有机统整——形成全民共契的至善精神信仰，就会出现精神信仰的集体溃散。正是由于时至今日的共契至善精神建构的不力，进而导致社会共契至善精神信仰失去了其存在或完整构型的始基，也就助推了绝对物化社会精神的泛滥。社会共契精神的绝对物化使大学至善精神也不能独善其身，这就是邓晓芒教授所揭示的："从九十年代提出了中国知识分子人文精神失落的问题，信仰失落的情况愈演愈烈，一直延续到今天。自古以来，中国知识分子应该说是一个民族、一个国家的道义和信仰的承担者，但是目前的情况恰好相反，特别是在知识分子的群体内，信仰失落的问题反而更加严重。行为失范，没有任何底线，学术造假变本加厉，日益沉沦，甚至于有人喊出了'渴望堕落'的口号"①的根源之所在。

简言之，当整个社会都还停留在"后资本主义"、"国家资本主义"的境域中，忽视中国传统伦常而只强调政治信仰，人人都必将处于纯粹物质信仰及其行动之中而难以进行至善精神的升华和自我救赎——就不能超拔于绝对物欲的动物本能并铸就群体的共契至善精神。舍勒说："引发本能压抑的，正是精神。"②而精神信仰的溃散或残缺——没有信仰、缺乏敬畏，必然导致缺乏压抑本能冲动的精神这一本己之力，那么人（大学教师也不例外）的精神信仰危机就是必然的，其个人主义的物化至上的行为也是必然的。

虽然人是唯一必然有信仰的存在，但是对我国当代不少大学教师的信仰而言，由于他们几乎不信天、不信道，也不信基督、神仙等，更缺乏对天道、至善、伦常等的敬畏。"不少大学教授基本上把自己看成是学科领域的世界主义者"③，他们一方面极力推崇起源于西方的实证科学的实物化、数量化、精准化等观念，并不自觉地在其言行中展示其对实证科学的、数量化的物化世界的笃信；另一方面又对西方大学教授的宗教信仰嗤之以鼻。这种既

---

① 邓晓芒：《中国人为什么没有信仰》，2012 年 2 月 10 日，转引自 http：//www.douban.com/group/topic/23856904/。

② 刘小枫选编：《舍勒选集》，上海三联书店 1999 年版，第 1348 页。

③ ［美］阿特巴赫：《变革中的学术职业：比较的视角》，周艳等译，中国海洋大学出版社2006 年版，第 32 页。

无西方的神或上帝等的宗教信仰，也无我国传统的天、地、自然、尊长等的敬畏的精神取向，正是我国当代不少大学教师缺乏他在的、绝对的精神信仰以及缺乏敬畏之心的本源所在。他们就只能内在自为地相信自己，笃信个人至上主义。正因为缺乏对绝对至善的敬畏、规劝、指导等的精神信仰，必然就缺乏抑制本能冲动的至善精神这一本己之力。没有至善精神之力来抑制本能冲动，其精神寄托停滞在只追求此在的物的享乐、攫取、占有层面就在所难免，其沉溺于"全民娱乐至死"，全民无共契至善精神信仰也就自然而然。

精神是人区别于动物的本质规定，"精神的中心，即人本身，既不是对象的也不是物的存在，而只是一个时刻在自己身上产生着的（本质规定的）行为的秩序结构"①。从舍勒的秩序价值理论来看，由于我国当代大学不少教师爱的迷乱，无绝对至善精神信仰与敬畏，进而导致其伦常价值取向只能停滞在"感觉价值"和"生命力价值"层面，不可能递升到"精神价值"和"神圣价值"的建构层面，他们也就只能追求此在身体的感官愉悦和生命的健康、活跃程度。这样的大学教师就必然会笃信"一切都是身外之物，只有身体是自己的"为唯一价值取向和信仰；就会有意或无意地否定人是"生命的苦行者"，而放任自己的行为，无节制地释放自己的本能，不择手段地攫取身体本能的自我愉悦。

（三）付出与所得的失衡，使我国当代大学教师深陷群体怨恨之中

周金城等人的研究成果显示："教师月薪最高的国家是新加坡，达 8444 美元……最低的国家是中国，只有 1182 美元。"② 同时，我国大学教师的薪酬不仅在国内处于中下水平，而且还严重地存在着地区和校别、学科等差异。

我国当代大学教师的薪酬完全是参照公务员标准给予的，但在住房、社会福利待遇、政治待遇等方面却与公务员有较大的差距。同时，由于大学教师是高级专业化的职业，能胜任这个职业者首先必须接受比公务员多得多

---

① 刘小枫选编：《舍勒选集》，上海三联书店 1999 年版，第 1338 页。
② 周金城：《高校教师薪酬水平的国际比较研究》，《中国教育研究》2011 年第 4 期。

的专业化训练——我国当代大学绝大部分教师都必须是硕士、博士，甚至必须是海归硕士或博士。硕士、博士毕业到大学任助教，其薪酬只相当于公务员的科员（十五级）或（十四级）。即使被聘为讲师，也只相当于科员（十级）或（九级）。也就是说，大学教师接受硕士、博士等专业化训练所付出的金钱与时间、精力等根本得不到薪酬应当的补偿。另外，根据研究显示："大学教师的每周工作时间都高于法定劳动时间，其中医学齿科领域的工作时间最长，教授每周为 58 小时 32 分钟，副教授每周为 62 小时 50 分钟；即便如此，绝大多数教师仍然反映时间不足……用于教学研究的时间资源严重不足。"[①] 而且大学教师的教学科研加班是不可量化的，甚至不少大学教师多数是无薪酬而仅凭良心的加班。

再有，由于我国自古以来一直崇尚"安居乐业"、"付出应有相应报酬"的文化价值观，从上述的相关研究结论来看，我国当代大学教师确实已经陷入了付出与物质待遇、社会地位严重失衡的状态之中。而且，我国时至当前还严重地存在着不认可脑力劳动价值的现象（教育教学、知识产权保护、技能技术发明等隐性价值一直未得到足够的重视）。这必然导致大学教师群体对社会产生怨恨，由于这种怨恨找不到具体发泄的对象，部分良心迷失的教师就把这种怨恨转移到所从事的教师职业，进而形成对教育教学的倦怠、不作为甚至反动。而人和人之间的怨恨又是相互的——教师怨恨社会，他人（社会）必然怨恨教师，这种恶性循环的怨恨必然进一步加剧大学教师爱的秩序的迷乱，精神信仰的溃散以及怨恨的扩散。

人是能唯一进行自我主动救赎的存在，动物依靠本能通过迁徙而逃避此时此景的限制或危险。大学教师因其认知世界、自身和专业化训练的规定性，为了消除、发泄对社会的怨恨和救赎自己，有的大学教师就创造条件而移居到待遇比较好的其他国家或其他大学。有的大学教师或辞职下海、或停薪留职、或兼职、或贪腐、或堕落，以消解、发泄自身是"房奴"和"学奴"的怨恨。有的大学教师因有一定的物质基础，就以教学的倦怠、不作为甚至反动来发泄付出与所得的失衡的怨恨。有的大学教师原本怀着对学术、

① 李立国：《大学教师职业特性探析》，《清华大学教育研究》2012 年第 1 期。

学生、教育的至爱而从事教学科研，试图通过学术、科研、教学获得职称晋升以消除暂时的薪酬低迷的怨恨，但面对"学霸"、"职位稀缺"、"学术腐败"、"行政腐败"等，能坚守道德良心底线的大学教师，最后也只能以至善之爱、至善精神以及"良心"从教来消解怨恨……总之，由于大学教师脑力劳动的价值得不到应有重视、付出与薪酬失衡所助长的社会怨恨情绪，就使不少教师把对社会的怨恨转移成对教学、科研、学生、学校等的怨恨。这不仅使大学教师深陷怨恨危机而不能自拔，而且加深了整个社会对大学所有教师的怨恨、对立。而整个社会的怨恨情绪的蔓延，不仅加剧了社会对大学及其教师的怨恨和对立，也使整个社会处在极端危险之中。

（四）教育价值及其评价悖离教育规律，使大学教师深陷职业危机之中

从教育的功效价值而论，大学教育是职前教育，这是与幼儿园教育、义务教育、普通高中教育的本质区别。而且，大学教育与职业培训也有较大的区别，职业培训是以具体工种的技能需求及其职业道德训练为目的的教育。舍勒在伯林莱辛学院校庆致辞中说："拯救灵魂是大学教育的最高原则，大学教育不是'为了某物的训练'，'为了'职业、专业、任何能力的训练，绝没有为了这种训练的教育；恰恰相反，大学教育是为了'健全化人格'的存在范畴。"[①] 布鲁贝克也一再强调："大学不只是知识的殿堂，而且是一座人类精神的圣殿"、"大学教育不仅要使人学会'做事'（to do），更重要的是要使人学会'做人'（to be）。"[②]

在我国当下，随着大学的扩招，为了保证"就业率和就业质量"以赢得办学支持，针对大学的各种评价评估都以量化的就业率、科研成果、社会服务、教育教学成绩等一切可量化、能量化的为标准，而这些量化的东西又是赢得大学存在和发展所需支持（资金、教师编制、土地划拨、文献实验建设、科研课题等）的唯一尺度。大学教育价值与政府官僚机构工作实效及其评价的等同，以及至善人格精神培养的不可量化性和未纳入（不可能纳入）

① 刘小枫选编：《舍勒选集》，上海三联书店 1999 年版，第 1384—1385 页。
② ［美］布鲁贝克：《高等教育哲学》，王承绪译，浙江教育出版社 1987 年版，第 142、81 页。

各种实证科学范式的大学评价，不仅使大学精神被物化、量化的教育价值理念所遮蔽和被裹挟，也使实证科学成了大学的主流。人文科学、精神科学处于可有可无的附属地位，更使"够用为本"的职业训练价值观主宰了大学师生的教学价值观。在大学教学中，不仅使实证科学的教师只对学生进行基本生产技能训练，忽视传授高深学问和进行至善人格培育，甚至使非实证科学（人文科学、精神科学）的教师被边缘化、教学被量化和被实证化……。所以，大学教育价值及其评价的管理学化、世俗化、数量化扭曲，不仅使大学难以守住其"人类至善精神引领的殿堂"的本质，也使大学教师，尤其是非实证科学的任课教师处于深度危机之中——既得不到应有的物质待遇，也得不到学生、家长、社会以及学校应有的尊重……。这或许就是"钱学森之问"和我国当代大学很少冒出世界级、大师级杰出人物的事实原因之所在。

二、我国当代大学教师的应然及其重构

基于上述大学教师危机实事性的体验与直观，作为有良心的大学教师，当然不能"堕落下去"，而必须救赎自己，必须反思为人、为师、为学、做研究的本质。

（一）用真爱救赎、建构自我至善人格，以至善之爱消解无序的怨恨与危机

舍勒说："怨恨只是对一种总是错误的爱的反应……怨恨之爱的含义是，一切如此'爱'的东西只是作为另一种曾经被恨的东西的对立面被爱"，"任何怨恨的行为皆以一种爱的行为为基础……对某一实事的怨恨只是出于对另一实事怀有至爱。"[①] 也就是说，虽然我们对大学、对社会、对作为大学教师自身等有诸多怨恨，但事实上，作为大学教师，我们怨恨所在大学正是出于对大学本真的爱，恨腐败堕落的社会正是出于对党、国家和民族的挚爱，希

---

① 刘小枫选编：《舍勒选集》，上海三联书店 1999 年版，第 767、765 页。

望其持续健康发展，恨自己"入错了行"、不愿同流合污正是出于对大学教师应是真正"灵魂工程师"的至爱……。因此，作为唯一精神与生命统一体的人，具有先验之爱的人，唯一能进行自我救赎的存在者的人，大学教师只有救赎自己、超越此在的怨恨，才能有效直观到"怨恨使人丧志，怨恨必然结仇，怨恨是德坏之源，怨恨是造孽之始"的本真意义。才能从此在世界的彼岸出发，把一切（包括自己本身）变成自己认识的对象，凭借至善精神之爱的引领，通过积极参与世界行动而了解、把握、理解和救赎自己，走出怨恨的死胡同和奔向至善、快乐、幸福的出口。也就是说，面对危机，只要是正常人，只要奠基于至善之爱，就能本真地、积极主动地救赎自己、救赎自己的宇宙和所在的世界。

爱是肯定价值的创造的动因，爱是事物本质生成、生长和涌升的原动力，爱把生命提升到真正存在的境界，爱之爱者就在其绝对存在性。大学教师之爱的至高性就在于以其至爱的楷模性临在于大学生和科学研究之前，感召、不由自主地拉拢大学生也引向至善之爱的同构，也生成科学研究的可爱性；也使学术研究和人才培养具有"全人性"。大学教师之爱的至高性的实然世界是大学教师所引领的大学生，他们毕业后将作为圣者的教师去引领未成年的中小学生、将作为爱之爱者去建设或改造世界、将作为善之善者去体验和建构他们的未来，并回返影响大学及其教师的生活世界……。因此，大学教师建构至善之爱的人格，不仅仅是大学教师职业的需要，而且是一种超越此在自我、建构全人自我的创造。更是化解怨恨、引领科学研究的必然要求，还是建构自我至善精神，丰盈生命实事价值的基本前提——没有爱就没有一切，没有爱就没有神圣的教育，也没有神圣的教师职业。所以，建构至善与至爱、建构自我至善人格、建构至爱的共同体是化解怨恨和危机的必备条件。

（二）提升信仰，以至善精神信仰之力抑制物欲的贪婪，建构共契至善精神

知名学者赵士林在一次探讨会上说："中国没有纯粹的宗教，中国的宗教是实用的、功利的，而西方的是纯粹的、归一的、膜拜的……中国的实用理性，由于缺乏科学精神的浸润和宗教精神的洗礼，这种实用理性变成了犬儒主义。中国社会发生的种种问题，经济、政治、文化方面的，和轴心时代开始的这两个现象都有关系。"① 赵教授的这些观点在很大程度上揭示了我国独有的精神信仰和中国化实用主义的本质，但也值得商榷。中国不是没有本土的纯粹宗教，而是中国纯粹宗教只在民间，没能像西方一样经历过"以教施政"、"政教合一"、"政教分离"等发展而成"国教"而已。仅就大学办学史及我国当代大学危机来看，西方大学源自教会办学，其大学精神本质上就具有宗教性、精神性；而我国大学源自政府，我国大学精神本质上就具有政治性、实用性。因此，我国当代大学危机在很大程度上就是精神信仰危机，我国当代大学教师危机在本质上也是信仰缺乏超物性、纯粹性、精神性的危机。

中国人不是没有纯粹信仰，也不是我国当代所有的大学教师都没有超物性的敬畏，而是我国不少大学教师处在不信神但又自觉自愿信仰中国传统的道、天、至善、良心等。中国绝大多数人不相信西方宗教的"轮回"和神的存在，但都或多或少地存有对"报应"、"天谴"等的敬畏。正因为国人缺乏西人到礼堂、教堂等实体性、实事性的精神救赎之地进行至善提升建构活动，所以才有国人的精神向善过程被界定为"犬儒主义"行径。事实并非如此，而是中国化实用主义和全民娱乐的泛滥弱化了道、天、至善、良心等的绝对性、纯粹性。作为有良知、有危机感的国人，必然会居安思危，都在以良心、真诚的敬畏之心在提升自我至善精神，营构纯粹信仰，以至善精神信仰抑制绝对物欲的无限贪婪，也在救赎和建构国民的至善精神信仰。对此，作为大学教师（包含所有的教育者）不能仅仅秉持自我清高、自我向善，而忽视唤醒、感召他人（尤其是不具有完全伦常人格的学生）群体向善的引领作用。

西方大学教师首先是一个宗教普世信仰者，大多都接受宗教的洗礼，都有宗教的膜拜。其精神的深处都有绝对至善神（或上帝）的信仰和敬畏，

---

① 《中国的实用理性变成了犬儒主义?》，2014 年 9 月 29 日，见 http://news.ks.js.cn/item/show/228881.html。

在很大程度上都是首先以布道者的身份进身于此在生活世界，然后才以科学技术创新创造者、高深知识的传播者、社会生活的体验者身份置身于此在世界。西方的这种文化、宗教信仰，使其精神至善建构的引领是前置于教育教学过程的，大学教师完全可以进行实证主义、唯科学主义等研究和教学。中国大学教师既是职业的"经师"、"技师"，更是人格至善引领的"人师"。我国大学教师首先是以引领学生人格至善的导师身份前置于教学，是把人格、伦常、世界之善嵌入课程内容和科学研究中、引领学生协同趋善和从事教学科研的智者，是师生协同德化和智育的同构者。简言之，我国教师既是经师，更是人师，是德化引领为主、教人做人为先以及德、智、体、美、劳缺一不可的全才教师。

教育者必须是接受过教育的人，教人至善者，自己首先必须是有至善信仰和行动的人。对我国当代大学教师，只有首先建构起至善的精神信仰，并以至善的行动来检验精神的至善性，才能回归为人师、从"经师"晋升为"人师"、做符合伦常的科技创新。只有至善精神的引领，才能造就精神自由的自我。只有时刻怀有敬畏之心性，才能抑制本能的贪娱，才能自主消解怨恨和再造爱的供体。只有建构起共契至善精神信仰和群体至善行动，才能化解群体怨恨和社会危机。这是我国当代大学教师的为师、为学、做研的本质规定性。

（三）直观中国化的实用主义和人本主义危机，完善中国化"全人"哲学体系

肇始于美国的实用主义（pragmatism）主张立足于现实生活，以确定信仰作为出发点，以采取行动为主要手段，以获得效果为最高目的，这与无固定文化源头的移民国家的美国哲学是完全相称的。但是这种哲学一旦和几千年没有间断的中国哲学相结合，必然就会产生不协调。我国不仅要立足当下现实生活（这仅仅是实体的此在生活样式），而且还要延续几千年不变的精神生活——信道、信天、信伦常等。美国的精神信仰可以通过宗教崇拜得以救赎，其信仰的本真就有精神救赎和物质创造的同构性。而我国当代由于反对神在的共契信仰，一旦只把实用主义的效果论作为最高目标，必然就陷入

了人的绝对物质至上和缺乏精神信仰的抑制之力的旋涡之中。这自然就与我国的宗法宗族及其伦常信仰背道而驰，也就必然产生至善精神伦理的下滑和人性本能贪娱的泛滥。简言之，缺乏中国传统至善伦常的中国化实用主义，既不是美国本真的实用主义，也不是中国人本真所需要的实用主义，而是缺乏承载之基和精神信仰残缺的犬儒主义。这种既置身于中国传统文化之中而又推崇西方当代实用主义的矛盾观念及其行径（只取其一：或固守中国传统或绝对西化，也难以真正置身于此在生活世界）必然会造成我国当代独显的人性危机、伦常危机和科技危机。

我国当代的人本主义哲学，就其实事性而言，既不同于我国古代的"天人合一"的人本主义，也不同于西方马斯洛、弗洛伊德、罗杰斯等的人本主义。我国当代人本主义虽然在理论上强调以人为本和人与世界的和谐统一，但在方法论上似乎已经陷入了把人本主义异化为个人主义泥藻之中——注重个人至上、个人中心，而且凸显个人生命、物质的实际效应，忽视个人精神信仰的共契至善性。这种异化的人本主义行径，可以说正是造成当前各种危机的重要诱因。其实，符合中国传统文化的真正人本主义，不仅强调生命存在的实事意义，更强调人（个体及类）的精神至善与自然有机统一的共契信仰。真正的人本主义"体现在发展层面就是对人及其类发展信念的追寻，对行动和人格形成与完善的关注，它着眼于生命和人性，注重人的存在、价值和意义，尤其注重人的心灵、精神和情感……不是把人放逐在精神世界之外，而是把精神生活和物质生活统一起来加以建构的认识论"①。有鉴于此，作为当代大学教师，只有从哲学的高度对中国化实用主义、人本主义进行深入的理性思辨，同时警醒自我的人本主义和实用主义理念及其操作行径，共同努力缔造本真的中国化实用主义和人本主义哲学，才能真正找到"钱学森之问"的原因所在，才能使自己"回归杏坛"、"回归神坛"。

总之，在回到事实本身的现象学方法看来，我国当代大学教师的危机，不仅要关注教师和国人的信仰及其活动，而且要关注被信仰的对象。不仅关注被怨恨的教师，而且必须关注造成教师被怨恨的主体及其过程。不仅要

---

①　李清雁：《大学教师发展的人本诉求》，《黑龙江高教研究》2013 年第 1 期。

关注生成教师危机的意愿活动及其结果，更要关注共契意愿的真正教师之应然。针对我国当代大学教师危机存在的实然，不能仅仅抽象地在爱、信仰、怨恨、意愿等之中界定其构成成分，而应积极行动起来救赎自我、救赎至善精神，再造整个教育乃至整个国人的信念、评估和意愿等的认识论和实践论。

第二节　体验作为职业的我国当代大学教师

《中华人民共和国教师法》第三条规定：教师是履行教育教学职责的专业人员，承担教书育人，培养社会主义事业建设者和接班人，提高民族素质的使命。教师应当忠诚于人民的教育事业；第七条对教师的权利规定如下：(1) 进行教育教学活动，开展教育教学改革和实验；(2) 从事科学研究、学术交流，参加专业的学术团体，在学术活动中充分发表意见；(3) 指导学生的学习和发展，评定学生的品行和学业成绩；(4) 按时获取工资报酬，享受国家规定的福利待遇以及寒暑假期的带薪休假；(5) 对学校教育教学、管理工作和教育行政部门的工作提出意见和建议，通过教职工代表大会或者其他形式，参与学校的民主管理；(6) 参加进修或者其他方式的培训。第八条规定教师应履行下列义务：(1) 遵守宪法、法律和职业道德，为人师表；(2) 贯彻国家的教育方针，遵守规章制度，执行学校的教学计划，履行教师聘约，完成教育教学工作任务；(3) 对学生进行宪法所确定的基本原则的教育和爱国主义、民族团结的教育，法制教育以及思想品德、文化、科学技术教育，组织、带领学生开展有益的社会活动；(4) 关心、爱护全体学生，尊重学生人格，促进学生在品德、智力、体质等方面全面发展；(5) 制止有害于学生的行为或者其他侵犯学生合法权益的行为，批评和抵制有害于学生健康成长的现象；(6) 不断提高思想政治觉悟和教育教学业务水平。

一、当代主要发达国家大学教师发展趋势

因各国体制和教育制度不同，当代主要发达国家的大学教师的职业性特征和发展路径各有自身的特点。

（一）当代美国大学教师职业发展趋势

美国大学教师职业发展大致经历了教授协会成立前的教会聘请和聘任、大学各自聘请和聘任、教授协会（AAUP）协同大学与政府聘请和聘任三个时期。早期教会学校聘请的教师实际上就是牧师。19 世纪末 20 世纪初，美国大学出现了教师职业化发展，少数大学开始聘任讲师为终身教授。1900年，哈佛大学和密歇根大学建立了大学教师职称制度，将教师首次划分为助教、副教授和教授三个级别，这一体系一直沿用至今。随着大学教师职业化和专业化的发展，原来作为自由职业者的学者快速进入大学。1906 年，1000 名美国科学精英中，有 400 多名受聘于 15 所一流大学，而另外有 200多名学者则受聘于其他大学。[①]

当代美国大学教师职业发展呈现出兼职教师比例明显增长的趋势。1975年，美国两年和四年制高校兼职教师比例为 30%，1995 年增至 41%，2003年达到了 46%。在当代美国的四年制大学中，31.6% 是兼职教授，68.4% 是全职教授。而且，全职与兼职教授在学校的地位有差异，兼职教师一般不在终身教职系统之内，只有全职教师才有晋升为终身教授的可能。其中，在全职教授中，51% 是尚未取得终身教职的，只有 48.8% 取得了终身教授职位。聘用兼职教师呈现出公立大学明显少于私立大学，研究型大学比例低于非研究型大学，教学型大学聘用较多的兼职教授，教育学和商学聘用兼职教授的比例最高，数学和物理等理科聘用兼职教授较少等特点。[②]

① ［美］亚瑟·科恩：《美国高等教育通史》，李子江译，北京大学出版社 2010 年版，第117 页。

② 林曾：《美国大学面对财政危机的人事对策：兼职教授与教授终身制》，《清华大学教育研究》2010 年第 41 期。

　　当代美国大学主要由同行教师组成的评审委员会对教师实行考核管理，分为三类基本教师考核：升等考核（merit-increase review）、终身职考核（tenure review）和后终身职考核（post tenure review）。升等考核以年度考核为主，是小幅晋级加薪的考核。终身职考核主要用于决定是否授予考核者晋升为副教授或正教授，并有较大幅度加薪。后终身职考核是对已获得终身职教师进行的综合考核，通常是每5—7年进行一次。"考核内容包括教学、研究、服务社会三个方面：一是教学方面。①授课数：课程类型、修课学生数；②课程设计与内容：与课程目标的相关性、知识更新程度；③教学方法：教学法的有效性和创新性，学生投入程度；④课程管理：学生出勤情况，课堂管理，记录和保留与教学有关文献；⑤教学绩效：反馈学生次数、公平打分、记录学生学习效果。二是研究方面。①学术成长与参与：阅读专业文献，专业学会成员，参加学术会议、讲习班，与专业有关的发展与创新等；②学术成就：专业会议论文，专业会议小组发言，专业会议主题发言，发表同行评审或应邀撰写的著作与论文，非同行评审的著作与论文，其他非印刷研究成果如专利、软件、设计等，专业杂志论文审阅和编辑，各种政府及社会机构委员会（总统委员会、国家科学基金会、卡内基教育发展基金会）专家成员等，资助研究课题（经费数量和成果影响）。三是服务方面。①对本系的服务：参加本系的各种工作委员会；②对学院和学校的服务：参加本院和本校的各种工作委员会；③对社会的服务：服务本专业各种协会，以专业知识服务社会等。"①

（二）当代德国大学教师发展趋势

　　在德国大学教师发展传统中，大学教授在高校中拥有最大的学术权力：教授不仅控制着讲座或研究所的人员聘用和经费分配权力，还掌控着博士生和博士后的招聘。教授不依附于大学的管理层，也不依附于系主任办公室。大学教授为终身职位，具有公务员地位，有专门配备的秘书。教授职数是十分稀缺的，教授处于学术职业层级金字塔的顶端。未取得教授职位的绝大多

---

① 赵炬明：《美国大学教师管理研究》（下），《高等工程教育研究》2011年第6期。

数科研人员仅仅是学术雇员（Wissenschaftlicher Mitarheiter），他们没有终身职位，都依附于教授开展科研工作。直到 21 世纪初，德国大学的教授与学术雇员比例约为 13∶87。

　　进入 21 世纪以来，随着"博洛尼亚计划"的深入推进和大学教育世界化的发展，德国高等教育开始了新一轮的重大改革：引入新的学制，尝试建立绩效导向的高校拨款制度，对教学和科研活动进行绩效评价等。[①] 大学教师发展与管理已经被视为是德国当代高等教育和研究界最核心、最宝贵的资源。提高大学教师的教学科研能力和培养科研接班人（Wissenschaftlicher Nachwuchs）已被上升到德国科研事业可持续发展的基础和保障的高度。从 2002 年开始，德国开始引入初级教授职位（Juniorprofessor，或译为青年教授）。2004 年 4 月，由德国教育与研究部组织的 18 人专家委员会提交了"高等学校教师职业法改革报告"，同年 9 月，德国政府在该报告基础上提出"面向 21 世纪高等学校教师职业法改革方案"，同时还颁布了一些其他改革措施。政府全面改革大学教师职业法，给予大学更多的自主权，通过提供资金来对大学进行宏观调控，改革大学人事工资制度和大学教师聘任制，进一步完善学术科研领域的人事聘任制度和工资体系等。开始实施缩短初级教授职前资格年限，增补学术资格认证渠道和机会，增设初级教授职数，取消大学授课资格考试制度，[②] 重新定制大学各级教师薪资标准，强化绩效管理，加强校企间人才流动等改革措施。

　　当代德国对已取得大学授课资格的教师的教学科研绩效管理非常严格，德国高校教学法的学术性组织（原"高校教学工作组"，现已改名为"德国高校教学研究会"）在 2005 年 3 月 8 日通过并发布了《关于高校教学法继续教育标准化和认证的指导方针》。这其中包括教学法培训项目的模块建设，

---

① [德] Margret Bülow-Schramm：《德国大学教师发展：培训与继续教育》，刘杰译，《北京大学教育评论》2014 年第 2 期。

② 在传统德国大学教师管理中，大学授课资格或具有相同价值的科研成就是聘为大学教授的基本条件。申请大学授课资格者首先要有博士学位，然后在自己的研究领域完成一本著作，即大学授课资格论文，其难度比博士论文要高、要有创新；而且大学授课资格论文通过答辩、评审、出版之后，一般还需经 3—5 年助教教学经历，并获得同行教授的推荐，才能取得大学授课资格。

与国际上情况普遍相同的最低 200—240 个课时，教师和学生的能力发展，从教学向学习的转换以及将非正式学习作为一种学习形式纳入大学教师绩效考核内容等。为了提高教学质量和提升大学教师的教学能力，德国高校教学研究会通过其成员大会所任命的认证委员会（AKKO）将"单个教学活动、系列活动或模块乃至整个高校教学培训与继续教育项目"列入大学教师发展与管理的内容。大学校长联席会议（HRK）和文化部长联席会议（KMK）已经把参与导向、实践及行动导向、反思性、多元性、多样性以及积极的学习这些教学法原则作为大学教学质量保障和大学教师绩效考核的基本内容。当代德国大学教师不仅要接受教学、科研、服务社会的绩效考核，而且大学教学法的学习、应用、研究和创造也是被考核的内容。

（三）当代法国大学教师的发展趋势①

当代法国大学以国立大学为主，私立大学仅占少数。大学教师身份按政府部门职员同等对待，称为公务员（agent public）（法国公务员分为"正式公务员"和"非正式公务员"两大类，非正式公务员是指辅助职员、试补职员、契约职员、临时职员等）。大学教师也按公务员分类规则，专职教师拥有正式公务员的身份，而临时教师则属非正式公务员的系列。大学都是独立法人，大学教师既要遵循作为国家公务员的规则，又要符合大学教师特别身份的规程。国立大学教师是国家公务员，其身份、职务、晋升等都有明确的法律规定。作为公职人员的大学教师系终身性质，不能解聘，如有不称职者，惩罚措施是不予升职。大学教师主要有教授（professor）、副教授（maiter deconference）、助教（assistant）。教授分为特等（2—1级）、一等（3—1级）、二等（6—1级），副教授分为一等（6—1级）、二等（3—1级）以及试用副教授，助教分为 4—1 级以及试用助教。

根据《法兰西高等教育法》规定，各大学每年根据院系上报的教师空缺职位及名额向教育部提出用人申请，教育部汇总后向各大学分派名额，并列出空缺职位名单进行公开竞聘。法国大学教授作为国家公务员，是由校方

---

① 陈永明：《法国大学教师聘任制的现状与特征》，《集美大学学报》2007 年第 2 期。

先定候补者，再由国家进行任命，并决定其工资待遇。大学教授、副教授通过公开竞聘产生，竞聘条件由国民教育部公示。竞聘教授须是博士学位以及作为"研究指导者资格"的国家证书取得者；竞聘副教授应是"研究指导者资格"的国家证书取得者；竞聘教授和副教授，不受国籍的限制。经过学校和国家两级评审，被录用的教授由国家总统任命、副教授由国民教育部长任命。竞聘副教授，被录用者需有1—2年的"试用副教授"经历，试用期结束后由大学再次审查，国民教育部长作出或正式任命为副教授，或试用期再延长1年，或回到前职，或解雇等任命决定。副教授一般不能在本校晋升，担任十年以上的副教授通过竞聘才能成为教授。教授和副教授一般是被终身雇佣（法国大学教授和副教授没有聘任制），65岁退休。聘任助教，是根据国民教育部长公布的助教缺额一览表，以大学区为单位进行公开招聘，由聘任的大学专门委员会经过个别审查作出决定。根据审查结果，由大学区校长对合格者临时任用一年，作为试用助教，试用期结束以后，有的被正式任命为助教，有的需要再延长一年试用期，有的甚至会被解雇。法国大学教师的工资同其他国家公务员一样，由法令明确规定，且教师等级之间的晋升必须有最低工作年限。

当前，法国大学教师每年的教学基本工作量约为192小时，平均每周6—8小时，超时工作虽然有额外报酬但薪酬不高。兼科研和教学的教师，科研和教学工作量各占一半；从事纯教学工作的教师，其教学负担为一般教学科研兼顾的教师的2倍。

（四）当代英国大学教师的发展趋势

英国政府一直很重视大学教学质量，20世纪80年代，以教学技能培训、教学咨询、教学研究为主要内容的教学发展项目的出现被视为提升大学教师教学实践水平的开端。20世纪90年代，英国教师教育发展协会（SEDA）发布了第一个全国性的大学教师培训与资质框架。1997年，SEDA建立了全国教师认证框架，随后，高等教育学习与教学研究院（ILTHE）对教师资格认证工作进行了进一步完善。2003年，英国教育与技能部发布了《高等教育的未来》（*The Future of Higher Education*），该报告的发布正式拉开了新一轮高等教育改革的序幕。该报告将"有效教学"视为"促进高等教育卓越"必不可少的条件，提出"高质量的教学必须予以认可和表彰"，将"制定国家层面的教师教学专业标准"作为促进"教学卓越"的重要举措之一，并在原有的教学质量促进委员会（TQEC）、ILTHE 等组织的基础上成立了高等教育研究院（HEA）来统筹、指导英国的大学教学质量改进工作。2006年，HEA 受英国教育与技能部委托，开发并出台了《大学教师教学专业标准》（*The UK Professional Framework for Teaching and Supporting Learning in Higher Education*）。2011 年，HEA 根据院校的实施反馈情况对该标准进行了修订。2013 年，HEA 对该标准的实施效果进行了全面的评估。修订后的大学教师教学专业标准分为三个维度（dimensions）：活动领域（Areas of Activity）、核心知识（Core Knowledge）和专业价值观（Professional Values）。活动领域是大学教师开展的教学活动范围，核心知识是教师开展教学活动时所必需的知识与技能，专业价值观是教师开展教学活动时应持有的态度。①

　　英国的教学专业标准是从教师教学发展和职业发展的角度制定的，因而在标准框架中使用描述性的指标（descriptors）区分了不同的职业层次。该指标由岗位概述、典型的个人角色与职业阶段、被认可的职称名称等内容组成，区分了不同层次教师岗位角色的典型特征。当前，HEA 认可的四个层次的职称分别是：副教学员（Associate Fellow）、教学员（Fellow）、资深教学员（Senior Fellow）和首席教学员（Principal Fellow），其中前三个层次根据 2006 年的标准设立，第四个层次根据 2011 年标准增设。副教学员的标准：参与相关的教学实践，具备一定量的核心知识，理解学科材料和学科教学方法；在促进他人学习的过程中秉持恰当的专业价值观；具有相关的专业实践、学科教学法研究或教学学术成果；参加与教学、学习和评价有关的专业发展活动。

　　可申请副教学员职称的人员包括：承担一定教学任务的早期研究者，如博士生、研究生助教、博士后研究者等。新从事教学工作的人员，包括业余

---

① 崔军：《英国大学教师教学专业标准探析》，《世界教育信息》2014 年第 14 期。

学术人员；支持学习的技术人员，如教育技术工作者、学习资源开发者或图书馆员；有研究经验但没有教学经验的人员，或只有少量教学经验的人员。教学员的标准：理解所有核心知识；坚持自己所在专业的价值观；参与活动领域相关的教学实践；将科研成果和教学研究成果应用到教学实践中；参加与教学、学习和评价相关的在职培训；须承担更多的教学任务。可申请教学员职称的人员包括：新入职教师；承担实质性教学责任的教学或学习支持人员；以科学研究为主要任务的教师；只从事教学工作的教师等。申请资深教学员职称的教师除了需要满足教学员必备的所有条件外，还需满足协调、支持、监督并管理教学和学习活动，或指导个人或团队的教学等的要求。资深教学员应拥有持续有效的教学记录，在教学过程中展现出组织能力、领导能力或管理能力，通常是学术团队的领导或主要成员。

可申请资深教学员职称的人员包括：能够领导及管理本学科、专业或课程领域并产生影响的有经验的人员；为新入职教师的教学工作提供支持的有经验的学科导师；在院系或学校层面承担教学咨询工作的人员。

首席教学员是教学专业标准中最高层次的职称，申请这一职称的教师需要满足五大要求：一是通过和学生、教师的合作遵循资格标准中的所有要求，以此促进学校的发展；二是在学校或国家层面为提升教学质量作出积极的贡献，在提升学生学习质量方面表现出领导力；三是通过指导和督导等方式促进并支持其他人员的高质量教学，制定有效的组织策略；四是在学校或更高的层面将教学、学习、研究、学术和管理有机统一并融入教学过程；五是持续参加与学术、教学等相关的在职培训。以下三类人员可申请首席教学员职称：在教学领域承担领导责任、具有广泛学术背景、经验丰富的人员；在学校教学领域承担领导和政策制定责任的人员；在校内和校外的教学相关领域均产生了战略影响的人员。①

（五）当代日本大学教师的发展趋势

当代日本有国立、公立、私立三类性质的大学，其教师身份也对应有

---

① 崔军：《英国大学教师教学专业标准探析》，《世界教育信息》2014年第14期。

国家公务员、地方公务员、私立学校教师（学校法人）之别。按照《大学设置基准》，日本大学课程实施实行学科制和讲座制，对应配备必要的学科专职教师和讲座教师。主要学科原则上由专职教授及副教授担任，讲座制原则上由专职教授负责，配备必要的副教授、讲师和助教。根据1991年修订的《大学设置基准》规定，日本大学申报教授资格必须具备下列条件之一：（1）取得博士学位（包括在外国取得与此相等的学位），在研究上有业绩者；（2）在研究上的业绩被认为相当于博士学位取得者；（3）有在大学当教授经历者；（4）有在大学当副教授经历，在教育研究上被认为有业绩者；（5）在艺术、体育等领域有卓越的特殊技能，有教育经历者；（6）在专门领域有特别卓越的知识及经验者。申报副教授职称须具备下列条件之一：（1）符合有关的规定能成为教授者；（2）在大学有副教授或专任讲师经历者；（3）在大学有3年以上助教或与此相当的职员经历者；（4）取得硕士学位者（包括在外国取得与此相等学位）；（5）在研究所、实验所、调查所等工作5年以上，在研究上被认为有业绩者；（6）在专门领域有卓越的知识及经验者。申报讲师职称需具备下列条件之一：（1）符合规定能成为教授、副教授者；（2）在其他特殊的专门领域被认为有教育能力者。助教必须具备下列条件之一：（1）取得学士学位者（包括在外国取得与此相等的学位）；（2）被认为有相当于学士学位之能力者。

日本国立、公立大学的教师聘任由校长根据教授会的商议结论而定。其基本程序是：（1）学科内决定招聘任用教师要担任的教学和研究领域；（2）向有关单位公开招聘候补者，以及希望校外有关人士推荐候补者；（3）召开学科内的选考会议，选出合适的候补者；（4）向学部教授会推荐合适的候补者；（5）学部教授会通过投票等方式决定招聘任用者；（6）得到校长的承认，最终决定任用；（7）私立大学参照该程序，通过私立大学理事会审议后而做决定。

日本大学现行人事制度实行大学自治和教授治校，教授会是日本大学必设的机构，也是日本法律规定尊重大学自治精神的中枢组织。教授会对于大学教师的招聘和职称评定等拥有很大的实权，政府几乎无权干涉教授会的决定。一旦被公立、国立大学聘用，教师就可以得到35年左右的保险，直到规定的退休年龄。但是，这种现象在20世纪末已经被打破，1997年6月，日本国会通过《关于大学教员等任期的法律》。到 2000 年，日本已有 52 所国立、公立大学对 597 名大学教师实行有任期制管理。[①]

为了提升大学的国际竞争力，2006 年，日本文部省发布的《文部科学白皮书》[②] 决定把现在大学教师的职称"教授、副教授、助手"改为"教授、准教授、助教"。对教授的要求新增加了"具备特别优秀的知识、能力以及实绩者"条件，对准教授的要求在原副教授的基础上新增加"具备特别优秀的知识、能力以及实绩者"，对助教的要求在原助手的基础上新增加"具备知识及能力者"，从 2007 年 4 月开始正式付诸实施。新设"助教"一职，是以现在"助手"中主要从事教育研究者新设的职称，在学校教育法规定该职务内容"教授学生，指导其研究，并从事研究工作"，明确地界定"助教"是年轻研究者能亲自进行教育研究的第一阶段的大学教师之职。这次学校教育法改正还废除迄今规定把"帮助教授"作为职务内容的"副教授"之职，新设把能亲自从事教育研究作为职务内容的"准教授"之职。

从上述当代主要发达国家的大学教师的发展趋势来看，从 20 世纪 80 年代开始，随着西方各国政府财政紧缩导致各国公立大学经费的困难，西方各公立大学也加速了向市场争取更多资源的步伐，各国大学教师也在快速地从"专职教师"向"专业化教师"、"市场化教师"的转型。"（大学）教师职责的拓展：从传统的教学、科研、服务到自主创业和技术开发；聘任方式的改革：从终身聘任到非终身聘任和终身后评审；学术权力的变化：从学术自由、学术自治到问责制的产生；教师权益的维护：从集体谈判到共同治理与集体谈判并驾齐驱。"[③] 这种转型，迫使大学教学科研人员不得不积极展开对政府和学校之外的研究资金的竞争，而这些资金都主要用于进行与市场有关的研究，包括政治目的的、应用的、商业的、策略性的和有目标的研究等。这虽然提高了大学服务社会的成效，繁荣了应用科学技术，但不可否认，这种"学术资本主义"的转型也使大学教授不被鼓励去追求好奇心驱动的基础研究，而是被督促从事更多的商业研究。大学教师在丰厚的经济收益中似乎感

① 陈永明：《日本大学教师聘任制的特征及其启示》，《集美大学学报》2006 年第 2 期。
② ［日］日本文部科学省：《文部科学白皮书》，日本国立印刷局 2006 年版，第 46 页。
③ 易红郡：《美国大学教师职业的现代转型》，《教师教育研究》2011 年第 3 期。

受到了自己在知识经济时代的真正价值，殊不知，大学教师把更多的时间用于从事技术应用开发，已经弱化了大学作为知识和学术探究中心的使命，因为它使学术研究潜入了追求商业利益和经济效益的巨大动机。"毫无疑问，教师们习惯通过各种校外活动来弥补自己收入的不足。然而，技术开发的需求给校园带来某种更强有力的影响，与学术研究工作的关系越密切，对大学的价值观念的危害也就越大。"① 同时，不少大学教师为了从事其他相关的技术开发，已经疏远了任何形式的学术研究和教学活动。西方各国为了控制大学教师的"去大学化"、"去校园化"现象的泛滥，而不得不加强教授协会、学生评教、教授聘任等制度建设，事实上这并没有产生多大的正能量效果。这是"现代大学多变的命运已带来一种更加微妙的新危险，这些危险是大学教学人员和大学外部世界之间形成较为密切的接触和联系所直接造成的结果"②。

二、体验我国当代大学教师的职业取向

随着市场经济改革和高校办学与世界接轨的不断深入，从 20 世纪末至今，我国大学教师的职业取向也和国外其他国家的大学教师一样发生了巨大的转变。

（一）以良心永驻抗争着世俗化的精神信仰

从我国当代大学教师的精神信仰来看，由于深受大学是"学术自由、教学自由的圣殿"等思想和当代国外知名大学的"市场化"转型热潮的影响，有论者认为我国当代不少大学教师出现了"由'工具理性'带来的敬业精神危机、'唯利主义'带来的科学精神危机及'人性物化'带来的人文精神危机"③。这一归纳虽有一定的信度，但并不是全部。虽然我国当代不少大学教师深陷精神信仰危机，但是，绝大部分大学教师并没有丧失"良心"。

---

① 李玉荣：《中学教师自我概念的特点研究》，《心理科学》2006 年第 2 期。

② ［美］德里克·博克：《走出象牙塔——现代大学的社会责任》，徐小洲、陈军译，浙江教育出版社 2001 年版，第 24 页。

③ 徐璐洁：《社会转型期高校教师精神危机与重建策略》，《当代教育科学》2015 年第 7 期。

虽然他们倍受后现代实用主义、功利主义、唯科学主义、实证主义、享乐主义、个人主义等思潮的裹挟，制度规约的约束和科层规则的遏制，导致高校教师自由精神信仰有所衰变，但是绝大部分大学教师一方面在为了安身立命而不得不迎合世俗的价值追求而置身经济大潮；另一方面还秉持"师道尊严"、"为人师表"、"人在做天在看"等的中国传统精神信仰与敬畏，大多数教师一直坚持着"抱着良心教育教学"、"对得住自己的良心、对得起天地良心"、以爱之所爱从教和为学。简言之，不可否认的事实是，追求至善、建构教育良心、回归自我良心、探索良知、立德树人等的精神信仰还是我国当代大学教师职业精神信仰的主流。

当然，由于深受西方现代大学理念、后现代实用主义和个人主义等思潮的影响，我国当代不少大学教师的职业精神信仰确实有政治信仰淡化、教育信仰模糊、教学敬畏不高、学术科研尊重欠严谨、至善知识创新与提升不力、"在科技知识增长与应用的同时阻止其中的'致毁知识'的增长与应用"[1] 乏力等现象，这确实值得警惕。

（二）职业认同与压力并存

不可否认，受胡塞尔所揭示的当代人深受实证主义和存在主义的观念支配，虽然我国的政策法规一直强调教师应与公务员的待遇相当或略高。但是，由于"官本位"、"学术霸权"、"权威控制"等的实然操作，普通教师、年轻教师的应得职业待遇并不是很高，生活、职业、学术科研、教学等压力非常之大，从而使部分大学教师的"双重忠于——忠诚于学校、忠诚于专业的特性"[2] 有所退化，一些高校教师的"职业神圣感有困惑、职业认同感有消减、职业承诺较低、职业动力缺乏"[3]。但是，绝大部分教师，至少是还有"良心"的大学教师，还是认同自己的大学教师职业是传承高深知识技能、培养高级专门人才、科学研究和服务社会等的神圣性的。绝大部分教师

---

[1]　刘益东：《致毁知识与科技危机：知识创新面临的最大挑战与机遇》，《未来与发展》2014年第4期。

[2]　李立国：《大学教师职业特性探析》，《清华大学教育研究》2012年第1期。

[3]　吴文胜：《高校教师专业发展的困惑与挑战》，《当代教师教育》2009年第2期。

并不安于现状，也不完全认命于现实，而是抱着良心、抱着对教育事业的挚爱、抱着对未来一定会更加美好的笃信，而不断提升自我、提高教学、刻苦钻研、积极创造、教书育人、克服倦怠、抑制物欲、以压力为动力等建构至善的高等教育事业。

（三）多途径行动与务本融合

　　教学是学校的中心工作，以教学为核心是教师的本职工作、是务本。大学教师虽然不像中小学教师那样每时每刻都围着学生转，但是，教学为本是每位大学教师践行职业的主要路径，其中差异仅仅是倾注精力、付出行动、收获效果等。虽然当前部分大学教师有不少的校外兼职似乎影响了教学管理，但是必须客观看待专业、专职教师的校外兼职。其一，大学教师校外兼职行为既是受西方后现代大学服务社会功能泛化和争取校外资金从事商业、经济、产业等研究潮流的影响，也是高校服务社会功能的中国化发展；其二，大学教师校外兼职完全有可能是产学研、校企合作、校政合作等的深化。"高校教师兼职有校外兼课：在本校外兼职带课，如企业培训、社会培训，或其他学校授课。科技开发：科技开发就是在资金的支撑下，把研究与发展活动的成果转化为现实生产力，或应用已有的科学技术知识解决生产实践中提出的技术难题的科技活动。成果转化：科研成果的转化创造的经济利益，包括成果转让费等。企业兼职：在公司、企业中担任职务，承担相应的责任和享受相应的报酬，如企业的独立董事；或自己开办公司、企业。学术兼职：这种学术兼职获得了非象征性的薪酬，如在其他院校担任实质性的学术职位或行政职位等。"① 因此，不能基于传统学校管理思维而定性大学教师校外兼职对教育教学百无一用。"高校教师校外兼职促进了社会经济的发展、顺应了教育体制改革的需要、从一定程度上为教师的创业实践提供了机会、客观上增加了高校教师经济收入而改善了教师的生活质量。"② 当然，对那种"拿空饷"、为兼职而弃教学的非学术指导的社会服务的大学教师的校外兼职

---

① 李勇壮：《高校教师兼职及其管理的理论分析》，《清华大学教育研究》2006 年第 5 期。
② 曾佐伶：《高校教师兼职的法律思考》，《中国高校师资研究》2005 年第 2 期。

行为，即使是个案也不能包容。事实上，我国当代大学绝大部分教师、有良心的教师，都是以兼职促教学、促科研的，他们在兼职过程中把大量最前沿、最新的信息带回了课堂，这种多途径行动和以教学为本的有机结合，已成为当代我国大学教师职业行动的主流价值取向。

第四章　直观我国当代大学生

大学生是大学教学中求知、求教的主体，随着我国高等教育的统招统分成为历史，大众化高等教育发展的不断深化，当代大学生不仅存在就业压力，更存在创业、择业和社会生活的各种压力。大学生能否坚守"社会精英"的信仰，能否继续成为时代的楷模，能否成为建构至善世界的主力军，这既是检验本真大学生的尺度，也是检验本真大学的重要尺度。

第一节　体验我国当代大学生的危机

随着我国高等教育大众化的深化，作为高等教育的求知、求教主体的大学生已暴露出各种备受诟病的危机，党和政府已经把处置这些危机上升到了事关国家长治久安和民生重大问题的层面，要求各有关部门，尤其是大学和其他高等院校引起高度重视和积极应对。

一、体验我国当代大学生危机的现状

近十年来，党和政府不仅积极应对大学生的问题，社会各界也在不遗余力地积极应对，因为"教育是民族振兴和社会进步的基石……就业是民生之本"，[①]

[①]　胡锦涛：《坚定不移沿着中国特色社会主义道路前进　为全面建成小康社会而奋斗——在中国共产党第十八次全国代表大会上的报告》，人民出版社 2012 年版，第 35 页。

"促进以高校毕业生为重点的青年就业"是推进社会事业改革创新的重要内容。①

（一）我国当代大学生危机的表征

针对我国当代大学生存在的问题，学界从不同的视角进行了研究归纳：从 CNKI 统计可知，有 109 篇硕博论文和 757 篇期刊论文认为大学生出现了政治信仰边缘化、价值信仰功利化和世俗化、中国传统至善道德信仰淡漠化等信仰危机；有 61 篇硕博论文和 287 篇期刊论文认为大学生存在不同程度的学习目的迷茫，学习兴趣不高，学习动力不强等学习倦怠；有 2039 篇硕博论文和 12976 篇期刊论文认为大学生存在不同程度的适应能力、学习压力、恋爱情感、人际关系、社会境遇、经济压力、就业压力等生存信念危机；有 150 篇硕博论文和 1370 篇期刊论文认为大学生存在不同程度的人生观、价值观模糊，竞争意识不强，进取精神不高，独立意识偏弱，参与意识淡漠，失落情绪蔓延，精神慰藉单调以及心态多元不定等精神空虚现象；有 2378 篇硕博论文和 28361 篇期刊论文认为大学毕业生存在就业期望值过高，择业观念陈旧，从业能力不高，求职能力偏低，工作责任心不强，创业信心不足，就业失信偏高等就业危机。由此可见，我国当代大学生危机确实存在，党和政府以及社会各界也提出了一些应对危机的有效方式，也在积极地处置该危机。但是，化解大学生危机的执行力及效果还有待提高。

（二）对现行大学生危机研究范式的商榷

中央应对大学生危机的政策法规是可信、可行的，基层和当事人在处置大学生危机的执行力是有限的，在此不再赘述。仅就学界，尤其是教育学界化解大学生危机的现行研究范式提出商榷。

从现有研究结果来看，国内学界、教育学界几乎都是把大学生危机等同于自然灾害和社会突发事件危机来加以研究：或是对大学生心理、信仰危

---

① 《中国共产党第十八届中央委员会第三次全体会议文件汇编》，人民出版社 2013 年版，第65 页。

机进行心理学统计的量化分析,以确定其确实存在危机;或是对大学生学习倦怠,学习能力进行抽样调查,通过人口学统计测算并证明大学生危机确实存在;或是对大学生进行社会学问卷调查、访谈和统计分析并确证危机存在及其危害程度的大小……这些基于实证科学、量化理论的研究范式真能化解大学生危机么?自然主义、客观主义的数据分析范式在研究人(大学生)的危机方面有多大的信度和效度?大学生危机与自然灾害、突发事件等危机有多少相似性?用应对自然灾害、突发事件等危机处置范式来化解大学生危机究竟有多大的信度和效度?从当前化解大学生危机的实然效果来看,实证科学、自然主义、客观主义的量化研究,似乎只能确证大学生危机确实存在,却很难确证大学生危机之所在。基于客观主义的视角,希望学校、家庭、党委政府以及大学生自己应该怎样做的危机化解策略具有一定的效果,但效果似乎不是很好。为什么化解大学生危机的成效不高?现行研究范式和处置方式很是值得商榷——只找危机产生的外因,只证明危机确实存在,只希望外因外力来解决危机,这些危机能有效化解么?

二、我国当代大学生危机之本质

当把大学生危机的实然现状悬置起来,而直观其本质就会发现,大学生危机有其独有的内在逻辑——大学生危机是人的危机,与自然和社会危机有着质性差异。

(一)大学生信仰危机的本质——停滞于心理和生理需求层面使至善精神建构乏力

无论是马克思主义哲学,还是中国儒学,抑或是西方当代主流哲学,都强调人是精神和生命的有机统一的持续建构体。正如舍勒所说,判定人之所以是人的最新原则存在于生命和心理之外。人之所以是人而不是神,是因为神只有绝对精神而没有身体。人之所以是人而不是其他在者(生物、非生物),是因为其他动物(乃至最亲缘的动物)都只有身体而没有精神(动物,即使是其他高级动物既有生命也有心理,但绝不可能有精神及其信仰),所以人是比他自己和世界都优越的存在物——人以精神和生命同构的苦行者身份进身于这个世界，人就能精神性地看待自我与世界，就有信仰。为什么是精神而不是理性地看待自我与世界，是因为人和动物都具有理性和具有理性地看待世界的能力（只是程度不同而已），但是只有人才能超越动物理性，进身于精神的境界去看待世界。因此人的精神是理性之后绝对至善精神（神、天、道）之前的存在。

对我国当代大学生而言，其精神虚空和信仰乏力的本质不在无精神和无信仰，也不是理性之力的贫乏，而是人之为人的精神建构之力不够强大，至善精神及其信仰之力不能抑制、规劝自我本能（动物性）的欲望和惰性；抑或是精神及其信仰对欲望和惰性（不劳而获）等本能的抑制、规劝、牵引等乏力；抑或是精神没有递升到回返自身，并使自身成为观照对象而显示精神的纯净性和纯粹性，这些诱因才是促成大学生精神空虚和信仰乏力的根本原因。精神及其信仰的中心，即人格本身，既不是对象的也不是物质的存在，而是时刻在人身上产生着的、本质规定的行为秩序结构。当人（含大学生）在其人的中心把本能、物欲、惰性等的期待得不到满足的状态称之为"空虚"时，这仅仅是其心理和生理需求的空虚，并不是精神的空虚。精神及其信仰的丰盈是超然于物外的、纯净的和纯粹的实事性，是超拔于生命、压力、权力等的依赖之后的无限和自由的存在。同时，精神本身以其超然于物外的存在之力抑制、排挤、规劝、引导人的动物本能冲动，使人超拔于动物理性递升到人之为人的理性，进而趋向绝对至善精神，使人在生命的苦行历程中建构自我至善精神的愉悦和自由，使人的生命向精神升华和实现生命与精神的至善同构。因此，舍勒说："引发本能压抑的正是精神。"① 简言之，我国当代大学生精神及其信仰危机，并不仅仅是信仰马克思主义、中国传统至善价值观或信仰其他宗教等的危机，而是对自我人之为人的精神独有性的信仰乏力所致。也就是说，一旦大学生建构了自我是区别于神和动物而具有精神之在的信仰的强大之力时，信仰中国化的马克思主义和中国传统至善价值观等就有了本己之力，就有了抑制物欲、惰性等的精神及其信仰自我规劝

---

① 刘小枫选编：《舍勒选集》，上海三联书店 1999 年版，第 148 页。

和趋善之力。一旦永远停滞在心理和动物本能需求层面，而不升向绝对精神和至善敬畏层面，物质的丰盈（无生存危机）使自我停滞在被养育之中，人自己都不相信自己是高于动物的、向神性的精神之在者，哪有精神及其信仰可言，心理能不空虚么？

（二）我国当代大学生学习倦怠的本质——沉溺于丰富的物质生活和楷模价值世俗化取向

亚里士多德说"求知是人的本性"，马克思说"劳动创造了人"，也就是说求知与劳动不仅仅是为了生命存在和延续，更是为了实现人生命与精神同构的实际意义。动物之于自然，自然早已经为其生命的存续提供了条件——自然规定着动物本身，动物是自然的被动适应者，动物凭借本能和自然的给予而适应自然求得生存或是被自然毁灭。但是，人不仅是自然的被动适应者，更是世界的主动改造者——只要是正常人就不仅会主动地、理性地通过劳动使自然最大限度地适合于人生命的存续与发展，更能通过理性的劳动使世界最大限度地满足于人的精神建构，世界物质化地生成了人，人又精神化地生成世界。现实的实然状况是，他人创造的物质和精神财富，已经使我国当代大学生、尤其是第一、第二代独生子女大学生不仅没有生存危机，而且还沉溺娱乐至死之中津津乐道。不少大学生既没有获得改造世界和增进物质精神财富以求得自我趋善建构的真正体验，也没有必须学习、必须进行经验的再造、必须回返自身、必须建构神性的人的价值体认，更没有觉察动物凭借本能和依存世界而实现其存续意义。人只有通过理性劳动和改造世界进而展现自我存在的实事价值的冲动和行动。

现有的研究成果认为，大学生学习倦怠是因为学习目标不清晰、学习价值模糊、学习内容的吸引力不强、学习的评价方式欠科学等。从实用主义视角而言，这些结论是可信的。但是，当把我国当代大学生学习倦怠的现象悬置起来而直观其本质，就会发现，大学生（甚至包含所有正常人）学习、创新、劳动等倦怠和乏力，除因身体疲倦、生病等暂时的学习倦怠外，真正诱使学习倦怠的本质并不是那些能量化的实事现象，而是回到事实本身的东西：其一，当人的生命存续不存在压力或危机（学不学、劳不劳动都能活下去，且活得无忧无虑）时，人又无超于此在冲动和至善信仰之力的牵引时，人的动物性惰性、贪娱性等本能必然会膨胀，生命的苦行和超越此在的信仰就失去本己之力；其二，当人的精神需求仅处于略高于自然给予动物的物质丰盈的无忧无虑的层级时——享受他人创造的精神和物质产品已经取之不尽、用之不竭时，如果不能从精神的人是人的规定性的层面回返自身，不能把自身作为"是人"加以观照、建构、救赎，精神至善就失去本己之力，没有自我精神至善之力的规劝、牵引，学习、劳动、创新等就必然乏力；其三，人的至善精神建构是有预设的楷模和价值的，至善精神建构是楷模价值的无形指引中的不断建构。而我国当代不少大学生，甚至是具有完全伦常人格的社会人的至善精神建构预设的"楷模价值"既不是绝对至善的"那一个"，也不是圣贤、天才、英雄等，而是世俗化、庸俗化、悦乐化的现实生活中的明星或商业大亨及其金钱价值等，至善精神或至善人格引领的楷模价值的世俗化、悦乐化、物欲化取向，不可能产生持久而强大的学习和创新动力。总之，大学生学习倦怠的本原是精神和生命建构停滞在了自然人阶段，由于乏力于把自身进身为趋向至善的人和神性人，必然促使学习、创新行动无力。

（三）我国当代大学生心理危机的本质——失序之爱与怨恨的蔓延以及羞耻之心低迷

心理学原本是关于"灵魂的学问"，是脱胎于柏拉图《灵魂的学问》的形而上学的分支学科。但是自 1897 年 Wilhelm Wundt 在莱比锡大学建成第一个心理学实验室开始，就使心理学成了一门独立的实验实证科学。时至今日，心理学早已抛弃柏拉图追问人的灵魂的形而上思辨，而不断强化对静止状态的情感、认知、意志等此在样式的量化实证研究。在康德、舍勒等哲学家看来，人的情感世界是人的精神和爱的派生世界。舍勒说："不仅状态情感，而且情绪和激情均以爱和恨为条件，受爱和恨的支配。"[①] 也就是说，爱和恨是认识、情感、意志、兴趣、个性以及行动等之源，认识、情感、意

---

① 刘小枫选编：《舍勒选集》，上海三联书店 1999 年版，第 771 页。

志、兴趣、个性、理性、羞之所羞以及行动是爱和恨的外在形式。爱在不同高度价值领域实现其不同的形式，展示爱的秩序结构和爱的无限性，当爱之所爱者是人意愿的或可能实现的正价值时，人的心理倾向和行动就是积极的。反之，当爱之所爱者是人意愿的或可能实现的负价值时，其心理倾向和行动就是消极的、怨恨的，甚至是报复毁灭的。

　　因此，悬置大学生心理"发展性危机、境遇性危机、存在性危机、障碍性危机"① 或"潜在危机、突发危机"② 等现象不顾，而直观其本质，就会发现：怨恨是一切心理危机的本原。怨恨是错误之爱的反应，怨恨是爱的迷乱、爱的失序、爱非所爱的反应。当人在情感生命和爱与恨的领域内寻求不到人的自明性时，必然会生怨恨。当人将整个情感生命仅仅限制在纯粹感受领域，并把意愿、指向目标的意志与反思、判断割裂开来时，因找不到人之为人的自明性就会产生怨恨。当爱的欲求及其爱的行为走向了所爱的对立面时，必然产生怨恨。当怨恨蔓延开来而又无力回到爱的第一规定性和自我消解乏力时，心理危机就生成了。

三、回到事实本身的大学生

　　"大学生是谁?"和"谁是大学生?"这两个命题，是大学诞生至今人们一直在评价、追问的问题，虽然各种界说都具有其所在范式内的可信性，但基于人是精神和生命的同构者的特定人群的大学生而言，只有澄清其自明性，方能化解危机和构建至爱的共同体、至善的人格与至善的世界。回到事实本身的大学生可从两个层面直观其事实性。

（一）本己的大学生

　　"我是大学生"这个范畴，不仅仅指向大学校园内学生身份的"我"、学习高深学问的"我"、比中小学生的年龄和身体机能等都"大"的"我"，

---

① 段鑫星、程婧：《大学生心理危机干预》，科学出版社 2006 年版，第 13 页。
② 姜土生、邓卓明：《大学生心理危机类型分析》，《当代青年研究》2013 年第 2 期。

也不仅仅指向具有独立民事和刑事行为能力的"我"，而且是指向生命与精神至善同构苦行的"我"，伦常人格趋于至善的"我"。

首先，大学生就是本己的人自己。大学生已经从被教化、被规劝的学生迈入了体验的、能自我规劝的理性的"大人"，大学生已经跨入了不是应该而是必须自我救赎的学生。不仅应该且必须对自我的行为、观念、价值取向及行动负完全责任，而且大学生有能力且必须为自己的精神、理性、人格等建构至善的意向性，这是大学生与中小学生本己自我的本质区别。

其次，大学生是本己的人格中心。大学生在本己的人格中心建构着生命的精神化和精神的生命化的自我——不仅需主动地建构强健的身体，而且更加理性地觉察自己健全身体的实事价值。大学生不仅需主动趋向至善的精神位格，而且是能够主动建构自我至善精神和至善人格的存在者。大学生以自我的人格进身于这世界，展示着"我是大学生"的事实价值。

再次，大学生是本己的至爱。大学生从爱的中心升向世界的至爱——大学生不仅沉浸在世界至爱之中，更能奉献自我的至爱。不仅爱自己，而且体验着在爱党、爱国、爱人、爱世界、爱给予之爱等之中而被爱的实事性，在自我趋向精神与生命共同至善的苦行中建构至爱的世界和至爱的宇宙。

最后，大学生已经是完全伦常人格的存在。大学生本己的存在不因自我的恨、恶、做人的失败等而不存在着，而是活生生地存在着。大学生自我的恨、恶、失败、羞耻等等仅能博得有限的同情，很少会赢得绝对的包容。对大学生而言，因为是"大学生"，"大人"（完全伦常人格的人），是权责法律责任的人，心外无物、心外无事就是绝对本己之我的大学生的"这一个"存在。

总之，本己的大学生不仅是自我体验的存在，而且也是"做"、思辨、奉献、主动建构的存在。从自我趋近至善的伦常人格中心、爱的中心出发，在"做"、给予、建构的过程中展示活生生的本己价值。在至善精神的指引、规劝中回返自身，把自己作为观照对象，抑制动物性本能冲动而发展我之为人的理性和实施行动，体验救赎自我。大学生虽然体验着恨、痛苦、周遭、失败、空虚等的无助，但更有爱、有理性、有精神、有自我救赎的能力与行动。既体验着大学生活的成败，也理性地感知着大学生活仅仅是人生的特定阶段——与其生活在无法逃避此在的价值欺罔、人生迷茫的怨恨之中，不如回返自身积极建构爱的共同体、至善的精神世界，体验生命苦行中的快乐与幸福。总之，世界不是因为我是大学生的恨而不存在，而是因为有我是大学生的爱和行动而不断发展，这就是本己大学生的规定性。

（二）异己的大学生

相对于自我建构的大学生而言，世界是异己的存在。世界相对绝对自我而言，不是世界需要大学生而大学生就存在着，而是大学生需要世界，世界和大学生才存在着。只有把这个世界当作异己的东西来把握，把与自身并驾齐驱和既对立又统一的世界作为异己的存在，才能真正体验到实事的本己价值和肯定的异己价值。世界需要具有公认价值、共在伦理，奉献爱与行动，救赎世界的大学生。大学生的"需要"世界和他人构成了异己大学生的规定性。

首先，至爱的给予是大学生获得异己肯定价值的始基。爱之爱者本身不仅仅是爱自己，而是在至善之爱的规定中爱他人、爱宇宙、爱世界，"爱在爱之时始终爱得并看得更远一些，而不仅限于它所把握和占有的东西"①。只有爱的给予才能获得给予的爱，而且只有当爱的给予是特定时空、特定族群的原本是善的给予时，才有可能获得也是善的给予的爱，否则，可能获得是恶给予的恨。大学生只有以特定时空和特定族群的本真至爱给予世界、他人、科学、道德等，才有可能获得相称于大学生之所以是大学生的异己肯定价值，否则，大学生什么也不是。简言之，中小学生爱的失序、爱的迷乱在特定时空和族群中是可以获得异己价值的肯定价值的，而大学生因其是完全伦常人格的人，其爱的欺罔、爱的失序在特定时空和族群内只能获得异己价值的有限包容，甚至是否定价值，这就是异己大学生的不可逆的规定性。

其次，趋善的精神建构和行动及其效果被世界接纳，是建构大学生人格至善的异己力量。大学生既是自我的存在，也是世界的、他在的、社会的

---

① 刘小枫选编：《舍勒选集》，上海三联书店 1999 年版，第 753 页。

存在。他人和世界的存在决定单个人与族群人的存在，大学生族群也不例外。"他人即地狱"（萨特）说的就是人的异己存在，与自身对立并驾驭自身的他在世界的异己力量，规劝、引导人超拔于绝对本己，以适应、统整、建构共在的世界。个体善的全部并不是世界全部的善，世界不会因个体而改变，因个体而改变的世界仅仅是这一个个体的世界，这是异己的规定性。因此，应然的大学生首先是自我的精神和行动主动适应世界，使本己的我进身成被异己世界接纳且成为世界本己的一部分，然后才能统整、创新、建构善之为善的共在世界，否则，就是绝对的异类或异化的"这一个"。

最后，回归精神和生命同构苦行的人，回归必须劳动的人，回归自我救赎的人是异己肯定价值的大学生的唯一救赎路径。和需要养育的未成年孩童不同，大学生之"大"就在于不再或即将不再需要养育，不仅能够自养自育，而且在或即将要养育他人，这是异己世界对大学生的不可逆的规定性。对此，大学生不是应该，而是必须自救，必须劳动，必须完善自我至善人格，必须积极参与建构爱的共同体和至善世界，因为已经是大学生，是"大人"。

总之，大学生的异己存在，不是大学生要异己世界给予什么，而是异己世界要大学生给予什么。作为大学生，既是本己的存在，也是异己的存在，是本己和异己通合的存在。置身于特定时空和族群的异己世界中建构共认共在的真我，这不仅是大学生化解自我危机的原点，更是大学生之为大学的应然。虽然异己世界提供的或要求的化解危机的方式策略有其不可或缺性，但是大学生危机毕竟是人之为人的危机，更是大学生自己的危机。该危机化解不仅具有艰巨性、长期性特征，更有别于自然和社会危机的人本性。对此，只有大学生从本己与异己相统一的自我出发，积极主动救赎自己、建构至善的精神信仰和至爱的共同体，再辅之以本己和异己之力，方能从根本上化危机为契机，建构至善的世界。化解大学生危机，外因（党委政府和他人）、异己之力量固然不可或缺，但内因（大学生自己的信仰、行动、自救）、本己之力才是根本。大学生危机是人的危机，人的危机必须从人本身出发，从大学生自己出发。救赎大学生，不仅自然无能为力，他人也仅仅是帮手，关键还得靠大学生自己。

第二节 大学生可体验的高等教育大众化新常态

随着我国高等教育全球化、大众化的不可逆发展，作为求知、求教、求发展主体的大学生，应从世界、国家、自己和大学等维度直观高等教育大众化、全球化深化发展中的自我，从而调适和发展自我，以适应大众化、全球化深化发展新常态中自我的大学生活。

一、明察新常态的大学之所是

进入 21 世纪以来，随着经济科技全球化的快速发展，高等教育全球化、大众化已经从规模数量的大众化迈向了深化内涵发展的新常态。

从经济科技全球化和我国社会对高校的需求来看，培养具有世界观念和世界通用人才、开展跨世界的科学技术研究等已成为大学教育的新常态，对此，我国提出不论是高职高专还是本科大学都必须"着力提高教育质量，培养学生社会责任感、创新精神、实践能力，加快现代职业教育，推动高等教育内涵式发展"（十八大）已成为高等教育大众化深化发展的新常态。公立高校去行政化，取消行政级别，实行法人治理，实施专家治校和教授治教已成为高等教育全球化和大众化深化发展的新常态。我国高等院校遵循党的教育方针、高等教育规律、人才市场需求规律而自主办学和办人民满意的大学已成为我国高等教育大众化深化发展的新常态。我国大学及其他所有高校不仅要培养社会主义事业的合格建设者和接班人，更要为民族复兴、政府决策贡献智力资源，这已成为高校深化内涵式发展的新常态。从关门办学向开门办学，从域内办学向跨境联合办学，从国内校际合作向国际校际合作办学等转型已成为高等教育全球化、大众化的新常态。一切为了学生，为了一切学生，为了学生的一切而争创世界一流大学已成为新的常态。

从大学生对高校的需求来看，从能上大学向上好大学，从应该缴费上学向主动缴费上学，从按兴趣选择专业向理性选择专业，从接受既定课程向自主选择课程，从接受指定教师向主动选择教师，从接受学校量化学业评价向整合社会综合适应能力评价，从接受学校现状向参与学校建设，从接受高校常规学制向协商学制，从学校要学生完成学业向学生要学校奠基其人生与事业等转型已成为高等教育大众化深化发展的新常态。

从理性的大学发展来看，从政府要办高等教育向要政府办高等教育，从提升师资数量与质量向汇集和培养大师，从追求规模效应向创建特色和精品，从等、靠、要政府支持向主动寻求多元资源，从参照政府机关的行政管理方式向统合法人治理和董事会管理方式，从拥有多少专家学者向能吸引更多双栖型国内外顶级专家学者，从不求生源向积极寻求优质生源，从教育主管部门评价办学质量向第三方评价和深化自我评建办学质量，从忽视学校公关效应向积极打造品牌效应，从借鉴国外办学模式向结合中国特色自主创新办学模式，从能提供多少门课程向能开发多少门课程，从能为教学科研购买多少资源向能为教学科研和社会开发多少资源，从能顺利毕业多少学生向能高质量就业多少毕业生，从每年产出了多少科研成果向有多少科研成果转化成生产力，从有服务社会的功能向为社会提供更多优质服务等转型大学深化内涵式发展，已成为新常态。

二、体验新常态的大学生之所是

随着经济科学技术全球化和高等教育全球化、大众化快速发展，求知、求教、求发展的主体的大学生已经生活在新常态之中，应真切体验、觉察、建构大学之为大学生之所是。

从经济科技全球化发展对大学生的需求来看，从大学生应该是本国政治经济科技文化事业的合格建设者和接班人向大学生必须是具有世界观念的德才兼备的高素质人才，从大学生是精英人才向大学生仅仅是社会中的特定人群，从国家为大学生提供就业机会向大学生自主创造就业择业，从社会需要大学生向大学生更需要社会和建设至善世界与命运共同体，从国家免费提供公共资源培养大学生向大学生如何尽最大努力用好各种资源提升自己，从社会包容大学生是思想最为活跃的群体向大学生必须加强至善人格建构和遵守法制伦理的人群，从要求大学生以学业为主向引导大学生学业和创业协同发展，从关注能否成为大学生向能否被教养成为有责任有担当的人才，从重视大学毕业生能创造多少价值向重视大学生身心健康和至善建构以及道德品质良好等的转型，已成为大学深化内涵发展的新常态。

从大学生对本真的自己来看，从挣脱升学（高考）压力向面对独立生活（恋爱、经济、就业、人际关系等）压力，从自己的很多事情都有人关心帮助向自己的事情自己做主，从社会认为大学生是精英向自己能否成为真正的精英，从为完成学业而学向实现自己的理想而打拼，从按他人的要求学习向自主选择学习，从纯理论学习向统合社会实践学习，从被规定被教化向自省自律，从接受现状向积极挣脱羁绊，从对就业压力的恐惧向自己的未来自己创造，从迷茫的自我向理性的自我，从对伦常失序的个案现象的恨与追问向反省自我和主动建构至善伦理社会，从怨恨的抗争向爱的给予等的转型已成为大学深化内涵发展的新常态。

从大学事实本身对大学生来看，大学生不仅要完成专业理论学习，更要提升道德修养和实践动手能力。在法理上大学生已经是具有独立民事刑事行为能力的成年人，大学对大学生只有教化、提醒、规劝等义务，绝无监护职责。大学生是大学的资源但绝不是大学的产品，"师傅引进门，修行在个人"是大学生的座右铭。大学生可以指责大学及其教师的不足，绝不能诋毁、仇视大学和所有教师。身为在校园内求知、求教、求发展主体的大学生，离开所在校园就是独立的社会人，大学生可以依法表达自己的自由思想和行动，绝不能反党反社会主义，更不能反人类、反科学，否则大学生什么也不是。大学生应自觉抵制各种低级庸俗、不劳而获的社会现象，绝不能同流合污，更不能娱乐至死，因为大学生是有理性的高级知识分子，是民族、国家和世界的栋梁。大学生应该超越老师所创造的价值，因为大学生是站在了很多大学老师、专家、学者、大师的肩膀上前进的人才……这就是高校对新常态背景中应然大学生的基本理念。

三、体验新常态的上大学目的

在经济科技全球化大背景中，在高等教育全球化、大众化已然成为不可逆的新常态中，大学生应真切体验上大学的目的是什么。

从世界对上大学的目的来看，国家持续增加高等教育投入，支持大学软硬件建设的目的，不仅是为了获得"五位一体"持续发展的高素质人力资源，也是为实现国家长治久安和中华民族伟大复兴的中国梦而培养大批创新人才，更是为了获得国力竞争、军事科技竞争等的各种资源。因此，世界各国都要求积极引导大学生明确上大学的目的，以积极行动养成爱学习、爱劳动、爱祖国、有责任、有担当、敢创新、有世界格局的新理念，已成为各国大学深化内涵式发展的新常态。

从学生自我体验的上大学的目的来看，上大学是为了检验自己有能力上大学，上大学是为了实现家长、教师给中小学生宣传的和自己意愿的自由。在经济欠发达地区的农村孩子看来，上大学是为了"跳出农门"；在城镇职工的未成年子女看来，上大学是为了实现自我独立；从理性的在校大学生来看，上大学是为了奠基自己理想的职业和事业，建构自我至善人格，健全自我身心协调发展，追求自我精神与实事价值的最大化；在大学毕业生反思上大学的目的来看，或欣慰于自己明智的决策与行动，或后悔因为上大学目的不明确而荒废了大学生活，但最终目的都归结为，上大学仅仅是一种人生经历，仅仅是自我进身为社会人之前的准备。总之，所有比较理性的学生上大学的目的不仅是为了获得自由，解放自己，更多的是为了实现证明自己、健全自己、发展自己等已成为大学深化内涵发展的新常态。

从高校所意愿的上大学的目的来看，有学生、有优质生想上大学，这是高校存在和发展的先决条件——没有大学生的大学还不如科研院所。天下英才都想上世界顶级大学，高校不仅希望大学生上学目的明确，更希望其上学目的清晰且切合实际。高校坚决反对大学生上学就是为了玩儿，为了实现自己的目的而不择手段，为了私利而不顾伦理道德和法规，而是希望大学生上大学是为了实现科学技术的创新、民族复兴和共产主义。高校希望学生上大学的目的是为了化解戾气、消除野性、克服惰性、提升理性、丰富知性、完善人性，等等。高校对学生上大学目的的希望已进入高等教育大众化深化发展的新常态。

四、明察新常态的大学生活之真谛

新常态中的大学生活有别于传统的大学生活，大学生活已然置身于高等教育全球化、大众化发展的新常态之中，对此不仅要体验大学生活的本真意义，更要建构本真的大学生活。

从社会对大学生活的价值判断来看，大学生活是趋善的建构，是至善至爱时间生活的建构，是时代前沿的楷模生活。我国不少家长认为终于把孩子送进大学了，家长除了经济上支持，偶尔告诫提醒学生要学好外，其他的就靠学生自己了。政府除了为高校提供各种支持，对经济困难学生提供奖、减、免、贷、补等，大学生生活是拉动高校属地 GDP 的重要力量。其他社会成员认为，大学生生活是一种绝对自由的享受，是拉动校园周边第三产业的重要支柱，是推动电商业的主力军……这些观念已进入高等教育大众化深化发展的新常态。

从大学生对大学生活体验价值来看，大学生的物质生活存在严重的贫富差距。精神生活丰富但心灵空虚，活动丰富多彩但条件受限，行动自由也有不少掣肘。人际关系既单纯又充斥着勾心斗角，学习有压力但压力并不大，学习资源丰富但用于学习的时间和精力有限，恋爱自由而又世俗化。课程多但与社会脱节，需要学习的课程并不都是自己理想的课程。希望每个教师都严谨但又反对每个教师都严谨，上课的教师不都是有人格魅力的学者，相关证书都想考得但又质疑其有效价值且拒斥各种考试。既想在学业上成为佼佼者又想尽快实行经济生活的完全独立或娱乐至死，既想奉献爱心又担心爱心被消费……。这种矛盾交织的大学生活与调适正是此在大学生活的现存状态。总之，大学生体验的生活是既向往象牙塔式的大学生活，又不得不接受大学生活的世俗化。既想超越此在的生活样式，又不得不接受此在生活的各种事实本身，这就是大学生体验的大学生活的事实性。

从大学对大学生生活的体验价值来看，虽然每年都在加大投入，但总满足不了大学生生活的需要。深化教育教学改革不是为了使学生适应大学，而是要大学适应大学生。大学不仅是人类文明的殿堂，更是高深知识技能和至善价值理性的传承和增长阵地。即使是作为科技的领军人物的大学教师也只能是大学生潮流生活的小学生。大学生意愿自己成为德才兼备的自律、自觉的学子，却不得不接受自己的永远尚未成熟。大学生意愿加强社会主义核心价值观和中华传统文化教育以使其养成科学的人生观、价值观、世界观，但总被其世俗化的价值认知和实然生活所遮蔽和裹挟……。总之，大学除了体验着大学生生活的体验外，拯救娱乐至死的这一代已成为高等教育全球化、大众化深化发展的新常态。

第五章　直观我国当代大学课程

深化高校教育改革，加强内涵式发展，提升大学毕业生就业数量和质量等，其核心是提高教学质量，而提高教学质量的龙头和工作抓手就是加强课程建设与改革。深化大学内涵式发展、提高大学教学质量之所以乏力的重要原因，就是因为未能真正破解大学课程建设的困局，课程建设未能引起高度重视，课程内容与社会需求严重脱节等。

第一节　课程的现象学定义

教学是学校诞生至今的核心工作，课程却是教学不可或缺的媒介和桥梁。大学课程建设是大学实现其人才培养、文明传承、科学研究、服务社会等功能的承载之基和重要依据。然而，截至当前世界各国对课程有几百个不同定义却没有一个精准而被公认的定义，这虽然反映了课程理论研究的繁荣昌盛状态，但也折射出已有课程定义与课程建设有诸多值得商榷的地方。

一、为什么要给课程下定义？

从教育理论研究的视角来看，课程不仅是教育学的重要范畴，而且是教育理论研究的基本范畴。如果没有对课程进行清晰的界说，教育学和课程教学论研究就失去了重要的支撑基础，而且对课程进行不同视角的界说，直接限制了教育学研究的场域和哲学基础。可以说，课程的定义域、定义方式、定义的内涵与外延、属概念的选择等等，直接决定教育理论研究的路径和研究结论的最终归属。当前，课程所呈现的几百个定义，折射出教育理论研究范式的多元性、多视角性、多场域性，当然也折射出作为存在范畴的教育的复杂性、艰难性。对学校而言，对课程内涵的差异性理解与执行，必然促使人才培养、课程建设与实施、教研教改、科技创新发明、教育教学质量评价等出现不同的实施路径和获得不同的教育效果。

从课程建设实施和教研教改试验的视角来看，不论是为施教者的施予教育或教授活动，还是求教者自我内在体悟、自学和技能提升实践活动，都不能没有教和学的中介——课程。没有课程就没有教学活动，绝不存在没有课程的教与学的活动。对课程的不同界说及其理解和执行的差异，直接限制教育教学活动的原动力和实践效果。之所以出现千差万别的教和学的现象与效果，除了人（施教者和求教者）的先天因素和经验差异外，课程的不同界说以及对课程定义的不同认知、采纳以及建设是重要的外因。简言之，对课程进行不同的界说，对课程定义不同的理解和应用，不仅制约教育理论与实践研究的路径及其结果，而且直接制约教育教学、求知求发展的动力及成效。师生对课程的不同定义及其理解、接纳方式、执行效果的不同，必然促使教和学的观念、价值、方式、内容、伦理、行动及效果等出现显著差异。

从社会对办学质量的评价来看，真正有效的办学质量评价，不仅仅评价学校的硬件、师资、生源、科研、服务社会等的质量和数量及建设过程，也评价学校开发、实施、创建特色课程的质量和数量及建设过程。虽然我国中小学课程基本上是国家统一课程，但教师对课程内涵和外延理解的差异，必然影响其课程建设及实施的效果和质量。而且第三方评价者所认知和采纳的课程定义，也直接再现在其对中小学课程实施效果的评价之中。社会对大学和其他高校办学质量的课程评价相当全面，涉及大学课程的哲学基础、课程的建设与执行、课程的价值观、课程的开发创新过程及效果与高校性质功能紧密结合度，等等。评价者对大学课程定义及其不同理解，不仅反映在评价具体大学办学质量、教学质量评价过程之中，也直接反映在评价结果之中。如果是基于课程的功能性定义出发，对培养应用型人才的大学办学质量评价，评价者所理解和认定的课程内涵必然侧重于应用技术型课程的实施效果。而对培养学术型人才的大学办学质量评价，评价者所认定的课程内涵必然是理论性和基础性的课程及其实施效果。简言之，评价者对课程定义的不同理解直接制约其对办学质量的评价及其结果。

综上所述，给课程下一个精确的能够被绝大多数人接受的定义，既是教育理论研究的前提，也是教育实践的基础，还是教育评价的条件。课程定义不清或没有对课程进行有效界说，教育理论、课程建设与执行、教学实践、教育教学质量评价等就失去了支撑要件。

二、为什么用现象学还原方法对我国课程下定义？

不论是国外的科学主义课程、实用主义课程、结构主义课程，还是国内的目标计划课程、学科课程、经验体验课程等，其定义复杂化、多样化甚至是歧义化。这不仅是因为对课程下定义的哲学基础、研究视角的多样化，而且都深受逻辑学下定义的范式控制——把课程仅仅作为一个教育学概念并深陷于现象集合与归纳分类的界定方法中，是把课程等同于异化于人的存在概念而进行逻辑学的描述的结果。同时，截止当前的各种课程定义的种差都只限制在学生习得或经验改造层面，严重忽视了教师对课程建设与执行的体验和施教的经验再造的内涵融入，这必然生成不够精准的课程定义，且很难被公认。当概念的定义出现芜杂而无公认定义时，就得反思定义的方法、视角是否出了问题，就得反思对被定义事物的本质的认识是否全面而深入等问题。

第一，现象学是一种方法，是"回到事实本身"的方法，是"关于关注过程及其被关注的对象"①的方法。课程的本质是什么？如果只看到学校培养人才的功能，必然把课程定义为"教学内容"，"教学科目"，"学生在校习得的文化总和"②。如果只看到学生学的层面，必然会把课程定义为"课程

---

① ［美］莱斯特·恩布里：《现象学入门》，靳希平、水轩译，北京大学出版社2007年版，第6页。

② 张楚廷：《大学教学学》，湖南师范大学出版社2002年版，第69页。

是学科"，"课程是目标计划"，"课程是学习者的经验"①。如果是基于大中小学课程难度差异的视角，就只能对课程进行功用定义和外延定义。如果基于不同哲学范畴的视角，就只能对课程进行科学主义的、存在主义的、永恒主义的、改造主义的和结构主义的定义。② 这些视角及其定义虽然都有一定的可信性，但都是从课程应然的、功用的、后验的视角对其下定义，这一切也正是造成课程定义多元性、歧义性的根源所在。当各种流派、各种视角的课程定义都被质疑时，就应该回到事实本身来考察课程的定义是不是真实而全然的定义。而现象学正是悬置此在而直观其本质的方法论，对课程进行现象学定义，就是回到课程本身那里去揭示其本质意义。

第二，现象学和儒学有着深切的相似性，现象学态度的直观、体验法是适合我国课程和大学课程下定义的方法。为什么直接从国外引进的课程定义以及课程内容，一到国内就会遭到质疑、遭受困境，甚至被摒弃，是因为实用主义、科学主义、自由主义、实证主义等哲学思潮在国外有其存在和发展的广阔空间与文化背景，各种流派的课程定义有其特定的信众和检验条件。但是，我国是具有深厚儒学基础的国度，虽然当代国人的实用主义倾向比较浓重，但对课程及人格养成而言，都有根深蒂固的儒学的体验性、自省性的思辨和觉察路径——"大学之教也，时教必有正业，退息必有居学……故君子之于学业，藏焉修焉息焉游焉。夫然，故安其学而亲其师，乐其友而信其道"（《礼记·学记》），"大学之道，在明明德，在亲民，在止于至善。知止而后有定，定而后能静，静而后能安，安而后能虑，虑而后能得。物有本末，事有终始。知所先后，则近道矣……物格而后知至，知至而后意诚，意诚而后心正，心正而后身修，身修而后家齐，家齐而后国治，国治而后天下平"（《四书·大学》），"心外无物、心外无理、知行合一"（王阳明）等的体验与直观是国人求学、做人、处事的基本理路。因此，用现象学方法对课程本体进行直观、体验以及加以界说，是适合国人认知课程本质的有效路径。同时，对"舶来品"的我国大学而言，用现象学还原方法直观其课程的

---

① 　张华：《课程与教学论》，上海教育出版社 2005 年版，第 67 页。
② 　参见徐辉、季诚钧：《大学教学论》，浙江大学出版社 2005 年版，第 197—202 页。

本质，对大学课程进行界说，有其统合儒学的适切性。

三、课程的现象学定义是什么？

谢冉博士认为："所谓'大学课程'，乃是不同个体在大学场域中发生的个体总体生成的动态过程。'不同个体'指不同角色身份、社会阶层、文化背景、种族传统、受教育程度等的参与者；'个体总体生成'指人类本质的形成与发展。"① 虽然谢冉博士对大学课程定义的基础已经回到了哲学人类学的人的"总体生成"层面，但仅就该定义而言，"课程是动态过程"缺乏明晰性和严谨性，其定义也仅仅是功用定义。

回到事实本身的现象学直观的课程本质及其界说，可以这样定义：所谓课程，就是师生对人类知识经验和价值理性的人格化的建构范畴。所谓中小学学校课程，就是师生对人类基础知识经验和基本价值理性在中小学场域内进行的人格化建构范畴。所谓大学课程，就是师生对人类高深知识经验和至善价值理性在大学场域内进行的人格化建构范畴。该定义中的"知识"（knowledge）是指"人类认识的成果或结晶。包括经验知识和理论知识"②，包括宰制知识、教养知识和救赎知识（舍勒的知识分类）。该定义中的"经验"（experience）是指人在社会实践中获得的感性认识和体验认识，包括直接经验和间接经验。该定义中的"至善"（拉丁 summum bonum；英 highest good）是指存在等级中最高实在，是人的理念达到的认识的最高对象和目的，是绝对精神、绝对理性的存在，是人的身心与自然的"天人合一"的存在。该定义中的"价值"（value）是指受社会制约的共在愿望的取向，既独立于人又被人遵循和建构的客观实事性，是有级序和有依存法则的实事性，包括德性、伦常、爱、敬畏、羞、仁等的本质规定性。该定义中的"理性"（拉丁 ratio；英 reason）是指对概念、判断、推理等的人性思维活动。该定义中"人格化"（德 Persönlich 英 ersonification）是指人的精神、生命、价

---

① 谢冉：《哲学人类学视野下的大学课程研究》，苏州大学博士论文，2013 年，第 28 页。

② 冯契主编：《哲学大辞典》，上海辞书出版社 2007 年版，第 45 页。

值、德行、伦常（Ethics）等的弃恶趋善化，是人之为人的本质的持续建构
及永远未完成化。该定义中的"建构"（Construction）是指课程不是此在的、
静态的存在，而是动态的、不断发展的存在。就课程的实事性而言，课程不
仅是教和学的中介、媒介，还是知识经验的人化趋善和超单数的建构过程的
存在。课程定义的图示如下：

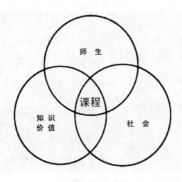

课程定义示意图

（一）课程是超单数的止于至善的持续同构范畴

无论是孔颖达的"维护课程"，朱熹的"紧着课程、小立课程"，还是
斯宾塞的"curriculum（教学内容的系统组织）"，抑或是当代国内外课程论
专家的"学科课程"、"综合课程"等，都是针对学校这一场域的存在样式的
归纳概括，并没有回到课程本身的原点去界定。从学校的本质来看，课程不
仅是学校精神的物化表现形式，也是学校精神的直接建构的内核，还是学校
价值取向、文化建设、人文理念的止于至善的统整与人格化建构过程，更是
师生及人类生命与精神至善、世界至善的同构过程。从古今中外的学校课程
的实事性来看，课程是为了人生命的神化和神化（圣化）生命的人及世界的
建构形式及过程，这一建构形式不仅涵盖所在时代及族群共认共在的弃恶扬
善的信仰、理念、文化或文明、行动，而且涵盖至爱共同体、至善世界、至
善生命与精神的人等（不仅仅只是学生，还包括师生及族群）的同构过程。
从古今中外课程建构的实然结果来看，课程并不仅仅是"学生在学校习得的
一切文化之综合"和学生身心趋善发展的经验体验和再造，还包含施教者、
为教育教学服务者以及学校、社会在课程建构中的经验向善的体验和至善的

建构——教师在课程建设与执行、课程实施等进程中，其身心也获得了止于至善的体验与再造。学校在开发、建构、改造课程中不断革新、丰盈其存在与发展的内涵及样式。社会以其善的课程价值取向要求着学校及师生等的趋善建构，学校及师生以其执行要求的实然结果革新、丰盈着社会至善价值的要求……也就是说，课程的本质绝不是单数（或科目、或计划、或经验）的此在静态形式，而是超单数的止于至善的持续同构范畴。

（二）课程是人的课程，课程与人持续同构并成形于世界进程之中

课程是教育学和教育实践的一个下位概念，确实需要定义，否则，教育学和教学实践的自明性就缺乏一个明晰的支撑要件、媒介、桥梁。但是绝不能把课程等同或类似于自然生成物或自然给予物的概念加以定义，也不能用对自然给予物（生物或非生物）下定义的范式来对课程下定义，而是要从课程的本质出发对其加以界说。因为课程不是自然给予物，也不是自然生成物，而是人化物和人化观念的存在，更是从人出发、为了人的人化观念和物的存在。马克斯·舍勒说："教育是人性的特殊形式、成形和节奏……教育是人的全部存在的生成了的塑造和成形的存在范畴。"[1] 课程是展示人化教育的中介、桥梁——课程连接着作为人化手段的教育教学和人格化建构的人，教育是人性塑造和成形的存在范畴，课程就是人性塑造和成形过程的质料、桥梁。课程、教学、人三者交集的同构是人性塑造和成形以及社会向善的必然过程，它以物和观念的形式既前置于施教者的认识和意愿之前，又同构于教和学的进程之中。它也以物和观念的形式既前置于受教者（求知求教求发展的学生等）的认识和意愿之前，又同构于教学主体（师生等人）经验改造和人格至善的进程之中。它还以物和观念的形式既前置于教育评价者的认知和意愿之前，又同构于教育价值检验、判断、革新和社会发展价值判断、革新的进程之中。简言之，学校呈现的课程既有实体物（学科、教材、设备、建筑等）的课程——显性课程，还有观念化（学校精神、文化、氛围、校风等）的课程——隐性课程。教师施教的课程既有实体物（承

---

① 刘小枫选编：《舍勒选集》，上海三联书店 1999 年版，第 1369 页。

载知识技能和价值理性的教材、教具、器材、环境等）的课程，也有教师人格化（精神、气质、魅力、德性、价值判断、教风等）的课程。学生学的课程既有实体物（知识、技能、身体强健等）的课程，也有学生观念化（人格至善、知识技能观、价值观、德性、学风等）的课程。概而言之，课程是建基于人的、同构于师生人格与世界止于至善进程的、物化和观念化有机统一的存在范畴。

（三）课程以一种人化存在关系展示其本己价值

知识技能和价值理性是课程的核心要素，是一种以整体和部分的存在形式为前提的存在关系。因而课程也是一种存在关系，是一种以整体和部分的存在形式为前提的存在关系。但是，不论秉持着知识是异化于人的认识论还是秉持知识就是人的知识的认识论，作为课程的知识技能和价值理性、经验等只能是人化的知识经验和理性。因为课程是人的课程，课程应有助于人格、人性、人的世界等止于至善的生成，不存在中立或异化于人的课程。这是课程本质功能的规定性。对存在的人而言，不少知识确实具有强大的异己力量，它不仅可以把人变成工具，甚至是毁灭人及其类的"致毁知识"。但是作为人性、人格塑造和成形的课程知识，其本质功能就规定其应该而且必须具有适人性、是经过人化再造的知识。人心、人格、人的精神和生命以及人的世界需要的是人格化的知识，而不是其他。"人力所能及的知识有三种，即宰制知识、教养知识和救赎知识……每一种知识都是为了改造存在着"①，人力所不及、超人力的知识有很多，但这些知识最多只是人作为认知而存在的知识。进入课程的知识只能是宰制知识、教养知识和救赎知识，而且是经过人化再造的、具有适人性的、有助于人格生成的知识。基于不同年龄、学力、经验、族群、价值、文化、环境等差异的人而建构的课程，就是不同国家及其大中小学不同的课程建构的分野，但其本质都是有助于人生成的课程。课程是人化再造的知识，这是课程本己的规定性。为知识而追求知识，绝不是课程的知识，也不是具有教育意义的知识，而是无本体意义的异化于

---

① ［德］马克斯·舍勒：《哲学与世界观》，曹卫东译，上海人民出版社2003年版，第78页。

人的"知识"。

总之，回到课程本身把课程界说为是师生对知识经验和价值理性止于至善的人格化建构范畴，是师生、知识技能与价值理性、社会三者交集的存在范畴。这样定义，一方面还原了课程的本体意义——课程是知识、人、社会三者的交集的建构，另一方面将有助于课程开发、课程实施、课程评价等回到事实本身去重构、再造——不至于把异化于人的致毁知识经验和异化的价值理性也纳入课程建构之中。这种界说将有助于教学实施、教学改革、教学评价等真正实现人格及世界止于至善的建构与生成。

第二节　直观我国当代大学课程范式

自美国学者卡斯威尔和坎贝尔（H. Caswell & D. Campbell）1935 年出版《课程开发》（*Curriculum Development*）以来，"课程开发"或"课程建设"逐渐成为世界各国、各校关注和建设的重大课题。进入 21 世纪以来，随着我国高等教育大众化的深化发展，普通本专科课程建设已被推到了非改不可的风口浪尖。国务院、教育部、各高校以及相关专家学者都在积极探索具有中国特色的本专科课程建设体系。虽有张楚廷教授的大学"5I 课程构想"以及借鉴国外经验的"大学通识课程"试验等，但回答"钱学森之问"、化解大学人才培养诟病、办人民满意大学等的效果似乎还不尽如人意。就其本质而言，是因为大学课程建设并未真正成为我国当代大学改革和发展的核心，课程范式还未超脱于精英教育的传统旧制，当然也还没有一个公认并被推行的中国特色大学课程开发模式。

一、我国现行大学课程范式及课程开发模式的问题解析

《教育大辞典》指出："课程范式，（是指）从某种课程知识观出发，通过选择和组织一定性质和范围的课程知识，最终形成的某种特定的、系统的、相对独立完整的课程观念及其物化的形式……（如）学术中心课程、学

生中心课程和社会问题中心课程等","课程开发模式,（是指）在课程发展中,根据某种思想和理论,选择组织教学内容、教学方法、教学管理手段,以及制定教学评价原则而形成的一种形式系统……（如）目标课程模式、过程课程模式、环境课程模式。"① 乔伊斯和韦尔指出:"每个模式都有一个内在的理论基础。换言之,它们的创造者向我们提供了一个说明我们为什么期望它们实现预期目标的原则。"② 结合我国当代实际来看,我国现行大学课程范式和开发模式确实亟待改革。

（一）引进课程范式及开发模式的理论基础不完全契合中国化马克思主义

中国化马克思主义是我国当代的主体哲学,马克思主义认为知识是人类认识的成果或结晶,包括经验知识和理论知识。人的知识技能是在后天的社会实践中形成的,是对现实的反映,社会实践是一切知识的基础和价值检验标准——"实践是检验真理的唯一标准",一切知识技能和价值理性都是社会实践以及为了社会实践的存在。

目标课程开发模式的理论基础是行为主义心理学和实用主义哲学。而实用主义认为真理的标准全在于它们能否使人的行动、实践获得成功——"有用即真理"。实用主义还强调行动、实践总是个人的行动和实践,人的生存归根到底是个人的行动。实用主义为基础的目标课程开发模式始终强调"学校试图达到什么目标、什么教育方式最有可能达到这些目标、如何有效组织这些教育方式、怎样确定目标正在得以实现"③,而且"课程开发者把知识看作是由于人的理解的努力而不断增长的一种产品才更具有价值"④。这种只强调对学校和学生为完成学业而有用的课程开发模式,自20世纪80年代后期被引入我国以来,对以升学或完成教学任务为唯一目的的实用课程建

---

① 顾明远:《教育大辞典》,上海教育出版社1998年版,第895、898页。

② B. Joyce & M. Weil, *Models of Teaching* (third edition), New Jersey, Prentive Hail, 1986, pp. 2-3.

③ [美] Ralph Tyler. (1949) *Basic Principles of Curriculum and Instruction*, Chicago, IL: The University of Chicago Press, p.1.

④ [美] Ralph Tyler. (1966), New Dimensions in Curriculum Development, Phi Delta Kappan, 48 (1): pp.25-28.

设，至今确实还有一定的市场。但是，如果说高素质复合型人才的培养和科学技术的创新发明以由社会实践经验为标准的，那么对大学教育而言，该课程开发模式已经步入了死胡同。因为，"有用即真理"的课程观不仅抹杀了真理的客观性，混淆了真理和谬误的界限，而且否认了人、知识技能、价值理性和教育的社会性、历史性、民族性。

过程课程开发模式的理论基础是结构主义哲学和认知心理学。不论是结构主义还是解构主义，也不论是前结构主义还是后结构主义，都歪曲了马克思主义的历史唯物主义和人道主义。植根于结构主义的过程课程开发模式，虽然强调学生发现学习具有积极意义，但是对知识快速倍增的当代而言，发现学习不可能完全代替间接经验学习。马克思认为："没有对抗就没有进步，这是文明直到今天所遵循的规律。"① 恩格斯也说："（自然科学）不仅有在空间中互相邻近的历史，而且还有在时间上前后相继的历史……随着对自然规律的知识的迅速增加，人对自然界施加反作用的手段也增加了。"② 也就是说，没有间接经验的学习掌握和应用就不可能有直接经验的快速提升。在知识爆炸时代，知识结构、课程结构、课程与知识的过程建构都不是静止不变地等待人去发现，而是不断变化的。因此，后结构主义课程开发者——布鲁纳也不得不承认其结构主义课程理论过于天真。结构主义过程课程开发模式在我国高校的应用之所以备受诟病，不仅是因其哲学基础有违马克思主义，而且这种课程实践使大学陷入了疲于应付学生发现学习所需的课程资源和环境等。

（二）学术中心、学生中心和社会问题中心等课程模式不完全适合于儒学范式

我国是一个拥有几千年从未间断的儒学国度，奠基于儒学的课程范式、教育教学范式、人才价值观等有其独有的认识论和方法论。从"子不语怪力乱神"（《论语·述而》）的春秋时代到马克思主义的无神论信仰的当代，国

---

① 《马克思恩格斯全集》第 4 卷，人民出版社 1958 年版，第 104 页。
② 《马克思恩格斯全集》第 20 卷，人民出版社 1971 年版，第 367—374 页。

人少有宗教信仰和皈依的价值倾向。这就使得国人的精神、德性、知识技能等都必须源自教育及其课程建构。我国相应的课程范式、人才价值取向等都强调"格物致知、知行合一"，"坚持德才兼备、以德为先的育人和用人标准"，"坚持把德放在首要位置，形成以德修身、以德服众、以德领才、以德润才、德才兼备的用人导向"，所有课程开发和实施范式都必须凸显德化、德教、德善、德性、德行等重要地位。

我国当代大学学术中心课程范式是从国外引进并进行了中国化再造的课程范式。但是，大学的学术中心课程虽然与中小学的分科课程、中国古代六艺课程、古希腊七艺课程有形式上的相似（即分成不同学科、科目和课），而课程实施却存在质的差异。大学学术中心课程是以一级学科、二级学科、专业、方向等进行分科和设课的，虽然也设置思想品德、人文通识等课程，但重学术轻德化的课程实施范式已经使思想品德和人文课程严重偏离"以德为先"的价值取向。而且当代大学自然科学的知识中立、人格价值无涉的课程价值取向及其实施过程，不仅很难见到德化教育影踪，而且知识传承与创新明显地呈现出"为知识而知识，为学科而学科，为完成教学的数量而完成数量的教学，教师只管教几乎不管学生学"等乱象，甚至不自觉地强化着知识的异己力量。因此，我国当代大学学术中心课程之所以举步维艰，究其本质而言并不是学术中心课程本身出了问题，而是课程实施过程中展示着"只见课程不见人，只有客观知识而缺德化人格知识，学生高智商低情商，教师最多是个学者绝不是大师"的教与学。是课程实施过程忽视了儒学强调的"天人合一"（自然知识必须与人性统一），"致良知、知行合一"，"以德为先"等教育价值渗透与嵌入。当然，国内当代大学的学科课程范式还没有完全步入死胡同，只是出现了课程实施及评价的危机，这正是我国当代大学学科课程进行中国特色化改革的动力所在。

我国当代大学学生中心课程范式也是从国外引进并进行中国化再造的课程范式。但是，该课程范式强调课程过程必须适应学生身心发展规律，教师只站在辅导者地位，学生偶有过错也只能规劝等。该课程范式虽然是对教师中心课程、学科中心课程的"生本主义"（很难说是真正的人本主义）的改革，不仅在国外获得了广泛的认可，在深受西学影响的当代国内也获得了学生的认可。但是，该课程范式却背离了我国儒家文化的"师严然后道尊，道尊然后民知敬学"，"亲其师，信其道"（《礼记·学记》），"师者所以传道授业解惑也"（韩愈《师说》），"养不教父之过、教不严师之惰"（《三字经》）等价值取向。学生中心课程范式却为我国当代大学不少教师"西化"以及秉持"师傅引进门，修行在个人"的无为课程实施找到了所谓理论基础的借口。因此，我国当代大学学生中心课程范式虽有很大的认知度和实事效应，但是学生中心的绝对化、学生完全自律化却进一步恶化了我国当代大学师生的教学倦怠、教学乏力、课程执行不力、学习失效等危机，这正是社会评价大学教育正在异化的本因所在。

产生于美国 20 世纪 30 年代的社会中心课程范式，是结合美国当时的社会危机而对学生中心课程进行改革的课程范式。该课程范式强调少关心个人成长，多关注社会变革。课程应以理想社会的形象为基础，学校应成为社会改革的启动者，师生应主动适应社会发展趋势等等。在美国，该课程范式主要应用于高中及大学课程建设。该课程范式的理念传入我国是在 20 世纪 80 年代后期，而真正引起我国大学教育重视是在 21 世纪初。"引导一批普通本科高校向应用技术型高校转型，大力推动专业设置与产业需求、课程内容与职业标准、教学过程与生产过程'三对接'，积极推进学历证书和职业资格证书'双证书'制度"① 等的社会中心课程改革号召能否落到实处，社会中心课程能否在我国高校获得广泛推广，尤其是在老牌大学、研究型大学中广泛推广和进行中国特色化改造，还需经得起时间、实践和我国儒学人才观、教育观、大学教育发展规律等的检验。

二、中国特色大学课程范式的哲学基础

人所共知，我国是中国共产党领导下的社会主义国家，政治哲学是中国化马克思主义。中国化马克思主义，就是将马克思主义的基本原理同中国

---

① 李克强主持召开国务院常务会议，中华人民共和国中央人民政府门户网站，www.gov.cn，2014 年 2 月 26 日。

的具体实际相结合，就是要使马克思主义和中国革命实践、中国历史、中国文化结合起来，并创造性地加以运用，批判地继承传统文化，使之精华部分融合到马克思主义体系中，从而丰富和发展马克思主义，形成中国化的马克思主义理论体系，使马克思主义在中国实现民族化和具体化。马克思主义与中国实践、中国传统文化精华相结合的认识论和方法论，不仅使我国彻底摆脱了半殖民地半封建社会，而且成就了当前强大的社会主义中国。没有中国化马克思主义的正确指导，就不可能有今天的幸福生活，实现民族复兴也就没有科学可行的方法论和政治哲学。

中国化马克思主义哲学，不仅是中国全面建成小康社会、实现民族复兴的伟大中国梦的认识论和方法论，更是指导全国各行各业开展物质文明和精神文明建设的主导哲学。对培养社会主义事业合格建设者和可靠接班人的各级各类教育而言，不仅要坚持理论自信、道路自信、制度自信、文化自信，而且课程建设也必须奠基于并贯穿中国化马克思主义哲学。

一切源自西方的实用主义课程、科学主义课程、结构主义课程，抑或是学术中心课程、学生中心课程等，虽然在我国也进行了中国化改造，但还是"水土不服"、倍受诟病。究其根本原因，正是因为这些课程范式的哲学既不完全符合马克思主义，也不完全符合中国传统儒学。我们必须清醒地看到，中国人自古以来一直秉持"德性"为先的人才价值观，而且德性养成一直秉持"师传生受"、"家教渊源"以及自我"觉悟"、"内省"、"反思"——是敬师性的自律，是尊师性自省的德性养成方式。而西方公民（国民）道德的养成却是奠基于皈依宗教、教士的教化以及自我向神的忏悔与觉醒——是超人类的神律、他律的德性养成方式，这正是中西德性课程的本体区别。同时，中国人学习知识技能（自然科学、社会科学）的方式方法都是以社会实践检验、社会公认和接受为前提，就是齐家、治国、平天下的共治知识技能学习方法和目的的反映。而西人学习知识技能方式方法却是数量化，以个人创造和占有技能、个人实用为基础，是个人英雄主义的知识技能学习方式和目的，这正是中西技能课程的本体区别。再有，中国人自古以来强调的"天人合一"、"宗族延续"的精神建构凸显人在对自然敬畏、合理应用、适度改造中获得精神满足——道法自然是精神至善的基本学习方式，而西人精神建构却是在宗教信仰、宗教信条规劝中的向神性学习。最后，由于西方实用主义、个人主义思潮等传入中国并蔓延开来，遮蔽和裹挟了中国传统文化精华。但是，我国自古以来只有对天、道、祖宗的敬畏，并没有遵循宗教信条的文化渊源。不仅当代绝大多数中国人不信宗教及其教条，也没有宗教信仰的必要，而且自古以来绝大多数中国人也不信宗教及其教条，只笃信祖宗荫护，荫及子孙，泽被后世。因此，正是由于我国当代接受了西方的实用主义、个人主义、量化世界才是可认识的世界等理论，而根本不接受，也没有必要接受西方宗教及其信条。绝对个人主义取代了宗族主义和利他主义，才导致了我国当代德性下滑、物欲蔓延、自私泛滥、生态危机、娱乐至死等。因此，正因为非宗教信仰是宗族信仰的文化渊源、是中国区别于西方的精神特质，所以中国特色课程范式的哲学基础只能是中国传统文化精华融入马克思主义的中国化马克思主义，而不是西方的其他主义。

三、中国特色大学课程模式

中国化马克思主义是中国当代课程范式的哲学基础，我国当代中小学课程及其实施一直强调基础知识、基本技能、基本价值理性。而我国当代大学课程及其实施尤其强调高深知识技能和至善价值理性，大学生的至善德性和从业道德，民族经典文化传承与创新，科学技术创新与应用等。因而中国大学课程是人（大学师生）、高深知识技能和至善价值理性、至善社会建构等三要素交集的建构，这也是中国特色大学课程建设的基本范式。

（一）大学师生是大学课程的主体

课程是师生对人类知识经验和价值理性的人格化建构范畴，课程是建基于人和为了人的课程，人是课程的本体。大学师生既是大学课程的开发主体、开发依据，也是大学课程的受体、实施的载体。从课程的实事性而言，既有大学教师理解、开发、实施、觉察的课程，也有大学生理解、认知、觉悟的课程。也就是说，大学教师实施的课程（即使是绝对善的课程）并不完全是大学生能接受和都接受了的课程，大学生意愿、祈求的课程也不完全是大学教师给予的课程，只有大学师生共同意愿、共同建构、共同止于至善的交集课程才是本真大学课程。从教学效果的实然性来看，之所以出现大学教学质量不尽如人意，其根源就在于大学教师教的课程与大学生学的课程的交集值太低，甚至是大学教师所教与大学生所学不是交集，而是并集。虽然大学教师的施教方法和大学生的学习能力的个体差异也可能导致大学教学效果不尽如人意，但在本质上还是课程或者说是隐性课程交集值的差异。换言之，只有大学教师理解、意愿、实施的课程和大学生理解、意愿、接受的课程形成最大值的交集，才能建构生成真大学课程，达成大学教学的最优化效果。

（二）大学课程的核心是高深知识技能和至善价值理性

知识技能和价值理性不仅具有境域性、民族性、时代性、发展性，而且还具有学科性、层级性、条件性、建构性等特征，并且大学教育具有极强的专业性。因此，不是所有知识技能和价值理性都可以纳入大学课程。大学课程可分为校外（社会）课程和校内课程。校外课程是纷繁复杂的，是人化与异化共生共在的，不少知识技能和价值甚至是反人类的。校内课程又可分为显性课程和隐性课程，教学实施的课程也可分为可量化、有载体的显性课程和只可意会不可言传、只能觉悟觉察的隐性课程。对此，只有在特定境域中止于至善的社会需求的高深知识技能和至善价值理性与大学师生意愿构成交集的课程，才是大学课程。也就是说，真正进入大学教学的高深知识技能和至善价值理性仅仅是极少部分——仅仅是那些止于至善的人格化知识技能和价值理性。而且，即使大学教师倾其所有教授学生，即使大学生倾尽在校的所有精力企图掌握自己力所能及的知识技能，也仅仅是传承了极少量的知识技能。更何况，个人及社会发展所需知识技能和价值理性是人在社会生活中不断接纳、内化、实践、体验、创造的存在。从知识是人的知识、教育是人的教育出发，大学课程只能是高深知识技能和至善价值理性、至善世界建构与师生意愿在学校境域中的交集内容。即使是课程标准或教学大纲规定的大学生应该掌握的知识技能，也只能是要求的知识技能与师生在大学境域中的交集。对大学里具体的师生而言，也只能是寻求应掌握、能掌握与要求掌握的知识技能和价值理性的最大化交集值。夸美纽斯所提的把一切知识教给一切人仅仅是教育理想，绝不可能是教育目标，更不可能是大学课程和教学的目标。即使课程能囊括所有的止于至善的知识技能和价值理性，师生也只能在有限精力和时空中传承、掌握、创造其有限的部分，而不可能是全部。

（三）至善世界建构既是大学课程的源头和归属，也是大学课程的价值尺度

大学师生既是社会人，也不全然是社会人。从物质生活和生命体延续的视角而言，大学师生是社会人的一员。从爱的共同体、至善世界建构的精神生活而言，大学师生是有别于世俗化、功利化、庸俗化的社会人。大学师生是趋向善、引导善、成形善、固守善的弃恶扬善的建构者、中坚力量，这是社会给予大学师生的规定性。把大学师生定格为绝对社会人的传统人论，不仅滋长了大学教育的功利化，而且也遮蔽和裹挟了大学是坚守正义真理自由至善、培养人才、传承文明、创新科学技术、以学术服务社会、引领社会趋善等的圣殿的本质。大学是一个小社会，但却是一个相较于大社会更为单纯、更加善化的社会，这是"象牙塔"大学的本质规定。对建构爱的共同、至善社会而言，正是因为有了大学及其师生的特定存在和功能展示，才弱化和消解了整个社会的险恶、怨恨等因素。正因为有了大学及其师生的善的奉献、规劝、引领、建构，才在一定程度上遏制了知识技能和价值理性的异己力量的膨胀，才有效引导了社会知识技能和价值理性的适人性发展。因此，仅是与大学师生趋善意愿的交集的至善社会知识技能和价值理性的那一部分，才是可进入大学教学课程的知识技能和价值理性，而不是全部。当然，大学师生意愿的、趋善的、发展的知识技能和价值理性也只有被社会接纳、认可，才能展示其建构至善世界独有的文明传承和创新、科学研究等社会功能。同时，必须清醒地看到，教育不是万能的，教育只能消解有限的社会危机，大学教育的课程不仅不可能是社会全部的知识技能，它只是高深知识技能和至善价值理性的一部分，也不可能让大学教育及其课程代替政治、经济、军事等功能并化解社会危机。当前，社会要求课程，尤其是大学课程必须以化解社会问题为根本价值取向，实质上是基于功能主义、实用主义的视

角。即仅仅看到了教育是以经济为基础的上层建筑，教育必须为经济服务的这一属性，并没有看到教育也有其自身规律并反作用于经济基础，并致力于至善世界建构的本己作用。社会需要什么人，大学及其课程就必须为什么人服务，这种把大学及其课程看成是社会的一个因素的理念和行动很是值得深思与警觉。

另外，知识技能和价值理性与社会需求之间也是相互交叉的，这是由知识技能、价值理性和社会的属性所规定的。知识技能和价值理性是一种以整体和部分的存在形式为前提的存在关系，不论是经验还是理论知识技能，也不论是隐性还是显性知识技能，其中总有一些知识技能不仅是异化于人的异己力量，也是异化于社会的异己力量，是"致毁知识"。因此，只有与世界至善建构、师生人格至善建构相交融的知识技能和价值理性才能成为大学教育的课程。止于至善的知识技能和价值理性的人格化有效建构过程，是克服知识技能、人、社会等异化的异己力量。

总之，不仅课程实施过程及其效果是超单数的建构过程，课程开发也是超单数的建构过程。课程开发是师生、知识技能和价值理性、社会三者交集的人格化的不断建构过程，是追求最大交集值的建构过程。其中，师生是课程的主体和直接归宿，知识技能是课程的核心与内容，社会既是课程知识的源头，也是最终归宿和价值尺度。

第三节　破解我国当代大学课程建设的困局

随着经济和科学技术全球化以及高等教育大众化的深入发展，大学毕业生的就业已成为重大的民生问题。但是，从我国经济社会对人才的需求和全国每年各地的"用工荒"情况来看，我国大学毕业生需求并不是过剩而是不足。究其原因，是人才培养过程及其质量出了问题，而人才问题的根源与大学课程建设改革和执行不力，大学人才培养方案与课程设置未能摆脱困局，大学人才培养与社会对人才规格的需求严重脱节等不无关系。

一、我国当代大学课程建设困局的现状

当前，一方面大学毕业生就业、找到心仪的工作极为艰难，另一方面各行各业招不到员工、招来的大学毕业生用不上，"用工荒"等现状又极为严重。究其原因，大学课程设计、改革及实施等未能摆脱困局有不可推卸的责任。

（一）大学课程建设速度滞后于经济科技全球化和高等教育大众化的发展步伐

我国当代高等教育仅用了 30 年就完成了西方用了 300 多年时间才完成的从精英教育向大众化教育的转型。也就是说，通过行政手段和资金投入，我国当代高校学生数量及毛入学率在本世纪初就已经实现了大众化。但这仅仅是规模和数量上的大众化，而大众化、普惠化的高等教育教学质量提升的力度却相当有限。1995 年全国本专科在校生 290.64 万人、生师比为 7.25∶1。① 而到 2013 年全国本专科在校生已达 2468.07 万人，生师比为 17.53∶1。② 近 20 年时间，在校本专科学生规模确实实现了大众化，而生师比也发生了巨大变化，加之不少高校的专任教师的教授和副教授只给研究生上课或兼职行政，大学实际的生师比远远高于公布的平均数。这就使得各级各类大学的一线教师不得不疲于应付巨大的教学任务，而无暇顾及课程建设与改革和学术研究。甚至使许多原本实施小班化教学的课程也不得不改编成大班化讲授，减少实践练习及其指导的课程实施。从实然的现状来看，当前不少大学的课程建设与改革，在很大程度上已经降格成适应规模化、大班化、为完成教学任务的课程实施，以适应扩招的大学生并使其能顺利毕业。原本是高深知识技能传承创新的大学课程建设与实施，已经明显地退化为恶补中学基础知识技能的，适应大班化教学的课程实践。简言之，大学在校

---

① 《1995 年全国教育事业发展统计公报》（高教部分），《中国教育报》1996 年 4 月 19 日。
② 《2013 年全国教育事业发展统计公报》，《中国地质教育》2014 年第 4 期。

生、毕业生、招生等的数量已然实现了大众化，但大学课程建设与实施，在整体上不是提升了，而是有所退化。

（二）大学课程建设与改革的学术研究起步太晚，且发展缓慢

世界发达国家的大学（本科及以上教育）课程改革肇始于 20 世纪 60 年代的美国，而我国对大学课程进行学术考察却是在已经实现高等教育大众化之后的 21 世纪，且研究范式几乎未超越中小学课程论研究范式。从课程的定义、目标、实施、评价、建设等都不同程度地套用中小学课程论的既成范式，或在中小学课程论的相关概念前加"高等教育或大学"，甚至有些研究直接绕开或不界说大学课程概念，而直接谈应如何做大学课程建设与实施。这些只谈应该做而缺乏理论基础的大学课程研究范式，甚至还延续计划经济体制时代的大学课程建设范式，不仅响应者为数寥寥，更成了被批评的靶子。不仅如此，当前，还有部分大学教育管理者和部分一线大学教师与学者公开反对进行大学课程改革和实验研究。他们认为，大学课程危机的本因不是理论研究不足而是实践及管理乏力，大学教师研究的是学术和技术创新问题，大学课程教学论是从事高等教育学研究的专家和学者的事。相较于国外大学课程的学理和实验研究而言，国内大学，尤其是新升普通本科大学的课程理论和试验研究才刚刚起步，而且阻力不小，研究和试验的人也不多，且发展相当缓慢。

（三）大学课程哲学基础从一元哲学向多元哲学泛化

众所周知，我国当代教育哲学深受苏联教育哲学的影响，课程范式基本上是赞科夫模式的翻版。但是，随着我国义务教育课程改革的深入和高等教育大众化的深化发展，赞科夫模式的课程论首先在义务教育阶段被摒弃，取而代之的是以马克思主义中国化的义务教育课程理论与实践的理论体系。而我国当代的中高等教育课程理论与实践范式，呈现出结构主义、实用主义、人本主义等的独立范式与中国化马克思主义相统合的范式的多元并存状态。由于课程论哲学基础的多元范式并存，就使得高等教育课程的定义、课标、建设、实施、评价的内涵与外延等呈现出各自自圆其说的无公认状态。

这种莫衷一是的课程哲学及其范畴的多元化，不仅使得学界对大学课程真实定义很难统一，甚至认为没有必要统一。于是不少师生、教育管理干部也就仅仅根据自我体验来认知和实践大学课程的内涵与价值。

（四）数字技术的快速发展正在消解大学课程固有结构

随着数字技术，尤其是 AI（人工智能）的快速发展，不仅教育方式发生了改变，而且教育认知、知识范畴、课程结构、教学结构、教学价值理性等也都发生了巨变。仅就大学课程建设而言，随着数字技术的迅速发展，点状碎片知识的使用正在遮蔽固有系统化高深学问的传承、学习和创新。数字化结果的简单使用正在取代高技能的人本化固有训练与养成，人与世界会话的固有课程开发模式正在被人与 AI 等工具的会话模式取代。人与灵魂碰撞而提升理性的课程实施固有模式正在被人与工具和机器的互动模式取代，人与人在特定场域内精神意象交互生成的固有课程伦理，正在被人与数字工具呈现信息的自我情感价值体认取代，人与人精神意象交互生成的固有课程评价与反馈模式正在被人对 AI 量化结果的接受模式取代。也就是说，随着数字技术、AI 的快速发展，作为课程核心要素的固有主体的人正在被弱化，被消解。当前大学课程的本体正处在追求无主体、无主题和复归主体、回归主题的交织状态之中。这就使得大学课程的定义、课标、实施、伦理、评价等也呈现出概念模糊状态。

（五）大学课程引进及其中国化再造乏力

我国大学课程建设大致经历了 3 个阶段：引进苏联模式时期（新中国成立前后到 20 世纪 80 年代前），结合苏制的中国化改造时期（80—90 年代），当前处在自主开发课程和引进发达国家大学课程并举时期。

当前，我国大学课程不仅自主开发乏力，而且在引进域外课程及其中国化的再造过程中也显得力不从心。虽然国家主张大学应结合中国国情或省情自主办学，创建一流大学，开发特色课程，但因缺乏可借鉴的成功经验，只能"摸着石头过河"。由于西方一直推崇大学教学自由、学术自由、学术研究无国界，国内不少办学者、理论研究者就去域外找经验、找根据，或引进域外知名大学的办学理念、管理体制、课程教学计划、课程开发模式，或直接把域外某高校某专业的课程计划和所用教材等一字不落地照搬到国内，但往往"水土不服"，效果不尽如人意。深究其引进与开发效益不高的原因时，一些人就把它归责于国内办学体制、学生学力不强、配套资源不足、师资水平有限等等。事实上，即使这些因素真是制约因素，也只是外因，其内在本质的东西是我国大学及课程有其独有的哲学基础、精神信仰、境域条件和价值理性。一切拿来主义的大学课程如果中国化、本土化、境域化再造不力，不论是借鉴的，还是照搬的，都因缺乏承载之基和发展之力而成为"四不像"的课程。

"从国家精品课程资源中心监控情况看，可访问率为优良的课程只有 65.07%，有 23.77% 的课程只能偶尔访问或根本就不能访问……只有 9.1% 的学生经常浏览精品课程网站，51.4% 的学生只是偶尔浏览。"[①] 而且 "66.67% 的高校很少使用，只有 19.44% 的高校在教学当中经常使用，另有 13.89% 的高校根本不使用精品课程"[②]。国家精品课程开发、应用和社会需求之间的脱节现象进一步折射出我国当代大学课程建设极为乏力。

二、我国当代大学课程建设乏力的原因透视

国人一直在倡导大学不是大楼多、占地面积大的学校，应该是大师云集、培养大师的学府，但是，为什么从大楼多、占地面积大、在校学生数量大向培养大师、高技能复合人才转型就乏力呢？

（一）大学深化内涵式发展未找准突破口

从国内各大学发展的规划来看，绝大多数大学都强调"以改革创新为动力，以学科建设为龙头，以师资队伍建设为重点，以教学为中心，以提高教学质量为生命线"等等，但很少有大学把"课程建设"放到核心或中心地

---

① 潘爱珍、沈玉顺：《国家精品课程建设回顾与检视》，《高等工程教育研究》2012 年第 3 期。

② 秦炜炜：《国家精品课程发展十年现状调查》，《中国远程教育》2013 年第 8 期。

位加以重视和实践，甚至有的大学在发展规划中根本不提课程建设问题。而且"高教三十条"（教高〔2012〕4号）也未把加强大学课程建设与改革单列条目，这都凸显出国内各界仅仅把大学课程等同于科目或课堂教和学的中介，只重视显性课程、忽视隐性课程，而未觉察"走以质量提升为核心的内涵式发展道路……落实文化知识学习和思想品德修养，创新思维和社会实践，全面发展和个性发展紧密结合的人才培养"①的核心和抓手正是大学课程建设与改革。造成大学课程未被纳入大学内涵式发展的中心工作的根本原因，还是基于量化管理学视角下大学是一个组织、一个机构的认识论——仅仅把大学课程界定为量化模式的教师的教和学生的学的显性课程。因为隐性课程不能量化，不能做量化测评，所以明知大学课程是大学深化内涵式发展和提高教学质量的工作重心，也只能把大学课程建设降格成学校管理中的一个环节、一个分支。殊不知，"大学在应对社会发展提出的新要求时，往往以课程为突破口，注重通过改革大学课程，增设新的课程，改革大学课程结构，来增加新的职能，满足社会的需求，进而达到改革大学教育的目的"②。而大学课程建设与改革不仅仅是教师、教务管理部门就能解决的问题，它是学校顶层设计、校风、教风、学风、管理目标、人才培养目标、师资队伍建设、教学科研、资源配置等的观念化和具体化的形态之一，是承载大学精神、理念和形式的核心要素。因此，新常态下大学深化内涵式发展，提升教学质量的核心和突破口是大学课程建设与改革。

（二）对大学课程定义的多元认知肢解了大学深化内涵式发展的合力

正是因为我国当代课程论研究呈现出所谓的百花齐放、百家争鸣的态势，使得我国学界对课程定义及其解读也呈现出结构主义、实用主义、人本主义、科学主义和马克思主义中国化等不同哲学基础的不同定义。我国当代大学分为研究型、研究教学型、教学研究型、教学型大学，在同一层级、同一类型的大学也对课程及其建设有不同的解读和操作范式。这就使

---

① 《教育部关于全面提高高等教育质量的若干意见》（教高〔2012〕4号），[EB/OL]. http：// www.moe.edu.cn/。

② 郭德江：《美国高校课程思想的历史演进》，中央编译出版社2007年版，第2页。

得每个人都明知不论是什么大学，都应该形成深化内涵式发展的合力，但实际操作中却是相互掣肘、分力无限。深究其原因，正是因为对大学课程及其建设本质的认识和理解各有不同，并且操作范式也有差异，也就很难形成深化内涵式发展的合力。事实上，任何学派、任何大学的课程都是培养人才、传承文明、发展科技、服务社会的唯一桥梁。大学课程是人的生成和建构至善世界的重要中介。对此，只有回到原点——回到课程是人的课程那里直观其本质，而且也只有认清课程的本质，从本质上加以界说和理解，形成操作的合力，复归大学课程及其建设的自明之序，才能开发真正的人本课程，实现大学教育从单纯规模的大众化进身为综合质量效益快速提升的普惠化发展。

（三）国家意愿、大学理想、师生需求的不协调，使大学课程建设偏离其内在规律

虽然我国大学课程建设呈现出"从边缘到中心、从'重教'到'重学'，从课程开发到课程理解，从封闭单向到开放互动"[①] 的发展趋势，但是，在新常态下，国家不仅希望大学深化内涵式发展，更希望培养生产一线用得上、出成效的高素质应用型人才。就业是民生之本，"普通本科高校向应用技术型高校转型"等国家价值取向，要求大学课程建设与改革应凸显应用技术、突出动手技能的提升和适应经济结构调整对人才的需求。大学理想的课程转型并不是突变性的能转就转，大学课程转型不仅受制于既有师资、专业、设施，而且受制于大学既定的顶层设计、精神文化、教育教学管理模式等。大学课程建设及办学模式转型是一个渐变过程，如果实行一刀切的突变式转型，那么老问题没有解决，新问题又会暴露出来。再看看我国当代大学教师群体，除了极少数学者抱着良心在从教和进行学术研究、课程开发外，还有多少教师有能力、有意愿和去功利化地开发高质量的大学课程？有学者认为，"高质量的课程建设意味着高校提供的课程首先是有质量保证的，其次还要能真实反映学生需要，再次是高校课程质量标准与学生质量认识基

---

① 刘献君：《高校课程建设的发展趋势》，《高等教育研究》2014 年第 2 期。

本上能达成一致"①。然而，大学提供的课程质量保证的标准是什么？同样的课程质量标准是否适用于不同类型、不同层次的大学？主流大学生群的课程需求究竟是功利的、娱乐化的还是理性的、苦行苦修的？究竟是大学课程建设适应学生需求还是学生应适应大学课程建设规律？大学课程建设究竟应建基于学生的需要还是建基于社会的需要，抑或是统合？不能用义务教育的课程建设理念来指导大学课程建设与改革，大学课程中的高深学问、高级技能、至善知识理性、健全的人格不是自在生成的，而是苦学、苦练、苦思、苦行和不断建构的。因此，必须整合国家意愿、大学理想、师生意向和本质意义的大学课程建设规律等，进而深化大学课程建设与改革。

（四）新升普通本科大学缺乏有效的课程建设、改革及操作范式

当前，我国除了 985 大学和有几十年办学经验的知名老牌大学能够自主开发特色课程，或有效整合域外大学课程，不少新升普通本科大学均严重缺乏有效的课程建设、改革、开发能力。不少新升大学在其升格之初，宏观课程的顶层设计基本上是主办政府（公立高校）和企业（民办高校）规定的。中观课程建设主要是借鉴或照搬老牌大学的课程模式，甚至沿用老牌大学某个二级学院的人才培养方案。微观课程实施不仅教学计划、课程标准等残缺不全，而且课程实施、评价、管理等随意性和教师自主性都很大，学生选课、评课流于形式的现象比较普遍。当然师生学力、素养、价值观、教风和学风等也与社会期待的"二本"有较大差距。就其本质而言，新升普通本科大学虽然定格为"教学型"大学，培养应用型高级专门人才，但课程实施却普遍存在教师按一成不变的人才培养方案及其规定课程完成教学任务，学生按照教学计划学完相关科目以及修满学分就毕业等现象。也就是说，当前不少新升大学都缺乏有效的课程建设及操作范式，即照搬老牌大学的课程范式而缺乏校本开发，人才培养方案、课程建设、课程标准一成不变，以及因师设课等现象较为严重。课程实施方案随意取舍调整，教师没有课程开发任务的刚性规定，教师只有选择教材和施教的义务，学生选择教师和选择课程

---

① 朱晓刚：《论我国高校课程的范式转变》，《高校教育管理》2015 年第 2 期。

也只能在校内做有限选择或根本无从选择等现象较为普遍。但是，从公布的数据来看，新升普通本科大学实际上已经占据了我国当代大学数量的绝大多数。而从就业质量、数量来看，教育教学质量最为堪忧的也正是那些不注重课程建设的新升普通本科大学。

三、新常态下我国大学课程建设的路径

大学课程之所以陷入学科化、功利化、技术化、数量化、本专科教学同质化等困局，就其本质而言是课程发展已经陷入异人化、超人化，它已经与大学的本质和社会对人才的本真需求渐行渐远。要破解该困局，必须回到大学和课程及其建设本身，从至善人格养成的原点出发去实施大学课程建设与改革。

（一）大学课程建设与改革是大学发展的工作重心和抓手

不论是新升大学还是老牌大学，学校硬件建设、机构设置、专业搭建、基础设施等物质基础都非常重要。而课程建设与改革是大学持续健康发展的工作重心，是突破口，是抓手，是龙头。对已然存在的具体大学而言，必须跳出想当然地先确定要申报某个专业或学科，再确定其人才培养方案，再预设其支撑的课程建设等范式，而必须回归首先调查社会对人才需求，然后进行已有相近专业的课程建设改革的试验和实践，同步引进或培养师资队伍和积累课程资源，然后论证人才培养方案，最后申报相关专业或学科，并在人才培养中不断改进课程这一逻辑。没有课程建设、改革与创新，学生学习、体验、健全人格、提升素养等就缺乏有效中介，也就不可能培养出高素质毕业生。教师缺乏积极主动参与课程建设、改革，教师就只能是他人知识或教材的搬运工，要想成为大师也就没有动力和承载的基础。一个专业、一个院系、一所学校如果没有浓厚的积极开发课程的文化氛围，仅靠极少数教师抱着良心从事课程建设与改革，申报获批的特色专业、特色学校也最多是名称上有点特色而已。也就是说，大学必须找准让广大师生发展的动力源，这个动力源就是课程建设，这也是党中央要求"推动高等教育

内涵式发展"①,"培养高素质劳动者和技能型人才……促进高校办出特色争创一流"②的关键所在。"内涵式发展","人才培养去同质化"和"高校办出特色"等的基点和抓手就是课程建设与改革。只有不断建构高质量的课程及其体系,教学和科研才有了承载之基,高素质毕业生,高质量的就业率和社会服务效益才有了基本保证。

(二)回到课程本身去理解和建设大学课程

大学课程建设是高深学问、高级技能和至善价值理性的师生人格化建构范畴,这是大学课程建设与改革的本体。只有回到这个本体,才能真正建设有效的大学课程。即使新常态下的大学生学力相较于精英教育时代的大学生的学力有所下滑,但针对即将以完全伦常人格置身于社会的大学生而言,掌握、应用、创造高深学问和高级知识技能固然重要,而健全人格、形成科学的世界观人生观价值观更重要。"德才兼备、德行为先"是大学毕业生进身为社会人的价值标准,而且直接反映大学培养的人才规格、折射大学的办学质量及其课程体系。同时,知识经验、学问技能在 AI 飞速发展和快速普及的当代与未来,并不要求大学生能记住多少知识技能,而是产出多少知识技能——使用已知或已有知识技能进行生产、生活和产出新知识技能。高深知识技能的人格化再造是养成完全意义伦常人格的桥梁,而且,人格至善建构中的精神正是克服高深知识技能异化于人的本己之力——精神理性直接指引、选择符合伦常人格建构的人化知识技能,并抑制非人化知识技能的蔓延及其异己力量的膨胀。对大学教职工而言也是如此,高深知识技能、大学精神以及教职工的人格等不是既定不变的,而是不断建构和提升的。大学课程建设和改革过程、价值取向、建构范式等既指向师生高深知识技能的提升,也指向师生人格至善的丰盈。大学教师以其人格至善的丰盈进程既促进高深知识技能和至善价值理性人化发展,也作为隐性课程作用于学生人格至善进

---

① 胡锦涛:《坚定不移沿着中国特色社会主义道路前进　为全面建成小康社会而奋斗》,人民出版社 2012 年版,第 35 页。

② 《中国共产党第十八届中央委员会第三次全体会议文件汇编》,人民出版社 2013 年版,第 63 页。

程和发展大学精神。因此，回到师生人格至善建构过程本身来进行大学课程建设与改革，是大学课程建设观念解困的突破口。

（三）建构交集课程建设范式是大学课程建设实践的解困之道

从大学的本质功能来看，大学课程建设是培养人才、传承文明、创新科技、服务社会等的重要途经。基于这一本质功能的直观，大学课程应是教师意向，学生意愿，社会对人才和科学技术的需求，知识技能和价值理性内在发展及其习得与创造规律等要素交集的课程。这是因为：其一，学术中心课程或学科课程不仅有价值中立的知识技能，而且有异化于人的知识技能，因为任何高深知识技能都具有极强的双刃剑属性：既可以解放人，建构爱的世界和至善共同体，也可能毁灭世界或使人成为工具的奴隶，霍金等当代知名学者警告"如果没有针对人工智能的安全防护措施，可能导致人类的未来变得黯淡，甚至让人类灭亡"[1] 正说明了这一点。其二，社会潮流价值取向在一定时期并不是社会主流价值取向，也不一定是至善价值理性，但却可以影响大学课程建设方向及其效果，甚至产生负能量的影响。当前中国社会的德性危机、功利主义、实用主义、娱乐至死等价值取向，不仅冲击着大学课程建设及其效果，甚至是掣肘大学课程本质规律运行的因素。其三，当前，不仅大学教师的课程实施、科研技能提升和人格建构备受功利化、世俗化甚至庸俗化的冲击，而且大学教师理解和实施的课程既有教师的个体性差异，也有与学生理解和接纳的差距，甚至是正负对立的差异。如严谨的教师强调高深学问技能的苦学苦练和人格至善的苦修体验养成，但不少大学生却以世俗功利需求和惰性扩张来应付。另外，大学在培养人才、传承文明、创新科技、服务社会的价值理性与实践，以及大学课程建设等方面也倍受被功利化的就业率所掣肘。因此，师生人格的共同至善建构，知识技能的适人性再造，社会本真至善价值复归等交集的课程建设范式，才是我国现代大学课程建设、改革和创新的基本范式。只有师生意愿和社会需求与课程建设规律相

---

[1] 《人工智能危及人类？霍金等科学家呼吁防其政变》，2015 年 1 月 14 日，http：//people.com.cn/2015/1。

谐调的适人化知识技能才是真正的大学课程。

（四）把前沿知识技能和至善价值理性及时整合进课程实施是大学课程建设的基本行动

众所周知，随着科学技术的快速发展，知识技能更新速度的加快，除了人格至善的不断提升是不变的主题外，任何教材、课件、精品课程等的使用周期都将快速缩短，人才培养方案与大学课程实施的效度和信度的延时性也将很快被突破。而且，必须深入觉察到大学人才培养在很大程度上就是职前教育，科学技术更新和产业结构调整对从业者素养的需求是日新月异的。对此，大学一线教师再也不能一本教材、一册教案讲一辈子，而必须适时把所承担课程的最前沿知识技能，至善价值理性及时整合进课程实施之中。教师们不仅要研究学术，进行知识技能创新，而且要把最新研究成果融入到课程实施之中，改革已有课程，开发新的课程，传授最新的知识技能，培育至善人格。大学一线教师与科技人员的本质区别就在于，教师不仅要做学术研究，而且要把最新的成果转换成课程内容传授给学生。当前，高校一线教师应从 MOOCs，专业招生退出机制，网络新知识技能的便捷化获取等的快速发展中警觉到大学教师的职业危机。如果不做课程开发，没有新东西吸引学生，不仅学生不选你的课，而且自己的学术研究、课程实施也将失效和失信。对在校大学生而言，不能修完学分、考试过关就万事大吉，必须基于自我就业、事业和人格至善建构等的需要，广泛涉猎和体验各种新知识、新技能和至善价值理性，通过自己合理的新知识技能及至善人格养成的需求，倒逼大学及其教师进行课程改革和创新。这才能使自己体验到大学生活的本真意义，才能积累在激烈的国际竞争中赢得自己事业和人生发展的巨大资本。

总之，我国已然进入高等教育大众化深化发展的新常态，深化内涵式发展、提升教学质量的工作抓手就是破解大学课程建设的困局，工作重心是大学课程建设改革与实践。对此，只有回到课程本身，回到人本身，澄清大学课程及其建设的本质，从大学课程的本体出发，确立大学课程建设、改革和创新是大学持续健康发展的工作重心和突破口，建构起大学师生意向、课程建设规律和社会至善价值取向等交集的大学课程建设范式，并积极实践。

只有破解了高校课程建设的困局，深入开展高校课程建设与改革，才能真正提高教学质量，才能办好人民满意的大学。

第四节　直观我国当代大学课程建设的趋势

华中科技大学的刘献君教授认为，中国大学课程建设的发展呈现出"从边缘到中心，从'重教'到'重学'，从课程开发到课程理解，从封闭单向到开放互动"① 等趋势，该研究结论是对我国当代大学课程建设所显现的现象的有效归纳。课程建设既有显性的建设，也有隐性的建设。从体验的课程建构来看，我国当代大学课程建设呈现出以下趋势。

一、大学课程建设的哲学基础从多元泛哲学回归中国化马克思主义哲学

任何课程建设都必然有其哲学基础。哲学是课程建设的先导，它奠基和决定着课程建设的范式及其效果。从 20 世纪 70 年代末恢复大学正常招生以来，中国大学课程建设的哲学基础大致经历了三个时期——课程哲学恢复与摸索时期、国外多元课程哲学引入与国内泛化试验时期、马克思主义中国化课程哲学建构与深化时期。

（一）课程哲学恢复与摸索时期

恢复高考后的十年左右，是中国大学课程建设哲学的恢复与摸索期。在这个时期，中国大学课程建设既有对"文革"前苏联大学课程范式的恢复，也有对"以经济建设为纲"的大学课程哲学的摸索和试验。这一时期大学课程建设的政治哲学倾向非常明显——"弃阶级斗争为纲转向以经济为纲"，恢复国民经济，培养精英人才等是大学教育及其课程建设必须遵循的

---

① 刘献君：《大学课程建设的发展趋势》，《高等教育研究》2014 年第 2 期。

哲学基础。大学课程建设明显地凸显着为课程而课程，为教学而教学的倾向，大学课程实施凸显出"短、平、快"和完成任务等特征。由于大学生实行统招统分，大学课程建设评价仅有课程审查。由于缺乏大学课程建设的相应标准，大学课程开发凸显出恢复还是再造大学课程的价值冲突。在课程建设和实施中凸显出"重知识传承，轻德性养成"，"重理论呈现与习得，轻社会实践与动手能力的体验"，"重物质文明建设，轻精神文明建设"等不良倾向。

（二）多元课程哲学引入与国内泛化试验时期

随着 1991 年苏联的解体，我国大学课程建设哲学开始向"弃苏向西"转向——各大学自行引入西方自由主义、个人英雄主义、实用主义等多元哲学。相应地，大学课程建设凸显知识中立、学科课程价值无涉等倾向，尤其是实证科学课程建设和实施的哲学基础，呈现出实用主义、技术主义、科学主义、结构主义、建构主义、人本主义等多元哲学理论在国内各高校自行试验的趋势。各高校、各学科、各专业等成了学科课程、结构课程、过程课程等多元课程的自由试验场。各种课程哲学在大学课程建设试验中呈现出"百花齐放、百家争鸣"的态势，虽然有力地促进了大学课程，尤其是自然科学、工程技术、商业经济等课程建设和试验的蓬勃发展，但是，由于大学课程建设哲学的多元化，使中国化马克思主义哲学仅仅成为大学课程建设哲学的一种。由于大学及其课程建设奠基于功利主义、实用主义、科学主义等西方多元哲学，也就生成了"大学课程的'科学化'、'功利化'和'拼盘化'的现状，使得大学课程失去了培育'人'的价值，陷入了无'人'的危机"①。

（三）中国化马克思主义哲学成为中国当代大学课程建设的主导哲学

进入 21 世纪以来，随着经济科技全球化和高等教育大众化的快速深化，中国引进或照搬西方课程建设哲学所带来的德性滑坡、伦常失范、贪欲膨

---

① 谢冉：《哲学人类学视野下的大学课程研究》，苏州大学博士论文，2013 年。

胀、信仰危机等现象引起了各方的高度关注。在强化党委领导下的校长负责制的高校管理体制下，马克主义中国化哲学主导的课程建设正在获得肯定和确信。在大学课程建设进程之中，不断深化大学"两课"、"毛邓三"是马克思主义中国化哲学的必然。中国化马克思主义哲学成为大学课程建设和实施的哲学基础，而且正在成为大学课程自信、自觉、自建的主导哲学。

　　首先，中国化马克思主义哲学是我国大学持续发展的哲学基础。大学、乃至所有学校教育必须为政治和国家服务，这是我国与其他国家学校教育的本质区别，因为我国绝大多数学校都是党和国家全额拨款兴办的事业单位，学校必须遵从于中国化马克思主义的国家政治哲学。布鲁贝克早就说过："高等教育哲学是政治论的……对高等教育在政治上的合法地位用不着大惊小怪，所有伟大的教育哲学家都把教育作为政治的分支来看。"[①] 而且，我国自古及今的学校教育目的、课程建设及实施等都秉持"格物致知、诚意正心、齐家治国平天下"这一核心理念，心、身、家、国、天下等是中国人的生命和精神的起点与归宿，这与西人的个人即社会，人是宗教的人的起点和归宿是有本质区别的。马克思指出："基督教（宗教）国家的哲学家并没有'很强的'国家观念，这是不言而喻的……教育（国家教育）是使成员成为国家的成员，把个人的目的变成大家的目的；把粗野的本能变成道德的意向；把天然的独立性变成精神的自由；使个人和整体的生活打成一片，是整体在每个个人的意识中得到反映。"[②] 因此，遵循和发展我国的国家政治哲学——中国化马克思主义哲学是我国当代人、社会、大学等持续发展的哲学基础。

　　其次，中国化马克思主义哲学是我国当代大学课程建设的哲学基础。大学是培养人才的场所，课程是培养人才的媒介。而人是精神和生命的有机统一的持续至善建构体，国人与西人的精神和生命建构的媒介是有本质区别的。除了生命的建构的中西同质外，在精神建构方面，西人精神奠基、成形于宗教信仰及其教义的教化，而绝大多数国人自古及今的精神归宿是非宗教

① ［美］布鲁贝克：《高等教育哲学》，王承绪译，浙江教育出版社 1987 年版，第 15 页。
② 参见《马克思恩格斯论教育》，人民教育出版社 1958 年版，第 58 页。

的天、道、伦常的信仰，是"格物致知、诚意正心"的自我觉察与建构。也就是说，大多数西人通过宗教教义的信仰和教化，建构其人之为人的精神部分，而我国绝大多数人是通过天道伦常的课程实施以及教师、典范价值的效仿体验而不断建构其精神和德性至善部分。20 世纪八九十年代引进的多元哲学的大学课程建设在我国"水土不服"、效果不佳，以及大学课程实施及其结果出现德性下滑、价值失序、爱的迷乱、信仰缺失等，就是因为西人除了通过实证科学建构其生命之外，还通过宗教及其教义的信仰而建构其精神之在。而国人不需要、不笃信、不接受宗教教义，因而，精神与生命体验、建构构成了我国课程价值唯一的取向。也就是说，在我国学校中，不仅人文科学课程必须体现精神与生命同构体验的实事性，非人文科学、实证科学课程也必须体现精神与生命同构体验的实事性，这就是中国化马克思主义哲学成为主导我国当代与未来课程建设的本质规定。之所以出现大学教育危机、人才培养危机等，正是因为我国当代不少大学的课程建设及实施（教学）深受实证主义观念支配，导致自然科学、实用科学技术等在大学课程建设与实施中拥有绝对主导地位。究其根源，还是缺乏中国化马克思主义哲学的有力指导。

最后，中国化马克思主义哲学主导中国当代大学课程建设、实施、评价已成为必然趋势。西方多元哲学基础的课程实施及评价，有其在校内实行价值中立和量化评价的课程实施的政治、经济、文化等条件，而且完全把学生的精神至善养育交给了校外的宗教教育、信仰和量化规则等的社会制约。如果我国课程实施及其评价等也照搬价值中立的西方模式，也把人的精神、德性养育交给课外和校外的社会来完成，学生就不可能成为中国特色的德才兼备的人才。对此，在我国，只有把知识技能与德性精神有机嵌入到课程实施进程中，并进行同步养育、建构、升华和强化，才有可能促成完全意义的人格（全人）的生成。因而，我国大学课程实施不是知识技能和价值理性中立的呈现与训练，而是知识技能与价值理性的人性化、人格化再造和体验的过程，这是中国化马克思主义哲学的大学课程建设、实施及评价的基本认识论、方法论，也是中国特色大学课程建设、实施、评价等的必然归宿。

二、重视大学课程建设从边缘迈向核心

随着经济科技全球化和高等教育大众化的快速推进，我国各级各类大学课程建设已经从跟着感觉走的边缘迈向了多层面重视体验与建构的核心。

（一）大学课程建设的国家重视从边缘迈向中心

在我国即将实现高等教育大众化的前夕，教育部针对提高大学教育教学质量的艰巨性和紧迫性，于 2001 年 8 月下发了《教育部关于印发〈关于加强高等学校本科教学工作提高教学质量的若干意见〉的通知》（教高〔2001〕4 号）。该文件对提高本科教学质量提出了 12 条要求，而在本科课程建设方面，该文件仅在第九条提出"大力提倡编写、引进和使用先进教材"。众所周知，课程并不等于教材，教材仅仅是课程的物化形式之一。2006 年《教育部〈关于全面提高高等职业教育教学质量的若干意见〉》（教高〔2006〕16 号）指出"加大课程建设与改革的力度，增强学生的职业能力。课程建设与改革是提高教学质量的核心，也是教学改革的重点和难点"。从而把课程建设提到了提高教学质量的核心地位加以重视。但是课程建设不仅是提高教学质量的核心，还是大学及其教育的核心和抓手。2012 年 3 月，《教育部关于全面提高高等教育质量的若干意见》（教高〔2012〕4 号）指出："走以质量提升为核心的内涵式发展道路……增加实践教学比重，分类制订实践教学标准……开发创新创业类课程，纳入学分管理……全面实施思想政治理论课课程方案，推动中国特色社会主义理论体系进教材、进课堂、进头脑……形成全面反映马克思主义中国化最新成果的哲学社会科学学科体系和教材体系……把社会主义核心价值体系融入国民教育全过程……加强信息化资源共享平台建设，实施国家精品开放课程项目，建设一批精品视频公开课程和精品资源共享课程，向高校和社会开放……实行新开课、开新课试讲制度……"。由此可见，国家层面对大学课程建设的重视已经从边缘迈向了核心。

（二）大学课程建设的校本重视从边缘迈向核心

教学工作是一切学校教育的核心工作，也是各级各类大学开展办学水平评估、教学评估，教学质量评估，迎接合格评估或审核式评估的刚性规定。但是，不同学校对提高教学与人才质量的教师是保证，学生是基础，课程建设是核心的认识和实践却有差异。事实上，已跨入审核式评估的大学，已经或正在把课程建设作为提高教学与人才质量的核心和抓手，已经把师德师风、社会主义核心价值观、中华传统文化精华、教师科研成果、世界前沿科学技术等融入大学课程建设之中。随着办人民满意大学理念的深入，各级各类大学正在快速淡化因师设课，而狠抓课程建设来凸显专业、学科及人才培养特色，正在加大力度强化学科、专业、教师的市场准入或退出机制建设，课程建设是核心已成为各级各类大学提高教学和人才培养质量的实然趋势。

（三）大学教师从漠视课程建设迈向主动深化课程建设

由于我国传统大学课程建设，一直实行自上而下的国家课程范式，致使我国大学课程建设未引起全体大学教师的高度重视，绝大部分教师只是课程的理解者、呈现者、实施者，几乎不关心课程建设。但是，随着人工智能（AI）的快速发展，知识技能泛在和高等教育大众化进入新常态，大学教师的课程建设意识开始觉醒，从不关心到要求必须积极进行课程建设，从课程的被动执行者转型为课程的主动建设者，从只注重课程实施转型为主动开发课程，从只重视显性课程实施过程及其效果转型为注重显性课程和隐性课程统合的建设与创造，从执行他人预设的课程转型为开发建构自我特色课程，从理解课程建设转型为课程建设理解与体验，从只注重教法转型为课程建设与教法、学法、学术研究、服务社会实践等相统合的创新与体验，从只研究学术或技术创新转型为研究范式、教学方法、课程开发等相统合创新与实践体验，等等。究其转型的原因有二：外因是大学教师已经觉察到严重的职业危机——学生选校、选课、择师，AI及数字技术快速发展与普及，MOOCs等的快速发展已经严重地冲击着大学校园教师职业存在——不转型就被淘汰已成为大学教师的基本行动动力。内因是大学教师毕竟是大学教师，其良心、良知、教学信仰、至善精神、人格、敬畏、对至善正义真理自由等的不懈追求，使大学教师自己不仅要做"经师"，还要做"人师"，更要做引领时代的大师。

（四）大学课程建设的学生重视从被动接受迈向主动建构体验

传统大学生对大学课程建设几乎全是被动接受：国家规定什么课程，学校设置什么课程，教师呈现什么课程，学生就接受和学什么课程，考试就考什么课程。但是，随着学生自我人格建构意识的觉醒，就业压力的增大，自我意愿事业的渴求等，当代大学生不仅主动选择意愿的课程，选择教师，乃至通过课程体验而选择专业甚至学校，还积极主动地参与自己意愿和体验的课程建设。不仅要求学校、教师提供其意愿的课程及其资源，主动要求学校和教师指导其课程学习与体验，还主动体验和建构自己意愿的课程，甚至积极主动创造学习课程而倒逼教师和学校改革传统课程。学生高度重视，自觉参与，积极创新课程建设及其体验，已成为我国当代大学课程建设的不竭动力和必然趋势。

三、大学课程建设范式从借鉴迈向创造中国特色新趋势

自恢复高考以来，我国大学课程建设范式大致经历了借鉴新中国成立初的大学课程建设范式，借鉴和引进国外大学课程建设范式，尝试缔造中国特色大学课程建设范式三个时期。

（一）大学课程建设的理论研究从漠视迈向自觉和创造特色

自 20 世纪 80 年代以来，我国大学课程大致经历了国家主导课程、校本主体课程、校本和生本融合课程三个时期。在前两个课程时期，不仅大学课程建设的理论研究专家学者和成果不多，而且研究范式多为借鉴国外大学课程研究范式和借鉴国内中小学课程研究范式，甚至是照搬国外或国内中小学的课程研究范式。同时，绝大多数大学，尤其是新升本科大学几乎不研究课程建设，而是根据直觉照搬其他老牌大学的课程建设模式。随着我国大学课

程进入校本和生本融合课程时期，大学课程建设的理论研究开始繁荣起来。不仅有大批专家学者从事大学课程教学论的深入研究，而且绝大多数一线教师也开始自觉研究大学课程建设和开展课程实施创新试验。不仅有对中外大学课程建设范式的借鉴和对比研究，也有基于自我觉察体验的大学课程建设范式的创建。随着只有深入开展课程建设研究，才能有效提升课程实施效果等理念的深入，专家、学者、大学一线教师积极缔造践行中国化马克思主义哲学基础的中国特色大学课程理论研究和试验范式已成为新趋势。如张楚廷教授在 21 世纪初推出的大学课程建设"五 I"① 模式，已开启了引领中国特色大学课程建设研究的新范式。

（二）大学课程建设实践从个别科目的试验迈向缔造中国特色

我国当代大学课程建设已经从"千校一面，万课一样"的同质传统范式正在向凸显特色，缔造精品转型。不仅有国家层面着力助推的"国家精品课程"，而且各大学也在深化"通识课程"的建设试验基础上，结合各校特色、大学精神和民主复兴等而有选择地开展国学进课堂、进头脑、见行动的试验和体验。每个大学教师不仅在积极地把自己研究、体验和觉察的前沿科学技术和至善价值理性应用于课程实施的实践试验，而且还主动地把科学精神、学术伦理、社会主义核心价值观等有效整合并嵌入课程建设与实施的试验、体验之中。尤其是建构中国特色的"颠倒课堂"、"翻转课堂"的大学课程建设及实施试验，正在成为我国大学课程建设、实施等的新趋势。缔造中国特色的普通本科教育职业化、技能化范式试验已成为我国当代教学型大学课程建设改革的主流。

四、大学课程建设目标从预设迈向体验建构

从布卢姆的认知、技能、情感和应用的课程目标说，到加涅的语言信息、心智技能和认知策略的课程目标说，再到多元智能的语言技能、数学—

---

① 张楚廷：《课程与教学哲学》，人民教育出版社 2003 年版，第 135—151 页。

逻辑技能、空间技能、身体—运动技能、个人内在技能和人际智能的课程目标说，等等，各种课程理论及其课程目标学说对我国大学课程建设都产生了不同程度的影响。但是，随着大学改革的不断深化，我国大学课程目标建设、理解、体验、实现等正在发生变化。

（一）从国家课程目标预设迈向校本特色课程目标理解、体验与建构

我国传统大学课程目标是由国家教育目的、大学人才培养目标、专业培养目标和单门课程目标四个层次所构成的目标体系。《中华人民共和国高等教育法》规定："教育必须贯彻国家的教育方针，为社会主义现代化建设服务，与生产劳动相结合，使受教育者成为德、智、体等方面全面发展的社会主义事业的建设者和接班人……专科教育应当使学生掌握本专业必备的基础理论、专门知识，具有从事本专业实际工作的基本技能和初步能力；本科教育应当使学生比较系统地掌握本学科、专业必需的基础理论、基本知识，掌握本专业必要的基本技能、方法和相关知识，具有从事本专业实际工作和研究工作的初步能力；硕士研究生教育应当使学生掌握本学科坚实的基础理论、系统的专业知识，掌握相应的技能、方法和相关知识，具有从事本专业实际工作和科学研究工作的能力。博士研究生教育应当使学生掌握本学科坚实宽广的基础理论、系统深入的专业知识、相应的技能和方法，具有独立从事本学科创造性科学研究工作和实际工作的能力。"这种国家要求高等教育"应当使本专科生和硕博生掌握知识、具有能力"的课程目标的宏观预设，无疑规定了人才培养、专业和课程的目标。但是，随着高等教育大众化的深入发展、大学课程范式的变革，不论是国家还是学校预设的课程建设目标正在从要实现"应当和具有"向校本特色课程目标理解与体验——在校本特色课程实施中理解、体验、发展国家预设目标。这种理解、体验和发展课程目标，既有师生对"社会主义事业的建设者和接班人"的理解、体验和发展，也有对"应当掌握知识和具有能力"的理解、体验和发展，还有学校、社会对大学教育教学与人才培养等的目标的理解、体验和发展。也就是说，我国当代大学课程建设的目标是在遵循国家预设应实现的目标的前提下，更多的是基于校本特色和师

生本位的理解、体验和再造——校本、专本（专业本位）、人本（师生本位）、社本（社会需求本位）等相统合的理解、体验和建构已成为当前各大学课程目标建设的主流趋势。

（二）从只注重知识技能的掌握向知识技能和至善价值理性有机结合发展

随便打开任何一份我国传统大学的课程教学大纲或人才培养方案，就会发现我国传统大学课程目标一直注重知识体系建设，要学生掌握和了解知识，不太重视学生应用、创新知识和提高动手能力等。随着"大众创新、万众创业"，"建设创新型国家"等理念的不断深入，以及随着大数据范式的扩展，大学传统课程建设目标的知识体系论、系统论已经被打破，随之而来的是大学课程建设目标已经不是知识的呈现、传递和存储，也不是能呈现多少知识，有多少知识载体和存储多少知识的问题，而是能提供多少前沿知识给师生理解、体验和创新，能提供多少先进平台让师生开展知识技能创新和提升养育至善人格，能创新多少知识技能，能把多少最新知识技能和至善价值理性应用于社会实践，能产出多少社会效益等。简言之，掌握、理解、体验、创新和应用知识技能，以及提升服务社会能力和促进大学师生至善人格建构等已经成为我国当代大学课程建设的新范式。大学课程建设规划的核心不再是硬件的扩张，而是软件、知识技能、价值理性（包含德性、理念、思维、习惯等）的师生应用与发展，师生至善人格的养成与提升，知识技能转化为生产力——服务社会并出成效等的理解、体验、建设和实践。当代大学师生更加注重碎片化、境域性、体验性、个人性等知识技能和价值理性的理解、体验与应用。对此，人格德性至善和知识技能应用与创新相结合的新型知识技能认识和实践范式已成为新趋势。

五、大学课程开发从封闭迈向开放互动体验

"课程开发，是使课程的功能适应文化、社会、科学及人际关系需求的持续发展的课程改进活动……课程开发有两种形态，一是立足于学科，分三类……二是立足于系统，分三类。"[①] 中国当代大学课程开发不是有待完善的，而是处于持续建构、理解、体验和创建之中。

（一）大学课程开发从域内迈向世界互动体验

20 世纪 90 年代后期到 21 世纪初前十年，我国大学课程开发，一方面开始大量引进国外课程理念、课程体系，翻译国外教材，直接使用境外原版教材，实施课程教学改革等；另一方面结合中国高等教育大众化发展趋势和国际大学前沿课程开发范式，大力改革传统课程体系、开发多元课程、凸显大学课程的应用价值、强化人文课程和中国传统经典文化"三进"（进课程、进教材、进头脑），开展"四合作"（校政合作、校企合作、校校合作、国际合作）大学课程开发建构等。

当前，中国大学课程开发的新趋势是：从单向的"引进来"（引进课程哲学、课程理念、课程范式、教材等），"请进来"（把国外或校外教师、课程元素、实验器材、科研项目等融入课程开发）向"走出去"（在国外或校外设分校，外派教师和学生，传播推广中国特色大学课程等引入国内具体大学），"共建共享共发展"（国内外课程互认、学分互认、学历互认、协同学术研究、资源共建共享、学生互换等）。高等教育一体化（国内外同层次高校一体化，本专科院校课程开发一体化和学制贯通化，本硕课程一体化，校企合作一体化，教、学、研、产、创一体化等）转型已成为我国当代大学课程开发的总趋势。

（二）大学课程开发从只注重教材建设转向课程多元开发体验

由于对课程内涵理解有偏颇，我国不少高等教育管理人员、高等院校及其师生都认为课程就是教材，使得我国传统大学课程开发一直偏重于大学具体专业的教材建设与使用，不太重视大学课程哲学、课程理念、课程环境、课程主体等要素的开发。也就使专家学者编撰教材大纲，教师解读教材大纲，学生学习考试教材成了我国传统大学课程开发的主要范式。但是，随着科学技术的快速发展，以及人们对教材与课程等认识的不断深入，我国当

---

① 顾明远：《教育大辞典》，上海教育出版社 1999 年版，第 896 页。

代大学课程开发已迈入新常态：从单一指定执行课程大纲转向课程目标的多元理解、建构与体验，不少大学及其教师已经不再指定教材，而注重学科前沿知识技能和至善价值理性及其目标在课堂境域和实践实训中的师生互动体验；注重科学研究或技术使用与较之理性在具体境域中的师生体验、发现或生成、创造，不仅注重前沿知识技能的当下习得与创新，更注重知识技能与人文精神相结合的境域性、人格化的互动体验与建构。从国家、专家学者的大学课程开发转向世界眼光、校本特色、学科前沿、专家学者与师生和行业专业人员等的多元互动理解和体验开发，从域内封闭单一专业科目深化发展转向跨国际、跨文化、跨学校、跨学科、跨专业、跨年级、跨行业等多元统合的互动体验与建设……总之，构建独具民族特色和世界共建共享、互动体验的课程，已成为我国当代大学课程开发的新趋势。

六、大学课程实施从"重教"迈向德性至善为先的教、学、研、产、创多元体验过程

"课程实施是将课程方案付诸实施的过程，是达到预期课程目标的重要手段。"[①] 刘献君教授认为："大学课程建设的趋势是从'重教'到'重学'，即从以'教'为中心到以'学'为中心。"[②] 其实，从"重教"转变到了"重学"，这仅仅是我国大学课程实施的一个表征，而不是我国当代大学课程建设的趋势特征。从最近十来年来看，我国大学课程实施的实然和趋势，不仅仅是从"重教"向"重学"的转变，同时还是德性塑造为先的教、学、研、产相结合的多元体验与建构过程。

（一）我国大学课程实施既注重毕业生的就业率和就业质量，更注重教、学、研、产、创和师生德性至善相结合的过程体验与建构

大学课程实施不仅仅是完成教学任务，更多的是结合时代发展、社会

---

① 顾明远：《教育大辞典》，上海教育出版社 1999 年版，第 900 页。
② 刘献君：《大学课程建设的发展趋势》，《高等教育研究》2014 年第 2 期。

需求、科学技术进步、"全人"培养而开展教、学、研、产、创和师生德性至善相结合的课程实施的过程体验与建构，这是大学课程的本质规定。众所周知，社会评价大学发展的潜力，学生及其家长选择大学及其专业，并不是以大学现有多少教师和在校生为唯一尺度，而是以具体大学培养了多少德才兼备的高素质人才，完成了多少科学技术发明创新成果以及产出了多少应用价值为重要尺度。对此，不仅老牌大学已经把教、学、研、产、创和师生德性至善相结合作为大学课程实施的主要范式，而且新升或新建大学也在积极构建符合这一范式的大学课程实施框架。也就是说，凸显师生德性至善为先，统合教、学、研、产、创与人格至善相结合的过程理解与体验，是我国当代大学课程建设与实施的总趋势。

（二）大学教师的课程实施凸显教、学、研、产、创和德性至善有机结合趋势

随着中学毕业生自主选择大学和大学生自主选择专业、选课、选学习资源以及自由选择教师等高等教育发展进入新常态，"教书匠"型的大学教师正在成为历史。大学教师已经真切地体验到如果不提升师德和深入开展教、学、研、产、创等实践，并把它们统合于课程实施的进程之中，大学教师就不能把课教好，就没有学生认可其存在，也不会选择其所承担或开设的课程，这就是当前大学教师的危机所在。不做学术研究或技术发明、不结合时代进行前沿科学技术的应用与体验，不紧跟时代提升师德和人格等，不仅不能较好地实施大学课程，实现课程目标，而且也很难立足于大学讲台或实验实训室。当代社会不仅憎恨无德无能的大学教师，而且也鄙视态度不正、学术不端、不学无术、师德败坏、不作为、课程实施执行不力、念教材的"教授"，但却能包容和原谅师德高尚、态度端正、产学研创效果不佳的大学教师。随着科学技术的发展和大学竞争力的不断加剧，大学教师不把教、学、研、产、创和师生德性（尤其是师德）有效结合起来开展课程建设与实施、学术研究、服务学生和社会等，就不可能站在世界科学技术前沿，也不可能为学生提供前沿的科学技术和至善价值理性——学生与其听你念教材还不如跟网络学习并体验知识技能和感悟价值理性。因此，优秀的大学教师，不仅重视如何教、教什么、学生学什么，而且要重视积极地提升自己的人格魅力，不断革新自己的知识技能结构，深入开展科学技术研究，优化课程实施方式，主动带领学生积极参与前沿科学技术研究和社会服务实践，积极指导大学生在社会生活中体验养育至善人格，提升各项能力，养成科学的世界观和人生观等，这已成为我国当代大学课程实施的主流趋势。

（三）大学生的学、研、产、创和提升德性有机结合的课程实施范式已成为主流趋势

随着"先就业、再择业、后创业"理念被大学生所认同，不少大学生已经从进大学开始，就把"就业、择业、创业"统合起来规划和体验自己的大学生活及未来发展。不仅专业学习和社会实践两不误，而且积极参与教师的科研项目，参加创新创业大赛，在教师指导下主持完成相关课题或技术发明研究，边学习边创业……当代大学生的学、研、产、创和提升德性有机结合的广义课程实施（学习、体验、实践）的深度和广度早已超出20世纪大学生生活的全部。部分教师认为当代大学生学习"一代不如一代"，实质上是这些教师失察于自己的课程实施是早已脱离了大学生的学、研、产、创和提升德性有机结合的学习需求，是这些教师自己未能跳出传统"象牙塔"式的"教材学习"定势的结果。随着"大众创新、万众创业"，"建设创新型国家"理念的深入，扶持力度的加大，执行力的不断提高，大学生课程学习的学、研、产、创和德性提升有机结合的范式已成为主流趋势。教材中心、教师中心、"六十分万岁"的课程学习方式正在快速地被摒弃。大学生的学、研、产、创和德性提升有机结合的学习范式不仅将不断深化，不仅将促进大学教师的教、学、研、产、创和师德师风以及课程建设和实施的不断革新，还将推动学校、国家的课程建设和课程实施范式的变革。大学生自己要学、要创、要研、要产、要发展、要至善已经取代了"要学生学"的传统大学课程实施范式，且已成为主流趋势。当然，由于大学生的学、研、产、创和德性提升有机结合的课程学习范式有其个体性、兴趣性、功利性、欠合理性等特征，所以大学及其教师需与学生深入互动、引导其理性发展，这正是大学之为大学的价值所在。对此，大学及其教师如果不深入觉察和理解时代及学生学习的这一主流趋势，不加大课程建设和实施的教、学、研、产、创和提升德性相结合的革新，大学及其教师不仅发展有危险，大学教师立足讲坛也将更加艰难。大学生的理性需求及其发展是当代与未来大学及其教师存在和发展的唯一尺度。

七、大学课程管理从行政量化范式迈向全员参与理解体验建构

顾明远等人认为，"课程管理，是对课程编定、实施、评价的组织、领导、监督和检查。是教育行政领导部门的重要管理活动"①。在我国传统教育管理中，不仅学生是管理对象，而且教师、学校以及课程建设与实施等都是管理对象。这就使课程管理成为教育行政管理的一个分支，但是，这种课程管理范式被我国当代大学课程管理新趋势所取代。

（一）大学课程管理从单一行政量化监督审查转向全员参与理解体验建构

我国绝大部分传统大学课程管理，都是针对大学课程建设及实施之后的量化监督审查，如对编订课程及大纲，设置人才培养方案，制定课程管理制度及其落实效果，具体专业设置课目、生师比、课程教学实施结果等，进行是否达到规定的量化标准的监督和审查。而且管理主体是教育行政官员或大学职能部门的领导，并实施标准化的、数量化的、显性的行政管理。被管理的相关师生也只在完成了教学任务，指导毕业生实践实训，发表论文，编撰教材，出版专著，各门课考分，每年毕业生或肆业生数量，毕业生就业数量及其百分比等数量化的标准中接受管理。

随着我国高等教育大众化发展和高校去行政化改革的不断深入，大学课程管理在接受自上而下的、行政的、显性量化的监督检查的同时，正在凸显对课程管理的全员参与、过程理解、结果体验和建构。大学师生不只是被管理者，还是课程管理的参与、理解、体验和建构者。大学师生不仅重视显性量化目标的达成，也更加注重隐性管理过程的体验与建构。在接受课程管

---

① 顾明远：《教育大辞典》，上海教育出版社 1999 年版，第 896 页。

理者的管理的同时，也参与管理过程和监督管理者。总之，师生自下而上的课程过程管理的参与、监督、体验和建构，正在整合自上而下的单向量化课程管理，并已成为我国大学课程管理的新趋势。

（二）大学课程管理从行政认定迈向自我体验的自省和自觉

由于隐性课程具有不可能量化，不能细化，其结果也不是非此在的确定样式等属性，导致我国传统大学课程管理几乎只对显性课程进行量化监督审查，大学隐性课程实施的监督检查管理也就成了行政管理的盲区和不作为对象。但是，随着大学精神和重视人才德性教化的理性回归，学生享有"四选"（选校、选专业、选课程和选教师）自主权的不断增大、社会强烈要求必须加强大学"四风"（校风、学风、教风、师德师风）建设与管理的发展，使隐性课程建设与管理成为各大学已经觉察和正在加大力度建设的内容。对此，基于显性课程的可多层管理与隐性课程只能由学校和师生自我管理的属性，大学课程管理已经从行政管理主导转向多元管理的理解、体验和建构，呈现出以下趋势：其一，大学生在理解、接受课程行政管理的同时，更多的是自我对大学课程管理的参与、体验和自主丰盈，他们更加注重自我人生观、世界观、事业观、价值观等相关隐性课程的理性选择、再造和体验；其二，大学教师在理解、执行课程行政管理的同时，更多的是自我对课程管理的理解、体验和建构，更加注重对自己实施课程的人文性、前沿性、社会需求性等隐性课程的嵌入的反省、再造与体验；其三，大学在接受、执行教育行政部门的课程管理的同时，也开展校内课程管理，而且更多的是基于办学理念、"全人"规格、科学发展、社会服务等而理解、体验和创造学校特色的课程管理，更加注重校园文化、教风、学风、师德、师风、师生人格等隐性课程嵌入过程的引领、体验和建构；其四，教育行政主管部门对大学课程的管理，不仅觉察到量化结果范式的行政管理的欠合理性，而且也觉察到课程实施自主管理的必要性。因而，对大学的简政放权，实行管办分离，法人治理已经成为教育行政主管部门的新选择。总之，大学课程管理已经从行政的、自上而下的、仅对显性课程进行量化结果管理转型为师生本位的、自下而上的、更加注重隐性课程效益的多元过程理解、体验和建构，这已成为我国当代大学课程管理的新趋势。

八、大学课程评价从结果转向过程体验与重构

顾明远等人认为："课程评价，是课程编制的一个环节。是依据课程的实施可能性、有效性及其教育价值，收集和提供论据，从而作出价值判断的过程。评价对象包括课程目标、课程设计、课程实施的过程与结果、教材、课程政策等方面。可以归为'课程成果评价'和'课程方案评价'两大类。"[①] 钟启泉和张华认为："所谓'课程评价'，就是以一定的方法、途径对课程计划、活动以及结果等有关问题的价值或特点作出判断的过程。包括评价对象、评价标准、评价方法和途径等问题。"[②] 事实上，我国当代大学课程评价已经突破了这些课程评价的定义域，呈现出其独特的新趋势。

（一）评价主体转向"第三方"和师生评价相结合已成为主流趋势

我国大学课程建设及其评价的传统主体，几乎都是政府部门和大学职能部门。针对这种"既是运动员又是裁判员"的评价范式所带来的诟病，国务院 1994 年颁发的《中国教育改革和发展纲要》中明确提出："要建立健全社会中介组织，包括教育决策咨询研究机构、高等学校设置和学位评议与咨询机构、教育评估机构、教育考试机构、资格证书机构等。"但是真正开展"第三方"（社会专业调查机构）评价实践的，还是从 2009 年针对高校就业工作的社会专业调查机构评价，其后几年，"第三方"评价不仅针对高校的就业工作，而且已经逐步扩展到高校的教育教学水平、办学质量、课程建设、师资力量、学术成果影响、实践实训设施及利用率、服务社会成效、校园文化建设等各个方面。评价主体的"第三方"转移，不仅把"以评促建、以评促管、以评促改、评建结合、重在建设"的方针真正落到了实处，而且已经在深层次上使我国高等教育的各方面发生了很大的变化。"第三方"成

---

① 顾明远：《教育大辞典》，上海教育出版社 1999 年版，第 899 页。
② 张华：《课程与教学论》，上海教育出版社 2005 年版，第 373 页。

为评价主体及其不断完善已成为我国当代高校评价的大趋势，也是我国高等教育的"管、办、评"分离改革的总趋势。

同时，必须清醒地觉察大学师生评价对大学课程评价的重要价值。随着大学学分互认、课程互认、学制放开、学籍互认、师生互评等的发展，家长和高中毕业生因评价大学而选择学校和专业，在校大学生正在依据自己的评价而选课、选教师、选或转专业甚至转学等。这不仅是大学课程建设的主动力，也是大学课程建设、评价、产生积极效应的元动力。另外，大学教师担任具体课程因体验到学生的评价而生成的课程改革创新，也是大学课程及其实施、评价的重要组成部分。

（二）评价内容从只对显性课程进行量化判断转型为对显性课程和隐性课程相结合的境域性自主体验

包括目前的"第三方"评价在内，中国大学课程的评价内容，绝大部分是对课程目标、设计、实施结果、教材、政策落实等的结果进行量化判断。虽然"第三方"评价具有极强的价值中立性，但是，"第三方"评价却不能从本原上嵌入课程建设和教学实施的过程之中，只能对课程实施结果进行价值中立的检测和判断。随着第三方评价结果对大学发展深层次问题的触动，大学及其师生在接受、理解"第三方"评价结果的同时，已经转型为自主参与、主动建构和体验课程建设及其实施的过程评价。这种评价更加注重课程内容的境域性和过程性的参与、理解、体验和建构，更加注重课程建设及其实施内容的形成过程及其要素的反思、反馈、体验与调整。通过对境域性课程内容的非量化的过程参与、隐性体验、实时反馈、及时调整，以及对知识技能和德行价值的境域化、碎片化、单元化、散点化等内容进行及时的体验和评价，进而促进"大学内涵式发展"的快速提升，已成为我国当代大学课程评价内容的新趋势。

（三）评价方式从单一的总结性评价转向三种（总结性评价、诊断性评价和形成性评价）评价方式有机结合的体验和建构

不论是传统的行政管理评价，还是当下兴起的"第三方"评价，几乎都是总结性评价（summative evaluation），是对课程开发或实施完成之后的显性结果进行检测或判断。随着大学师生本位、过程生成本位、评价重在建设本位等理念的不断深化，总结性评价方式在学校领域已经不再是唯一的评价方式，而是总结性评价与诊断性评价（diagnostic evaluation）和形成性评价（formative evaluation）三种评价方式的综合应用和理解建构。当前，"第三方"评价和行政管理评价的总结性评价方式，确实对改革我国高等教育及其课程建设具有积极意义，也对高校及其课程建设发挥着"以评促建"等重要功效。但是，学校毕竟是培养人才的地方，它与工农业生产，行政事务管理等有着本质的区别，"教育是生活的过程，是不断改组、改造和转化的过程"（杜威）；教育是事业，绝不是产业。因此，仅有总结性评价，并不是教育及其评价的全部，只有总结性评价与诊断性评价、形成性评价有机结合起来，才能真正促进教育及课程的持续健康发展。

在大学课程建设与实施过程中，诊断性评价已经被师生广泛地应用。师生对课程需求、课程改革或准备状态进行针对性自我诊断判断，既能了解学生的学力基础和教师的教力条件以及师生各自的需求准备状况，又以此确定哪些前沿知识技能和至善价值理性可以进课程，哪些隐性课程可以进课堂，还以此为依据创设课程实施的情景。简言之，大学课程实施的诊断性评价，是教师备课前的预测性判断，是学生实施学习行为前的自我准备状态判断，是为了实现课程实施达到最优化目标的预测与体验。这种评价方式的广泛应用，虽未引起足够的重视，但却是"以评促改、以评促建"的最终目的达成的基础。这种评价方式不仅是大学教师升向"名师"、"大家"的自我觉醒和鞭策方式，也是学生提高学习效率的有效手段。没有诊断，则无科学的学习计划。没有科学的学习计划和有效行动，则无最优学习效果。

大学及其课程的第三方或行政管理的总结性评价结果，更多地是触及校方或教学单位的教育和课程管理问题。而真正能触及大学课程建设和实施的深层次、根源性的评价方式，只能是形成性评价（或称为过程性评价）。因为该评价方式是对课程建设、开发、实施等的整个过程进行评价，评价的主体是课程参与者而不是第三方。评价的内容具有极强的境域性、及时性、过程性、嵌入性等特征。评价的结果具有极强的针对性和时效性。大学课程是最具前沿性的高深知识技能和至善价值理性，大学课程建设、开发、实施和评价并不存在唯一标准及方式。因此，形成性评价已然成为大学及其课程的主要评价方式，它既为总结性评价提供评价内容，也是总结性评价结果信度的检验方式，更是培养优秀师生，创建一流大学，引领科技研究等的最优评价方式。

　　总之，我国当代大学课程建设的趋势，既不是不断完善的过程，更不是已然成形的结果，而是以中国化马克思主义哲学为基础的中国特色大学课程建设和体验进程。是为培养社会主义合格建设者和接班人，复兴中华传统文化等而缔造中国特色大学课程体系的行动和持续建构，是永远处于趋善进程之中的持续建构。

第六章　直观我国当代大学教学

　　教学是教育的下位概念。从实事意义上说，动物或者说绝大部分动物都有教育现象，绝大部分动物不仅有生育、养育等动物共有的属性，而且都对其幼仔有生存、求生本能的有意识或无意识指导、强化训练等行为，而且动物幼仔也为了生存而进行着本能的无意识学习、模仿、自我强化训练。但即使是人类的近亲缘动物（类人猿、大猩猩等），它们的学习也仅仅只是为了生存而适应自然的本能学习，绝无为了改造自然的有意识主动学习。只有健全的正常人，不仅有动物共有的因生存本能需要而适应自然的学习，还有带着人性、人伦、敬畏、信仰等和基于政治、经济、文化、自我精神至善、族群社会建构等而改造自然的学习与行动。因此，从词源意义上说，教育，"教，上所施，下所效"，"育，养子使作善也"（《说文解字》）；拉丁文educare（教育），本意为"引出"或"发挥"，后来发展成英文education、法文 éducation、德文 Erzichung 等。教育是人和动物共有的现象，只是"教训"、"养育"以及"成年化"的内容和方式有区别而已；教学却是人类独有的现象，即使把"教育"（education）和"教学"（teaching and learning）都限制在人类社会范畴内，"得天下英才而教育之，三乐也"（《孟子·尽心上》），"建国君民，教学为先"（《礼记·学记》），两个范畴的"教"的所指，意指及其实事性也具有明显区别。因此，绝不能把广义的教学等同于教育，也不能用教育代替教学。

第一节　教学的现象学定义

我国当代教学论奠基人王策三教授指出，"所谓教学，乃是教师教、学生学的统一活动；在这个活动中，学生掌握一定的知识和技能，同时，身心获得一定的发展，形成一定的思想品德"①。顾明远教授主编的《教育大辞典》认为，"教学是以课程内容为中介的师生双方教和学的共同活动"②。李秉德教授认为，"教学就是指教的人指导学的人进行学习的活动。进一步说，指的是教和学相结合或相统一的活动"③。钟启泉教授认为，"何谓教学？概括地说，教学是教师与学生以课堂为主渠道的交往过程，是教师的教与学生的学的统一活动"④。李森教授认为，"现代教学本质上是师生之间以对话、交流、合作为基础进行文化知识传承和创新的特殊交往活动"⑤。……如果仅就教学是人的一种"活动"而论，这些定义无疑都具有极强的可信度，但是，如果深入追问这一人的"活动"是如何达成教和学，且教有所成学有所得的活动时，就得进一步追问教学这一范畴的本真意义。

一、现象学审视的教学主体

自20世纪80年代至今，我国学界对教学主体的界定一直有三种不同的学说：一主体说——教师是教学的主体；双主体说——教师是教的主体，学生是学的主体；三主体说——教师是教的主体，学生是学的主体，课程是教学活动的主体。三种学说虽然都能自圆其说，但是，当悬置教学这一师生交互活动的现象，而直观存在意义就会发现，教学活动的主体不仅是师生，更

---

① 王策三：《教学论稿》，人民教育出版社1985年版，第91页。
② 顾明远：《教育大辞典》，上海教育出版社1999年版，第711页。
③ 李秉德：《教学论》，人民教育出版社1991年版，第2页。
④ 转引自张华：《课程教学论》，上海教育出版社2000年版，第73页。
⑤ 李森：《现代教学论纲》，人民教育出版社2005年版，第6页。

是有意向性交互活动的施教者和求教者。

（一）从存在意义的教学而言，施教者的意向不仅仅指向作为职业的教师

仅从教学的实然结果而论，教学活动确实是教师教学生获得知识技能和至善人格养成的过程；但是，当悬置教学结果而直观其本质就会发现，教学活动中教的主体意向并不仅仅指向作为职业的教师，也不仅仅是教师的不同称谓的改变，而是远远超出了作为职业的教师的范围，是很广泛意义的主体：从指导知识技能习得和至善人格养成等的过程来直观，教学中的教的主体既有教师，也有其他的知识技能、至善人格的已知者、承载者。也就是说，从教学的生成过程以及可教性、能教性、必教性而言，一切知识的已知者，价值典范的承载者都可能是教的主体——一切皆可为师、为教。但是，从教学活动过程的实事性而言，万物皆可为师、为教是不可能的，只有真正置身于教和学的统整活动中，才能显示施教者的本己和异己价值，而且这个教的主体也不仅仅指向学校这一特定场域的教师，而是指向在实施教学活动的所有相关人。从教学活动中人与人的精神交互活动的实事价值及教学的生成过程而言，也就排除了驯兽活动、精神与生命统一体的人之外的对象对求知者的影响活动。因此，教学活动中施教的主体不能仅仅指向"教师"，而是通过已知知识技能和相应价值典范影响求知者的"这一个人"。作为施教主体的"这一个人"可以是（或主要是）教师，也包含他者，即使在学校教学活动中，师生也互为施教主体，学习主体。因此，从教学活动的本体而言，教学活动中教的主体概括为"施教者"更准确。

（二）从教学活动的本质意义而言，学习主体不仅仅指向学校场域中的学生

从教与学是不可分割的统整活动而言，学习主体指向想学、能学、愿学的人，而不是指向人之外的其他在者，且学习主体也不仅仅指向学校场域中的学生。愿学者、想学者、能学者因自己的未知而又想知（或必须知）而成为求知者，但是求知者也不完全是特定身份的学生，而是所有的愿学者、想学者、能学者。只有求知者的学习对象指向了能教、愿教、真教、实施执教活动的人时，这个求知者才有可能是完整意义教学活动中的学习主体——求教者。因为教学范畴中的学习过程，不仅指向学习的主动性，更指向学习的受动性——有人教、有施教的人，这是区别自学主体和教学中学习主体的关键所在。也就是说，只有求知者向他人求教、他人实施了教的过程，且求知者也从施教者那里获得了教益，此过程中的求知者才是完全意义的教学活动中的学习主体。当求知者向非人的对象求知或自我创造、思辨时，就只能是求知者、自学者，而不是教学活动中的学习主体——求教者。简言之，从完整意义的教学活动而言，凡是指向既有人教也有人学，且教和学各有所成的统整活动中的学习者才是完全意义教学活动中的学习主体（含学校场域中的向他人学习、且学有所得的学生）。只有置身于有人能教、愿意教并实施着教的活动之中，学习者在这个教的活动中同步实施着向施教者学的活动并从该活动中学有所得的人，才是完整意义的教学活动中的学习主体。也就是说，人人（含学生）都是求知者，但不可能都是完整意义教学范畴中的学习主体。只有置身于既有求知也有施教活动且教和学各有所成的活动之中的求教者，才是完整意义教学范畴中的学习主体。学生是应然的学习主体，但学生未必是教学活动中的实然学习主体——有人（含教师）教，但学生不学、没有学，此情境中的"学生"就不是教学活动的学习主体。从真实意义的教学活动而言，求教者已然获得了施教者教的启示、启迪，才是教学活动中的学习主体。在课堂之外或仅仅向书本及其他载体获取知识技能和价值理性的学习行为，只能叫作自学主体和求教者，而不是严格意义的教学过程中的学习主体。

二、教学是奠基并成形于爱的活动

舍勒说："爱始终是激发认识和意愿的催醒女，是精神和理性之母……人属于爱之秩序，爱之秩序是人之本己的一部分。"① 仅就教学活动而言，施

———————

① 刘小枫选编：《舍勒选集》，上海三联书店 1999 年版，第 751 页。

教者和求教者之爱之爱者，既有源自于人先验的爱，又有别于血缘的、遗传的爱，是一种奠基于人之本能，超拔于血缘与遗传的精神之爱，这种爱是教学得以存在的始基——无爱则无一切，无爱则无教育。施教者和求教者以其共同意向的教育爱（pedagogic-love）奠基了完整意义的教学范畴。

（一）施教者以其爱及爱的行动奠基教学范畴

在施教者成为思之在者和意愿之在者之前，他就已是爱之在者。施教者以人先验之爱和爱的行动为前提，并根据一切可能性进入、体验世界的实在性和可爱性。施教者对世界的爱，成形于其自我至善人格养成的建构过程之中。施教者爱世界、更爱和自己一同至善的每一个求知者是实现教师之为教师、教育之所以是教育的必要条件。"老师将学生看作一个正在成长变化过程中的人来爱是教育关系发展的先决条件"①，施教者凭借自己展现在教育过程中的具体之爱，来体现其爱的实事性。施教者对求知者之爱始终意味着施教者在其人格中心、超拔于肉身之外的爱的过程之中，肯定求知者趋向独特的至善进程，并感召、引领、参与、促进、祝福求知者实现至善人格的建构，进而生成教学的意向和预设施教行为。施教者对教授结果之爱，是因为施教者把教授结果递升为赢得自我实事价值、本己价值的存在的基础，进而乐于施教、有效为教。教学不是任务，而是引导他人共同建构至善世界、至善人格的爱的行动。爱教师职业，是因为世界不能自为自主地趋向至善，施教者是救赎和建构至善世界、至善人格、至善伦常等必不可少的桥梁；爱教育事业，是因为对教育的信仰激发了信仰和自信的教育。教育的自信激发施教者为教的自信，施教者始终相信求知者会展示其比施教者的现在更加美好的未来，相信通过爱的教育行动将激发求知者对自己的未来和发展充满自信；相信通过施教者教育教学之爱的行动能让求知者更深刻地理解世界及自我人之为人的意义；相信爱的教育会建构爱的共同体，会拯救迷失的爱，将建构真爱的世界。施教者对知识的爱，是因为知识

---

① ［加］马克斯·范梅南：《教学机智——教育智慧的意蕴》，李树英译，教育科学出版社2001年版，第89页。

是认识、宰制、改造世界和建构自我至善人格的工具，世界通过知识得以被认识、被建构。施教者笃信自己传承的知识、价值不仅可以促成求知者对其当下与未来至善人格的养成，还可通过提升求知者知识技能和价值理性并不断丰盈而建构至善世界。

（二）求教者以其爱及爱的行动，不断丰盈爱之所爱和建基完整意义的教学

爱之爱者的可爱性就在于爱的先验性、无限性、未完成性、永恒性。爱优先于认识，爱完全植根于它的对象的存在和如此存在之中，在渗入对象的进程中得以增长。"爱首先推动认识，通过认识的中介推动欲求和意愿……爱本身优先于并决定着'理念'"①。作为精神与生命有机统一并持续建构的人，一个永远处于不断丰盈自我"有限的人格"和不断实现自我社会化进程中的求知者而言，其先验地存在着对至善精神的爱与渴求——不仅祈求超拔于此在的自我，而且还祈盼超越任何一种从属于历史的此在世界。正因为这一爱的未完成性和自我宰制世界能力的有限性，求知者以其无限的爱和爱的行动构建着教育教学的可能性——对世界的爱，对超拔于此在自我精神至善的爱，对知识的爱，对宰制技能的爱，对施教者和各种权威的爱与敬畏等，奠基起教育教学的"可教性"、"要教性"、"愿学性"——从求知者递升为求教者。求教者以其爱的行动，不仅从所有可敬可爱的施教者（含老师）那里获得具体的知识或技巧，还从体现和代表知识、爱、至善精神的施教者的行为方式中借鉴施教者对生活的热爱、严于律己、至善精神、人格力量、强烈的责任等的爱的行动与律令。

概而言之，正是由于施教者和求教者都是精神和生命统一体的人，他们以其先验之爱、至善精神之爱、知识之爱、无限的爱及其行动建基了和构建着存在范畴的教育教学：施教者以其对世界、知识、他人等的至善之爱奠基起能教、愿教、爱教的可爱性和意向性；求知者以其对世界、知识、楷模典范的向往之爱奠基起求知和求善之爱，并以爱的先验从求知者递升为求教

---

① 刘小枫选编：《舍勒选集》，上海三联书店 1999 年版，第 798 页。

者，进而在爱的行动中实现了施教者和求教者的知识技能、至善人格、精神理性等的统整建构，从而展示了教学的本己价值。因此，爱是教育教学的始基，是教学意向生成的基础，是教育教学得以存在的先决条件。

三、教学是融合了课程、施教者和求教者的意向交集的精神交互活动过程

意向性是胡塞尔的核心概念之一。"胡塞尔认为，意向性就是认知、认为活动和被认知、被认为者之间不可分离的相关性。其重点是一切有所指向的意识活动的现象，而不在于心理和非心理现象的区别。同时，他把'意向的'现象扩大到了'意识到'、'知觉到'、'乐于'等等现象，与普通经验的范围相接近。这种指向一个对象的意识活动被他称为'意向活动'，由意向活动所指的对象被他称为'意向对象'"①。胡塞尔认为实在性事物就是意向性的对象化活动所指涉的一个对象性的环节，因此，实在性事物作为对象实际上是由意向主体所设定的。

回到事实本身来审视教学，不难发现，国内不少学者把教学界定在教师教和学生学的行动及其结果层面，甚至把教学割裂成"教"和"学"两个独立部分，这不仅难以用先验的方式（a priori）去证明，也难以说明教学的能指、所指的自明性。绝不能只笃信夸美纽斯《大教学论》中所说的"教学是把一切事物教给一切人们的艺术"的"教的艺术"，而应该觉察夸美纽斯所说的"它（教学）不会使教员感到烦恼，或使学生感到厌恶，它能使教员和学生全部都得到最大的快乐……它又是一种教得彻底、不肤浅、不铺张，却能使人获得真实的知识、高尚的行谊和最深刻的虔信的艺术"②的深刻含义。因为教学不仅是艺术而且是学问，教学不仅仅是把事物教给人，还要把精神、信仰、理性教给人，以建构精神、理性的人。

当把教学现象悬置起来，直观其活动过程本身就会发现，教学是师生

---

① 冯契主编：《哲学大词典》，上海辞书出版社2007年版，第1921页。
② ［捷克］夸美纽斯：《大教学论》，傅任敢译，教育科学出版社1999年版，第1页。

意向性相统合、相交融的精神交互活动，师生的共同而有差异的意向性是教学活动及其过程得以存在的前提。正如范梅南所言："教育行动是教育者和孩子之间的体验，成人和孩子都积极主动地带有意向性地投入到这种体验……教育关系是一个成人和孩子间的意向性的关系。"[①] 就教学活动及其过程而言，意向性是教学活动得以生成的基础和行动前提，无意向则无行动，师生意向性无交融、不统合、没有交集则无真正意义的教学活动，根本不存在无意向的教学。教学是人独有的有意识且有意向性的精神交互活动，是课程、求教者（含学生）、施教者（含教师）三者意向交集的精神交互活动。其图示如下：

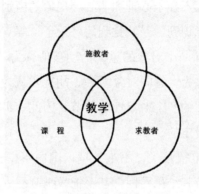

教学定义示意图

（一）特定时空的意向交集的对象化作用奠基教学存在的可能

所谓意向的对象化作用，就是意向把确实经验到的作为意识流中不可分割的部分材料作为意向的对象。作为完整意义教学活动而言，必须奠基于施教者和求教者的经验材料，并通过意向作用，融合为教学意向交集对象（教学意向的交集对象是指施教者能教、愿教意向和求教者的想学、能学意向的交集），教学意向交集对象前置于教学意向活动。具体而言，施教者和求教者是基于人之为人本身，奠基于人与人的交互活动本身而实施教和学

---

① ［加］范梅南：《教学机智——教育智慧的意蕴》，李树英译，教育科学出版社 2001 年版，第 101 页。

的活动。就这一点而言，教学活动区别于驯兽活动、自学活动等，教学活动是人与人的意向交集的精神交互建构活动——是施教者以至善精神、独立人格、相对完善的材料前置于成年化进程和人格建构中的、愿学者——求知者之前，求知者以自身的未知而又想知，未成人而又要想超越其他成年人，人格的持续建构永远希望获得帮助或指导等前置于施教者之前，施教者和求教者对精神、德性、生命、认知、技能、价值等的发展互为材料进行交互、体认、体验而建构起愿教和想学的意向交集对象。施教者以能知、已知、所知及愿教的意向，去统合求教者的意愿形成意向交集对象，施教者既把求教者的想学、求发展作为意向对象，也把课程（或施教内容及其条件等）作为意向对象，并进行理性分析、技术化处置和价值理性至善统合，使所有对象统整为完整的、有实事价值的教授意向。求教者既把自己意愿的学习内容、课程及其认知技能操作模式、价值理性趋善建构作为适意于自我学习的意向对象，以施教者的人格、价值理性、德范、趋善的行动方式等作为意向对象。这种以学习内容及方式为中介的施教者和求教者双重意向的对象化交集作用，使教学得以生成和发展。简言之，施教者教的意向的实事性只有合意于求教者愿学的意向性才能被给予，求教者学的意向的实事性只有通过施教者的适意且能接受的意向性才能真正成型。施教者和求教者只有把课程融合成彼此都适意的意向交集对象，形成教学的能指和所指的对象，并达成意向交集，才能促成教学活动的生成。意向交集对象不能构形或构形不完整就不可能促进真正意义的教学活动的生成，至多只能是在教学境域中的有教无学或有学无教的单一活动，而不是本质意义的教学活动。

（二）意向交集建构的识别作用奠基本真意义的教学活动及其结果

对教学活动而言，施教者与求教者意向交集的识别作用使二者把各种相继出现的材料分配到相同的意义的出处，使某一对象的各个方面和阶段聚集、结合为一个可以识别的交集，使教学过程及其结果的能指与所指成为一个具体的、适人的、可认知的、可接受的意向交集。也就是说，如果意向交集不能识别，就只会使对象成为有相同材料但却识别不出真实意义的知觉对象。从施教者教的意向性而论，施教者只有把不同性别、年龄、民族、语言以及学力等的求教者与课程（精神、观念、德性、知识、技能以及价值观等）及其层级进行统整认识之后，才能建基施教行动意向的真实性。也就是说，施教意向的清晰性、可识别性、适人性必须奠基于对求教者、课程以及自我施教条件的有效统整，在意识的深层对可教性、可传承性、适人（教和学）性进行确证，才有可能构建起真正意义的教学活动。如果施教者没有对求教者、课程和自我施教条件等进行深入的自我内在有意向性的识别、融合，求教者所体验的施教活动就不是真正意义的教授活动。求教者学的意向的清晰性、可识别性必须奠基于对课程、施教者人格及其学养、自我学力、意愿的可接受性和能接受性等体认而形成清晰的意象，才能构建在教学活动中的真实意义学习行为。施教者和求教者双方对教学活动进行共在适意性意向活动的体认，是教学这一特殊活动区别于其他人群活动的、可识别的质性规定。简言之，不论是希望求教者知识技能得到发展还是求教者精神德性得以规劝（抑或是两者兼有）的教学意向都区别于商务、行政等其他意向，教学意向性指向施教者和求教者的知识技能和价值理性的掌握运用、至善人格、至善精神等的协同发展，而商务行政等其他意向指向商品和事务的功利价值。

（三）意向交集的联结作用奠基教学过程及其结果的实事价值

教学关系是施教者与求教者意向联结、形成交集的精神交互建构关系，施教者意愿求教者能在施教活动中成长、成型、趋于至善；求教者先验地存在着想从施教者那里获得知识技能、价值理性、德性、精神等趋于至善的乐学意愿。因此，施教者和学习者的教学意向联结、形成交集的作用就是把个人的、不全的、模糊的意向对象补足为完全的、清晰的、共认的意向对象，把单纯的、单向的意向活动联结起来成为完整的、共同意愿的清晰对象，把直觉对象和知觉对象补充成完整的实事对象。

当然，在现代社会，真正教学意向的联结不是强迫性（强迫施教者适应求知者或强迫求知者适应施教者）的联结，而是施教者和求教者作为人之为人的适人性的、巧合巧遇的主动联结、交集构成。真正可敬可爱的施教者（含老师）因其爱的秩序而呈现于可爱的施教过程之中，以其独有的意向联结着特定时空中的求教者（含学生），并在教学过程中适时修正、调适教学意向的适人性。求知者以其独有的趋善之爱和乐学意向接受、体验着每位施教者的多面性，并以自我的学力、意愿整合每位施教者的人格、所教授的课程，在自我至善人格的养育中以意向的适意性联结一切可联结的对象，并不断丰盈交集的内容，剥离并超拔其他价值，从而形成教学活动的本己价值。

（四）意向交集的构造作用建基着教学的真实性和有效性

教学的意向交集构造了和构造着教学的对象。教学意向交集构造过程具有形式意向构造和实质意向构造两个方面：在形式意向构造方面，施教者通过人格感召和启发、规劝、引导行动，或通过强迫、威权促进求教者生成学习意向，并完成教的过程，成型为教的形式。求教者通过爱与精神升向的意愿和直接练习、行动、体验、修正错误、变化等完成学的形式。当前学校教学活动在一定程度上是形式意向的构造——学校以课程为载体，以班级为单元，指定教师按规定时间和课标（或大纲）构成教的形式意向，学生通过不得不完成考分而构成学的形式意向。在实质意向构造方面，施教者通过精神感召、德范引领、至善价值体验、知识传承与创新等呈现教的实质性变化，求教者通过知识技能和价值理性的运用与提升，人格至善的不断丰盈，德性的他律和自律自觉，最终以观念的生成和改造世界的行动实现学有所得的质性变化。也就是说，教学的意向性构造不同于其他意向构造，其他意向构造的实质绝大部分是人对物、人与物的构造过程，而教学的意向性构造是人对人（施教者对求教者、教师与学生）的互动性、交互性构造，是以人的精神、理性、观念、德性、技能、认知、行动等交集内容的变化为主要对象的构造活动。简言之，教学的意向性构造活动既构建了施教者和求教者（教师和学生）这一教育学特殊对象的共在观念，也构造了教育教学这一特殊范畴。

教学的意向性构造不仅指向施教者作为"经师"的实事性，而且指向作为"人师"的不懈建构性；教学的意向性构造不仅指向求教者是精神、德性、知识等不断趋向至善的人，而且是趋向至善的未知者、愿学者。教学不是割裂的"教"和"学"的过程，也不仅仅是教师指导学生学的过程，而是施教者和求教者互动的、为了善和趋向至善的、统整建构过程。教学是施教者、求教者、课程等三个意象的交集的建构过程。

四、对学校教学意向性的追问

教学是奠基并成型于爱的、融合课程与施教者和求教者意向性的交互活动。对此，有必要对学校的教学意向性进行理性追问：教学的意向性是什么？"合理的"教学意向性是什么？教学意向的悖论在何处？这一系列问题不仅关涉施教者，尤其是各级各类学校教师对教学概念的现代性理解，更关系到学校教学的真教学和伪教学的价值判断。

人所共知，自学校教学活动诞生至今，并不存在某一确定不变的教学意向，而是各种教学意向交织于不同的历史时期、社会形态、文化境域、教学理论流派以及不同的师生、课程、环境等等之中，甚至交织于具体知识节点和具体伦常建构的过程之中。在这纷繁复杂、意愿不一的教学意向选择中，师生要想选择某种或重构新的教学意向，就必须对所选择或重构的教学意向进行辩护、追问——必须找到该意向的合理性、适人性。

这种辩护、追问是对教学意向价值的合理性、适人性的直观。价值的合理性、适人性，是人对某种目的或价值选择的正当性诉求。作为价值合理及其适人需求而存在的人而言，其存在的全部意义都是由价值的应然性建构的。作为精神与生命相统一的唯一在者，人不仅追求和选择各个维度的价值，也对追求和选择的所有的"'价值'的价值"进行理性辩护和追问，以使其最大化地实现其适人性、适己性。因此，对某种意愿或可欲求价值的合理性质疑、辩护和理解，是人自觉开展该价值实践的前提。就学校教学而言，教师对某种教学意向的合理性、适人性和适己性的质疑、辩护、理解、追问和采纳，是教师自觉进行课程实施、实现为教意向的前提，也是奠基教学中的真教，引导有效教学的基础。学生对某种教学意向的合理性、适己性的质疑、辩护、理解、追问和采纳，是奠基学生自觉向老师学习和实现学习意愿、学习价值的基本前提。造成教学意向迷乱的原因是多元和复杂的，但是，正因为缺乏对教学意向的合理性、适人性、适己性的质疑、理解、辩护和采纳，才使越来越多的师生在教学实践中陷入了"客体化"、"工具化"的境地——教师成了"教书匠"，学生成了"知识罐"和被塑造、被雕塑的对象。

对学校教学而言，真正融合师生交集意向的教学才是真教、真学，其意象交集的融合形态既是建基于爱的，也是融合了师生共认共在意向的，而且是融合了师生的精神、德性、知识技能、教学目的的意向交集的建构活动。也就是说，教学意向是施教者（或教师）、求教者（或学生）、教学内容（或课程）等的偶合意向。这种偶合意向不仅反映在不同时代、不同师生、不同知识、不同价值、不同环境之中，甚至直接呈现在具体知识节点、具体教师和具体学生交互的某个时间点之中。当然，这种偶合意向又不完全是机会巧遇的偶合，而是多种意向性关系（intentional relation）的系统性偶合、融合的交集建构。当具体师生因时空、课程、目的等而主动选择或被动选择并组合成教学关系总和后，师生意向就需对价值、知识、精神等进行系列偶合、融合，并构成交集。当然，也有可能是师生双方意向融合的主要材料不发生巨大变化，而是因具体知识节点、特定时空的价值共认（或异己）取向而重新偶合成新的融合意向。

概言之，教学意向性的合理性追问，就是追问教学意向性是否做到了因时、因境、因人（师生）、因知识、因价值等的偶合而形成意向交集再造。偶合再造的教学意向性是否具有合理性、适人性、适己性，是否具有施教者和求教者共认、敬仰、效仿的实事性，是否对师生至善人格养成、知识技能提升、伦常德性养育等具有社会公认的实事价值等等，这是教学意向选择、再造等的价值尺度。

综上所述，当回到事实本身来看，教学的现象学定义是，教学是奠基和成形于爱的、融合了课程和施教者与求教者三者意向性交集的精神交互建构过程。是以至善之爱为前提，融合了课程、施教者、求教者的多元性意向性交集的精神和行动的交互体验建构活动。

第二节　直观我国当代大学教学危机

随着经济、科技全球化的快速发展，中国人民的物质生活得到了前所未有的丰盈，但是人们的精神生活却越来越贫乏，社会充斥着德性沦丧、良知迷失、物欲横流、全民娱乐至死等的怨恨情绪。从未有哪一个时代对真正大学教育的渴求像当今这么困难和迫切，"大学本身已不再是它曾经的规定性，不仅大学、职业技术学院、老师和学生都在争夺物质与权力；大学已经降格成了职业训练的场所"①。"因历史原因、管理原因、认识原因等的影响，真正建成以教学为中心的大学教育模式还有很大的距离"②。"由于受评价制度的制约以及应试思维的根深蒂固，教师仍然浸淫和偏执于授受式的教学方法"③。"课堂教学中'真语言'严重缺失，课堂的生命力丧失殆尽，无效教学危机四伏"④。"中国这一代教育者不值得尊重，甚至包括一些知名的教授，51%的学生对教学质量表示不满意，84.7%的受访者坦言当前大学生逃课现象严重"⑤……可以说，各界对中国当代大学教育教学的各种乱象发出的警告，已经引起有良心的学人和大学人的警觉与警醒。

一、我国大学教学危机之始然

针对当前大学教学的"不教是为了教、不学是为了学"的危机，不同学者把上述各种乱象或归责于教育体制，或归责于各种权威教育政策，或归责于陈旧的大学办学模式，或归责于大学课程设置，或归责于大学教学与社

---

① Max Scheler. *Die Wissensformen Und Die Gesellschaft*. A. Francke AG. Verlag. Bern Dritte, durchfesehene Auflage 1980：pp.383-420.

② 张楚廷：《大学教学学》，湖南师范大学出版社 2002 年版，第 13 页。

③ 靳玉乐、朱文辉：《生成性教学：从方法的惑到方法论的澄清》，《教育科学》2013 年第 2 期。

④ 唐露萍：《课堂危机教学中的"真语言"缺失及其应对》，《教育学术月刊》2012 年第 6 期。

⑤ 谢玉萍：《大学教师的教学危机与出路》，《科教导刊》2012 年第 1 期。

会生活、经济发展严重脱节，或归责于人才评价和价值导向，或归责于现行高等教育哲学……在回到事实本身的现象学看来，上述诘难、归责都仅仅是爱的对立面——恨的展现。

就学校教育而言，教学是以课程内容为中介，以培养"有教养的人"为目的，师生与课程意向交集的精神交互建构过程。石中英教授认为教学活动具有"意向性、双向（边）性、中介性、伦理性四大关键性特征"①。从大学诞生至今，大学教学活动已经生成了除石中英教授归纳的四大关键性特征之外，还具有目的性、价值性两个关键性特征。教学的目的性、价值性特征是由教学是教育的下位概念决定的，教学的目的性是由师生（人）活动目的决定的，教学的价值性显现在教和学的本己价值、异己价值之中。由于"教育哲学具有认识论哲学、政治论哲学或二者相统合的基础"②，大学教学将奠基在认识论哲学政治哲学或二者相统合的哲学之上而呈现出不同的意向性、伦常性、目的性、价值性等分野。

奠基于认识论哲学基础上的大学教学是以"追求知识为目的"去探索高深学问和真理的原理、概念、逻辑的过程。由于高深学问和真理要求绝对忠实于客观事实、价值中立或价值无涉，对大学教学这个师生（人）的活动过程而言，师生就必须找到学术和现实之间的接洽点，以此来消解现实的偶然性、临时性、伦常性对价值无涉的客观真理的冲击。从工业革命开始，大学教学就在调谐着客观知识的传承、创新与现实世界人的活动的矛盾。中国自 20 世纪末大力发展高等教育以来，不少大学的教学已经陷入了客观科技知识和人性伦常教育究竟是相统合还是"划一条明确的界限"的旋涡之中。

持客观真理与人性伦常相统合观点的师生，在教学活动中就会以一切知识都是为了人的存在与发展为前提，客观真理的发现、传承、创造都必须以人为中心、契合人的需要，这原本是我国古典教育秉持的基本信条，而且延续至今并没有改变。但是，大学教师的"教书育人、德育为先"的施教行动及其效果本身，由于深受实证科学、量化理论等的观念的支配，德化又不

---

① 石中英：《教育哲学》，北京师范大学出版社 2007 年版，第 159—160 页。

② ［美］布鲁贝克：《高等教育哲学》，王承绪译，浙江教育出版社 1987 年版，第 13 页。

可量化，且德化深受此在社会生活价值理性的掣肘，大学课堂的客观整理与至善人性伦常能有机统合。而课堂之外不仅大学生因此在生活的价值理性掣肘和人性的趋众性而放弃了课内的善性观念，而且大学教师也因生活于此在社会，作为社会人本身，大学教师也只能在坚守良心与伦常底线中建构客观知识与伦常的统合性教学，甚至游离于课内与课外自我社会生活的双重人生观、价值观之中。也就是说，客观知识和至善伦常统合的大学教学的实然状况是良心与良知的坚守，是对异化的此在社会生活的抗争的存在。

持客观真理与现实世界有一条明显界限的师生，在教学活动及其过程中就会本着客观知识与人格伦常各有其逻辑规律和价值体系。客观真理是价值无涉的、可量化的，因而一方面大学教学过程就是传承、呈现、探索客观真理的内在逻辑以及进行数理推演，教学现实世界中师生（人）的偶然性、临时性是不计入高深知识传授和学习之中的——客观知识的教学是师生个人自己的事（与他人无关），能不能真正理解、掌握、运用客观知识是学生个人自己当下与未来的事。另一方面，由于客观知识，尤其是实证科学知识是逻辑的、能量化的，而且本身是量化的存在，一切实证科学"在对直观的、我们周围世界的自然进行数学化的过程中走得越远，数学自然科学的定理被使用得越多，他们所求助的工具越是发展，对量化的自然的新的事实的演绎推理的可能的范围就越大，并因而可供证实的范围就越广"①。当量化工具在教育学中被广泛使用时，也就使教学过程及其结果也必然被量化、能测量，这奠基和深化了教学过程及结果的分数或等次测量，由于分数或等次测量是在结果呈现之后的数和级的判断，就自然生成了教和学的过程（尤其是精神科学、至善人格养育因其不可量化）被漠视、不被重视，甚至是否定的实存样式。

持客观知识与现实世界有一条明显界限的教学哲学论，在中国近二十年得到了进一步的彰显，尤其是在自然科学的大学教学中已经泛滥开来，也助长了学生的"60分万岁，多一分是浪费，少一分是犯罪"的无为学习乱

---

① ［德］胡塞尔：《欧洲科学危机和超验现象学》，张庆熊译，上海译文出版社2005年版，第62页。

象的泛滥，也才有大学教师的"学生已经是成年人，教不教是我的事，学不学是学生的事"的"教而无教"、放任自流的现象泛滥。认识论哲学和结果至上理论在我国当代大学教学中被绝对化，使我国当代人"让自己的整个世界观受实证科学支配，并迷惑于实证科学所造成的'繁荣'。这种独特现象意味着，现代人漫不经心地抹去了那些对于真正的人来说至关重要的问题，只见事实的科学造成了只见事实的人"①。

奠基于政治论高等教育哲学基础之上的大学教学是以传授、探索对国家和民族有深远影响的高深知识及专业人才培养为目的的师生双向活动过程。随着科学技术的快速发展，"过去根据经验就可以解决的政府、企业、农业、劳动、原料、国际关系、教育、卫生等问题，现在则需要极为深奥的知识才能解决……教育已经是政治的分支"②。随着产业革命的快速发展，大学，尤其是研究型大学的纯理论研究、科学技术研究已被广泛用于确定政治、经济、科技、文化等的发展目标。"服务社会"的功能已经主宰、主导了大学的其他功能。无论当代学者、大学教师如何竭尽全力推崇"大学自治"、"学术自由"、"教学自由"，也不可能改变我国当代大学合法存在的主要哲学基础是政治论哲学——大学是国家建设的，大学必须是政治不可或缺的重要分支，大学教育教学必须为政治经济服务。

我国从 20 世纪 80 年代开始，政治哲学转型为以经济建设为中心，各行各业（教育界也不例外）开始了围绕经济建设这一政治主导哲学开展实践和认识世界。高等教育出现了长达十余年的"短、平、快"的人才培养大跨越和国家统招统分的大发展，中国式结果至上理论在教育领域被曲解和被无限放大——"考上大学就进了保险箱，考上大学就可以玩了，考上大学就有很好的工作"，"就业率成了评价高校办学的重要指标"……结果至上理论确实拯救了 20 世纪 70 年代我国大陆濒临崩溃的政治、经济，也挽救了社会主义中国，也为各级各类教育的快速发展奠定了基础。反思当时经济发展对教育、对人才质量的需求就会发现：当时需求的绝大部分人才都是在工业、农

---

① ［德］胡塞尔：《欧洲科学危机和超验现象学》，张庆熊译，上海译文出版社 2005 年版，第 7 页。

② ［美］布鲁贝克：《高等教育哲学》，浙江教育出版社 1987 年版，第 18 页。

业、国防、科学技术等几乎是从零开始的领域——只要不是文盲都可以承担相关工作，而且也能作出成效；即使是文盲，只要肯动脑筋，愿意下苦力，敢冒风险，在那个百废待兴的时代也能创造财富……所以，当时的大学教学虽然也延续着传承、发展学问（极少是高深学问，而绝大部分是基础知识、基本技能训练以及常规社会管理）的功能，但是，更主要发挥着对通过单一升学考试进入大学的学生进行"短、平、快"的技能"压缩饼干"式训练后推送、调配到具体单位的政治功能。加上当时"拿手术刀的不如拿剃头刀的，拿粉笔的不如卖粉条的"等"有钱就是爷"的社会价值观，奠基和深化了教授"下海"、兼职以及学生"科科 98（分），不如有个好老爸"的大学教与学的怨恨，并一直被延续至今。

在科学技术从手工业、体力时代向机械、智能时代迈进的过程中，高技能型人才和创新型人才的需求促使大学教学必须转型和引领时代发展的方向，而我国正在从"精英高等教育"向大众化高等教育过渡。虽然大众化高等教育和"大众化高等教育的精英教育"并不矛盾，但是，毕业生的就业率却是政治论大学存在的前提。所以，在科学技术从手工业、体力时代向机械、智能时代过渡时期，科学技术、大学教学与政治经济需求之间就有一些隔膜——科学技术发展需要大学培养善于创造发明的杰出人才，政治经济发展需要大学既培养基础应用型人才，也要培养引领发展方向的时代精英。而大学为了生存和发展，必须把就业作为教学的核心任务，① 且社会又无力提供大量甘于寂寞的高端科技研发平台（岗位），而低端岗位的智能化似乎才起步……在这全民"娱乐至死时代"，"德性沦丧时代"，"人和教育都已经被物化时代"，大学教学就迷失在是培养发明创造人才为主还是为了就业而教学的价值欺罔之中，而大学一旦陷入为就业而教学的旋涡之中就与本真的大学渐行渐远了。

奠基于认识论和政治论相统合的高等教育哲学基础之上的大学教学是把政治价值观整合进高深学问而加以传承、创造的过程。占我国当代高校绝

---

① 基于现象学方法的审视，大学教育教学与就业的关系是：当大学教学以毕业生的就业为教育教学中心任务时，大学已经就与民工脱产培训转移基地无多大差别；若以是否接受大学教育为就业质量尺度，就业本身已经不是就业，而是没有实事价值的概念性虚名。

对主体的公立高校是国家全额出资兴办的事业单位，"国家举办的高等学校实行中国共产党高等学校基层委员会领导下的校长负责制……（学校党委的）职责主要是：执行中国共产党的路线、方针、政策，坚持社会主义办学方向，领导学校的思想政治工作和德育工作，……讨论决定学校的改革、发展和基本管理制度等重大事项，保证以培养人才为中心的各项任务的完成"①。大学教学任务及课程设计中，不仅有较大比重的政治思想课程是所有大学生的必修课，一切学科教育教学必须"全面贯彻党的教育方针，坚持立德树人，加强社会主义核心价值体系教育……巩固马克思主义在意识形态领域的指导地位"②。历史和现实的实然结果显示：没有共产党就没有新中国、就没有今天让世人敬仰的中国经济，也就没有快速发展的中国高等教育。因此，除政治思想课、人文精神课必须传承党的哲学思想、社会主义核心价值观外，一切非精神学科（实证科学）也必须把社会主义核心价值观整合进教学过程之中。从中国根深蒂固的集权文化史，大学办学史以及科学技术发展史来看，认识论和政治论相统合的大学教学哲学观并没有错误，造成当代大学教学危机的本原是由于教学绝对自由理念，绝对西化大学办学观念，大学教育教学管理的绝对行政化以及结果至上等思潮及其行动的泛滥造成的。高等教育哲学先驱——布鲁贝克早就说过"对高等教育在政治上的合法地位用不着大惊小怪，所有伟大的教育哲学家都把教育作为政治的分支，柏拉图、亚里士多德、杜威等都是如此"③。在我国，公立大学教师的生存之本（薪酬待遇）和从事科学研究、兼职等的物质基础，如果没有党和国家做政治稳定、经济支持等强有力的保障，是根本不可能存在和发展的。如果在教育教学中一味地诋毁党和国家，夸大民族的劣根性，这样的大学教师的幸福也是不存在的。大学生不学无术、及时行乐对大学及其教师、社会、家庭以及大学生自己也是有百害而无一利的……实证科学认识研究和政治虽然是两个不同的概念，但二者统合于大学教学实践也并不矛盾。现实的各种人为危机的本因

---

① 《中华人民共和国高等教育法》，中国法制出版社1998年版，第39条。
② 《中共中央关于全面深化改革若干重大问题的决定》，人民出版社2013年版，第58—62页。
③ ［美］布鲁贝克：《高等教育哲学》，浙江教育出版社1987年版，第15页。

是自然科学、实证科学的弃德化、弃中国至善伦理化，是中国经典文化、中国特色至善精神与伦理在教学中绝对自由化、西化等异化的结果。

二、科技杰出人才培养与我国大学教学的关系

"科学是以范畴、定理、定律形式反映现实世界各种现象的本质和运动规律的知识体系……科学技术成为第一生产力，作为精神力量，能够积极作用于社会生活"[①]。科学作为第一生产力，能反作用于社会生活。如前所述，当实证科学、实用主义、个人主义等观念支配了人类精神和理性，世界就只能是被定义的，可量化的，这对于精神和物质相统一的存在者（人或人类）而言，就是片面、物化而无精神的。因而，"科学观念被实证地简化为纯粹的科学，科学的'危机'表现为科学丧失生活意义……在我们不幸的时代中，实证科学在原则上排斥了人面对命运攸关的根本变革所必需立即做出回答的问题：探问整个人生有无意义"[②]。因此，科技发展的危机是发明创造杰出人才的危机，人才的危机既有人的精神观念危机也有人的物质价值危机，人才的危机就是大学教育教学的危机。

科学技术是客观的存在，它只有置身于人的世界，被人发现、运用和再造，才能显现其实事价值，才能展示其真实存在。因此，科学技术都不是先于人的行动而存在的，它是人行动的必然结果。作为万物之灵、作为精神与物质相统一的人类，是唯一能进行自我救赎的存在，所以只有人才是发现、运用和再造科学技术的本体。但是，人发现、发展了科学技术，也使不少人成了科学技术的奴隶，不少人在享受、体验科学技术所带来的"繁华"的同时，逐渐丧失了人的主体性，这正是当代科技危机、人才危机、教育教学危机的本质所在。

只有彻底地追问这一主体性，才能理解客观真理和弄清楚世界的最终意义，才能进一步发现、发展实证科学，也才能从纯技术理性的桎梏中超拔

---

① 冯契主编：《哲学大词典》，商务印书馆 2007 年版，第 956—958 页。

② ［德］胡塞尔：《欧洲科学危机和超验现象学》，张庆熊译，上海译文出版社 2005 年版，第 6—7 页。

出来，并救赎人与世界本真之在和之所在。现实世界的存在是主体（人）的构造，是主体间的经验的、前科学的生活的结果。现实世界的本己价值的认定，是人的现实生活中的自我构型。人的现实生活既不是纯技术、纯物质的构型，也不是纯精神、纯观念的再造，而是二者有机统一的同构与体验。当前，一方面由于实证科学所带来的物质繁荣，使得不少人沉浸在当下的自我满足之中；另一方面，由于前沿科学技术、尖端科技远离此在的现实生活，远离绝大多数人的精神世界，远离杰出人才培养的大学教学体验，而且尖端科技发明创造不仅风险很大，还费时费力。基于人的惰性和人的享乐本性、"知足常乐"，教育危机、大学教学遭到诟病也是必然的。

真正的大师、真正的发明创造杰出人才，不仅是科学（实证科学和非实证科学）的引领者，而且是至善人格的楷模和殉道者。是以"精神、心灵的升华"之爱来观照世界、体验生活本质意义的德范，是不满足于此在，积极探索无限，甘于寂寞的智者。其"心灵以爱为第一规定，而不是恨；即使有恨，也只是对一种错误的爱的反映"①，他通过至爱及其行动获得救赎理念和自我救赎，并展示其爱的行动与爱的感召，进而拯救整个世界。因此，科技杰出人才培养的大学教学是奠基于爱、成型于爱的师生共同对高深学问与至善人格养育的追问、发现、体验和再造过程。"爱优先于认识"，"爱优先于并决定着'理念'"②。没有爱就没有教育，没有爱就没有大学教学，没有爱就没有大师和杰出人才……没有爱就没有世界，"爱始终是激发认识和意愿的催醒女，是精神和理性之母"③。当然，爱是有秩序层级的实在——最低层级的爱是本能之爱（或称为爱欲），是人和动物所共有的纯物质之爱，它是生命体存在和类的繁衍的先验性规定。对大学教学而言，这个层级的爱的行动是不需要教和学的，反而是需要规劝、引导与抑制的——必须使人的动物本能之爱回归人的"爱的律令"，而不至于使人成为动物。较高层级的爱是人独有的精神理性之爱（或称为人爱、人之爱），是人区别于动物的规定性。"人之爱的丰盈、层级、差异和力量限定了他的可能的精神和他与宇宙

---

① 刘小枫选编：《舍勒选集》，上海三联书店 1999 年版，第 766 页。
② 刘小枫选编：《舍勒选集》，上海三联书店 1999 年版，第 788 页。
③ 刘小枫选编：《舍勒选集》，上海三联书店 1999 年版，第 750—751 页。

的可能的交织度的丰盈、作用方式和力量"①，也就是说，人爱具有人的个体性差异。对大学教学而言，人之爱的实在程度等同于它被强烈的体验程度，它的贫乏程度也等同于它的实在程度。大学师生对知识和爱的意愿的体验程度等同于对实在生活本真意义的认识和体验程度，并直接再现在教育教学过程和社会生活的实践之中——通过对知识技术实事价值的爱的行动，完善自己与世界的可量化的适切性、关联性、共在性。最高层级的爱是至善精神人格之爱（或称为至善之爱、神性之爱），它是超拔于个体此在样式的爱，通过这种爱的行动而自己自觉升向并投入绝对爱的怀抱。最高层级的爱在主体性的体验、感悟中显现其绝对价值。对大学教学而言，至爱至善的大学教育教学，就是养育人的至爱至善精神位格、"格物致知"、"致良知"，就是师生在教学活动中超拔于此在物的享受，超拔于数、量和级的此在生活样式。而趋向至善精神位格的建构、感悟、体验生活的本真意义，就是培育"大师"、"智者"、"大家"，以圣洁之爱、至善位格之爱的爱之爱者及其行动救赎世界，建构至善世界。

对大学教学而言，如果仅仅局限于高深知识技术的认识与再造，而不基于至善之爱的主体性的体验与反思，大学教学就只能停留在一般原理的发现、接受和纯数理、纯逻辑及纯技术理性的认知和接受层面。如果高深实证科学的教学隔绝了主体性的至善之爱，抛弃了人格至善精神的追求和体验，实证科学也就只能回归其可测量、能量化的层面，因不能进入人的真实世界之中而迷失其生活的本真意义。如果非实证科学（精神科学、人文科学）的教学远离了物质生活的此在样式，非实证科学就失去了其本己价值、体验价值和存在基础，也就变成了失去生活本真意义的"空洞说教"。

本真的大学教育教学，不仅是师生共同传承、掌握、应用宰制知识或成效知识的过程，而且是师生共同传承、发现和创造本质知识或教养知识的过程，更是师生共同追问、体验和创生形而上学知识或救赎知识的过程。②

---

① 刘小枫：《舍勒选集》，上海三联书店 1999 年版，第 751 页。

② 舍勒认为："人力所能及的知识有三种，即宰制知识或成效知识、本质知识或教化知识、形而上学知识或救赎知识。所有这三种知识没有一种是自在自为的。每一种知识都是为了改造存在着。这种存在者可以是物，也可以是人自身的构成形式，或者就是绝对物。"

近几十年我国大学之所以培养的杰出人才太少，大师越来越少，究其根本原因就是因为我国大学教学只停留在宰制知识和残缺且孤立的教养知识（第一哲学）层面，严重缺乏甚至被人为隔绝了系统救赎知识（第二哲学）的传承、体验和创造。人所共知：任何圣者、德范、大师、杰出人才，他（她）不仅是一个至善精神的爱之爱者（爱宇宙、爱国、爱民、爱生活、爱所从事的职业）、仁者，而且是一个"爱智慧者"——哲学家，他们不仅能自如地运用宰制知识持续建构生命体（肉身）的实事价值，还能运用本质（第一哲学）知识为实证科学、宰制知识的每一领域确立相应的终极前提，并确立其本质认识范式。更能从第二哲学的高度出发，把宰制知识（实证科学知识）的成果、教养（第一哲学）知识的成果和价值科学的成果统合起来，建构起对本质知识起源于人的精神行为和至善位格建构的"先验的推导方式"。因为没有建构起至善的形而上学的指引，一切宰制（实证科学）知识和残缺的本质知识的传承、发展至多只能使人停留在技术应用的生活体现者层面，绝不可能成为大师。因此，大学教学既不能仅仅停留于教养知识的、终止一切欲求行为的纯理念思辨之中，更不能仅仅停留在成效知识的、把人训练成人所创造技术的奴隶的纯技能层面，而应把教育教学提升到"至爱的层面"、"致良知"层面和救赎知识层面而进行"全人"养育。

总之，本真的大学教学，既要奠基又要超拔于宰制（实证科学）知识的传承、应用，既要建基于又要健全起教养知识的发现、发展，既要养育又要成型救赎知识、至善人格。简言之，既要大学师生能够宰制世界，也要大学师生成为"有教养的人"，更要大学师生以至善人格精神，以至爱行动，高扬起世界进程的"神性"（Deitas）大旗，感召、引领公众实现"生命的精神化和精神的生命化"。只有这样，科学技术杰出人才才能实现长江后浪推前浪，大学才能真正展示"大学乃大师之学府"的本质。

第三节 体验大学常用教学方法

方法是人们对物质世界和精神世界进行认识、体验、改造的方式或手段。教学方法是师生在课程实施进程中，对物质和精神世界进行交互认识、体验、改造的方式方法。由于教育分为学校教育、家庭教育、社会教育和自我教育，因此，教学方法仅仅是教育方法的课堂境域的教和学的方法，仅仅是教育方法的部分，不能完全等同于教育方法。随着社会的进步，科技快速更新，教学质量观和人才质量观的不断发展，不仅大学教学方法与中小学教学方法只可相互借鉴，绝不能相互照搬和遵循使用，而且因大学的时代、课程、知识点、教师、学生以及教学资源、课程目标等的差异，具体教学方法也呈现纷繁复杂的差异。

一、觉察大学常用教学方法

相较于中小学和其他教育而言，大学教学更能凸显"教学有法、教无定法"。对大学教学而言，所谓教学有法，就是教学实施总有一定的方法、手段；所谓教无定法，就是因大学教学一直信仰"教学自由"、"学术自由"，从而凸显出教学方法的学科性、个体性、差异性、特殊性、创新性、体验性等特性，没有绝对不变的施教法和学习法。

（一）讲授法

讲授法亦称为口授教学法，是教师在课堂中，通过口头语言向学生传授知识技能，改造物质和精神世界的教学方法。是延续至今最古老、最常用的课程实施方法。在古希腊柏拉图的学园和我国商周时期的"辟雍"、"庠"、"序"等就能找到其踪迹。讲授法为什么能够延续发展，徐辉、季诚钧认为，"一方面讲授法是比较经济的教学方法……另一方面讲授法也是一种效率较高的方法，教师利用讲授法能在较短的时间内把较多的知识传授给众多的学生，有助于学生获得系统、精确和牢固的科学知识。因为讲授法是以确保学生获得系统完整的知识体系为目标的……讲授法在中世纪欧洲大学里演变成一种教学制度。"① 张楚廷认为，"讲授法的优点：1. 有利于有系统有计划地组织教学；2. 有利于提高教学效率，伴随着从单个教学走向班级教学，教师的讲授课可使群体受益；3. 有利于教师对教材的充分阐释，有利于教师充分展示自己的学术思想，总之，有利于教师主导作用的发挥；4. 由于教师以讲授统一了学生的共同学习进程，因而也便于学生相互的影响和促进，显示集体的作用……讲授法可分为演绎讲授法、归纳讲授法、直述讲授法、跳跃讲授法、剖析讲授法、综合讲授法、要点串连法、问题串连法，讲授与讨论结合法、讲授与练习结合法、讲授与实验结合法。"② 不仅如此，讲授法还是古今或基于知识技能的规范、或基于真理的唯一性、或基于社会价值和伦理要求等而进行整齐划一目标达成的课程实施方法。因此，讲授法是最基本、最常用、还将持续延续发展的课程实施方法。

正因为讲授法是最古老、最基本的课程实施方法，对这种方法确实也存在"教师主导"，"单向性的思想、观点灌输"，"学生实践、参与、反馈、体验等比较困难"，"学生以听觉和符号视觉投入课堂，因为记忆效果差、不能全面调动学生的感知觉系统投入到课程实施之中"等弊病而被界定为"注入式"的教学方法。

讲授法确实既有优点，也有缺陷。如果把这种教学方法与其他社会生产方法进行效益表象或显性结果的类似比较，它确实弊病百出。但是，回到事实本身来觉察讲授法就会发现，讲授法仅仅就是课程实施的一种方法而已，任何方法的使用既要看使用者和产出效果，也要看针对对象和使用过程，更要看方法使用的支撑条件和价值取向的判断。

首先，不能把课程实施的讲授法和工农业生产方法进行类比，更不能等同。工农业生产方法仅仅是对物质和社会进行实事性改造，其对象是人之外的世界，并生产出可进行显性质量评价的实际效果。而讲授法则是对物

---

① 徐辉、季诚钧：《大学教学概论》，浙江大学出版社 2004 年版，第 132 页。
② 张楚廷：《大学教学学》，湖南师范大学出版社 2002 年版，第 340—341 页。

质、社会和精神世界进行引导性改造，其对象是人的经验和精神世界，它不仅可以通过师生的行动产出显性结果，而更多的是形成隐性的经验建构、价值观培育、德范精神信仰养育等的潜移默化等。

其次，不能把讲授法与演讲法进行同质直观。不论是政治、军事、经济、文化、道德演讲，还是学术演讲，其阐释的内容是相关领域极为单一的问题或现象的观点看法或操作方式；其面对的对象不完全是作为求知者的学生，而是更广的受众；其境域既可是课堂，但也可比课堂大或小的其他语境；其方式是陈述式、号召式；其目的是产生鼓动效应；其价值偏重于受众的理解接受相关观点和采取行动。作为课程实施的讲授法，其内容虽然是完整而系统的观点或操作方式，而且更多的是系统知识或方法中的知识技能节点。其对象是既定的学生，其境域是课堂（课程规定的特定境域），其方式是问题式、启发诱导式、互动参与式，其目的是教师启发性地引导学生进行经验改造，养育德范精神，提升知识技能和价值理性等，其价值既关注每次课和完整的这门课的所是结果，也更多关注和凸显知识经验之所是的过程。简言之，虽然演讲法和讲授法，都强调讲的艺术、技巧，但是演讲法着重强调内容与表演、讲话的有效结合；讲授法强调内容与学生经验的有机结合，侧重于启发、诱导及师生互动过程，侧重于系统知识体系学习，逻辑思维训练，价值理性等的日积月累和渐进式发展。一个优秀的演讲家不一定是优秀教师，而优秀的教师必然是一个优秀的演讲家。讲授法之所以被批评，其中一个重要因素就是教师只管讲，不问，不启，不与学生深入互动，把讲授做成了演讲。简言之，提问、问答、以问题为主线贯穿始终的讲解答疑是讲授法与演讲法及其他教学法的本质区别，没有问题互动活动的讲授就是纯粹的演讲。

再次，绝不能把讲授法等同于讲课法。徐辉、季诚钧认为"讲授法又叫讲课法"[1] 和顾明远认为"课堂讲授亦称讲课"[2] 的论断是值得商榷的，甚至会对教学实施产生误导。无论是从字面意义还是从教学实施过程及其要

---

[1] 徐辉、季诚钧：《大学教学概论》，浙江大学出版社 2004 年版，第 132 页。
[2] 顾明远：《教育大辞典》，上海教育出版社 1999 年版，第 903 页。

求、结果来看，讲授法都不能叫作讲课法。虽然二者都是教师的"讲"，而且讲授法也必须以课程为中介，以实现课程和教学目标为归宿，但是，讲授法凸显的是向学生传授课程的知识经验、德范精神等的体验和学习方法，强调传授对课程的认知、学习和体验方法。而讲课法凸显的是价值中立的课程知识本身的呈现方法，是知识经验和德范精神等内在逻辑的基本规律介绍或"讲述"方法。讲课法凸显的是学生应知道，应明了课程，而忽视了学生习得课程的参与、体验和价值判断与生成。这也正是当前不少教师教学价值欺罔的理论依据之所在——讲课是教师的任务、职业本分，学不学、愿不愿学、学得怎样等是学生自己的事。教学绝不是讲课，绝不是只揭示课程或知识技能本身的逻辑或规律，而是在教学生做人的前提下，教学生如何认知、学习、体验和生成知识经验、养育至善人格的方式方法。

最后，讲授法作为方法，不在方法本身，而在使用者的教师。讲授法被诟病的原因，也不是讲授法所带来的教学效果，而是教师实施讲授法的过程、条件以及相关因素。"一言堂"、"灌输式"、"填鸭式"等讲授法之所以备受诟病，是因为这种"讲授"只有"讲"而无"授"，无学生参与体验。究其根源，其一，教师的讲授是建基于教师自我经验、价值观、认知方式，一旦忽视教学本质（是学生要知道知识经验的之所是及其体验生成），必然变成脱离学生的"独角戏"的讲或观念展示，甚至会出现偏离课程目标、学生意愿、教学伦理的乱讲；其二，一旦教师陷入教学方法就是为了完成教学任务的"为任务而教学"价值自欺之中，或把讲授法理解和执行为讲课法。由于讲授法是最经济、最简单的教学方法，教师有时会将授课变成"讲完课就完成了教学任务"的有讲无授、无学生、无互动的单向性活动，甚至把"念教材"、"读教案"、"说 PPT"等同于讲授法而自欺欺人。

总之，讲授法是历久弥新的教学方法，是以问题、疑问、问答贯穿始终的教学方法。因此，教师必须认清其本质：任何教学方法都仅仅是方法，关键在使用者和如何使用。讲授法的本质，不仅要"讲"，而且重在"授"、重在"得法"，要"授"且要授得有法，就不能只"讲课"，而要"讲"和"授"都得法，建基于学生，学生参与体验互动，回到学生的讲授才是真正的讲授法。

（二）课堂讨论法

讨论法，是为实现一定的教学目的，教师指导学生就课程中的某一问题进行教师启发、师生互动、相互学习的教学方法。该教学方法可以追溯到苏格拉底的"Seminar""助产术"和《论语·侍座篇》。对大学课堂教学而言，课堂讨论法就是"头脑风暴法"。讨论法是大学教学中最广泛使用的方法之一，在我国当代研究生教学中采用讨论法的频率最高，本专科教学中较少使用该方法，中小学教学中使用该方法频率则最低。教学实施中使用讨论法，能充分发挥师生的主动性、积极性、创造性，有利于培养学生的独立思考能力、口语表达能力和创新精神，有利于促进学生灵活运用知识技能和提高分析问题、解决问题的能力，有利于师生的至善精神、至善伦常德范、价值观念、经验理性等协同建构。课堂讨论法可分为以教师为中心的讨论法和以学生为中心的讨论法两种类型。

实施教师为中心的讨论法，教师不仅是问题的发起人，而且是问题逻辑呈现的引导者，还是学生问题讨论结果异化的规避人，也是讨论深入开展、氛围提升的主要煽情者和协调人。实施教师为中心的讨论法，虽然教师可以控制学生讨论的议程和进度，但是教师引发的问题必须基于课程和教学目标，必须基于多数学生的经验、意愿和学力准备，否则讨论将偏离课程和教学目标，甚至难以引发学生积极参与讨论。以教师为中心的讨论式教学，教师应充分为学生提供问题呈现、澄清误解的机会。教师参与讨论多为简要点评和小结，而不是学生对问题进行思考回答后的教师的阐释。

实施以学生为中心的讨论法教学，教师仅仅是讨论前（课前）的任务下达者，是讨论的参与者。讨论的组织、策划、主持、氛围营构、评价等由学生全权负责。以学生为中心的讨论有两种方式：一种是问题解决讨论法，即教师根据课程目标和学生经验，课前给学生下达一个问题或难题，要求每个学生凭借经验、智谋作出独创性的一种或几种解决策略并带入课堂进行讨论、接受质疑。学生通过课堂集体讨论、争辩，最后达成各自有效解决问题、价值理性生成的方式或结论，教师作为旁观者，总结具体讨论的利弊、得失，从而改善相关教学方法，改进教学进度，获得新的启示。另一种是启发性的讨论法，就是针对课程实施中的某一具体问题，由学生发起，教师配合，让学生彼此讨论、交流和吸收对具体问题的认知、体验或实践。通过讨论、争辩或展示，不仅检验每个学生对同一问题的解决方法的效度和信度；而且创新出新的问题解决策略，形成不同的经验、情感、价值、理性等体验方式。当然，可以先用启发问题的方式弄清楚具体问题的不同见解，再用问题解决方式来解决这种分歧。两种方式可以互为补充、灵活运用。

讨论法之所以在本科以上的课堂教学中广泛使用，并为多数大学生所喜欢。最重要的原因是讨论法是突破教师单一观点、方法，而获取师生多元知识技能和价值理性的体验式教学方法，是让每个学生澄清误解、整合经验、发展理性、展示自我、创新策略的教学方法，是能够及时内化知识、生成技能和价值观念等的方法。虽然讨论法一直深受大学生喜欢，但相较于讲授法而言，讨论法是结构性最差的教学方法，也是比较难以操控的教学方法。这不仅要求教师有高深的学养、前沿而广博的知识修养，而且要求教师必须具有精湛的组织协调能力、知识统合与教学操控能力，还要求教师具有对学生学力基础、课程教学目标、社会主流价值取向等比较精准的预判和有效嵌入教学过程的能力。当然，还需要学生积极主动的课前准备、课堂参与、多元探究、深入体验等作保障，更需要学生对知识理性进行分析、综合、抽象、概括等有机配合。对此，不仅要求教师要做好课堂讨论的各项准备工作、确定课堂讨论的主题与形式，还要做好引导学生提高讨论质量，启发学生思考，鼓励学生发言和行动参与等各种预案。更要充分调动自我知识技能结构，教学领导能力和讨论氛围的营构能力，也要发表自己的观点，做好讨论的总结和课后反思。

当然，必须觉察课堂讨论教学与辩论赛的区别。辩论赛的主题是一个问题非此即彼、绝无中间情况的争辩；课堂讨论的主题则可以是一个问题的多元思辨路径或多种解决策略，其论题绝不是非此即彼的，而是辩证统一的，也可以是多个问题的多元讨论、争辩。辩论赛的主体是正反双方辩手，其他人只是观众、评委、计时员、组织者；课堂讨论的主体是课堂参与的每个人（教师既是讨论参与者，也是组织协调者），不仅要提问、发表看法，而且必须深入参与争辩。辩论赛的评价是基于辩论技巧、赛风、辩手之间的配合度等的非胜即败的判断；课堂讨论的评价则是师生知识技能、价值理性的自我生成，绝无胜败、输赢的结果认定。总之，课堂讨论法可以借鉴辩论赛的组织方式，可以在课程实施中针对问题组织几次辩论赛，但不可能一门课的所有课时都是辩论赛，因为实施讨论法的最终目的是要调动课堂境域中每一个人都积极参与、体验而生成各自的知识技能和价值理性或操作策略等。

（三）指导实践法

指导实践法，就是教师指导学生进行实验、试验、实训的教学方法，就是师傅带徒弟的教学方法，包括指导实验法、指导试验法、指导实训法等。

《国家中长期教育改革和发展规划纲要（2010—2020年）》明确指出："坚持德育为先。立德树人……坚持能力为重。优化知识结构，丰富社会实践，强化能力培养。着力提高学生的学习能力、实践能力、创新能力，教育学生学会知识技能，学会动手动脑，学会生存生活，学会做人做事，促进学生主动适应社会，开创美好未来。坚持全面发展。全面加强和改进德育、智育、体育、美育。坚持文化知识学习与思想品德修养的统一、理论学习与社会实践的统一、全面发展与个性发展的统一。"[1] 高教三十条也明文规定："强化实践育人环节。制定加强高校实践育人工作的办法。结合专业特点和人才培养要求，分类制订实践教学标准。增加实践教学比重，确保各类专业实践教学必要的学分（学时）……加强实践教学管理，提高实验、实习实训、实践和毕业设计（论文）质量……广泛开展社会调查、生产劳动、志愿服务、公益活动、科技发明、勤工助学和挂职锻炼等社会实践活动。新增生均拨款优先投入实践育人工作，新增教学经费优先用于实践教学。"[2] 对此，指导实践法已经成为各级各类学校、各种各样课程主推的教学方法，不仅自然科学课程教学在不断深化和革新指导实践教学法，而且人文科学教学也在不断丰富该教学法。

指导实践法是伴随人类始终的教育方法。实验法这一术语最早由法国

---

① 中共中央、国务院关于印发《国家中长期教育改革和发展规划纲要（2010—2020年）》的通知，中发〔2010〕12号。

② 《教育部关于全面提高高等教育质量的若干意见》，教高〔2012〕4号。

著名哲学家帕斯卡尔（Blaise Pascal）于 1648 年提出。作为教学方法，指导实验法是在教师的指导下，学生借助于仪器设备，进行独立操作，以获得直接经验，培养技能技巧和体验知识技能的成效价值的一种教学方法。指导试验法是在控制情境中，教师指导学生操控因变量，观察记录自变量，从而发现两种变量之间因果关系，以验证预定假设的探究性教学方法。根据场所不同，指导试验法可分为实验室指导试验法和现场指导试验或实践操作法。指导实训法是在具体境遇中，通过教师理论阐释、操作演示，或师生协同参与实践，教师指导学生实践训练，以获得价值观念和精神体验、知识技能生成与运用和创新、增强感悟能力等的教学方法。

仅就大学课程实施的指导实践教学法而言，从大学产生到文艺复兴之前，虽然大学教学由宗教和僧侣掌握，但大学教学除了重视思辨外并不忽视个体的经验、感悟和体验训练，尤其是医学、法学等古老学科的教学都普遍重视实践教学指导。随着两次工业革命后对人才的批量化需求的发展，自然科学、社会科学广泛进入大学课程，大学功能从只培养神职人员、政治精英向培养各级各类人才、发展科学技术、传承文明、服务社会等多功能发展。20 世纪 30 年代，法兰克福学派认为知识可以分为体验性知识和认知性知识两类。体验性知识是无法用言语传递和表达的，认知性知识是可以用概念、言语传递和表达的。这就从知识分类的角度进一步肯定了人的实践体验的重要意义。马克思主义认识论也认为，人类的认识可以分为两个阶段——感性认识阶段和理性认识阶段。感性认识阶段认识的主要活动形式有感觉、知觉、表象，理性认识阶段认识的主要活动形式有概念、判断、推理等。对此，人们逐渐对个体经验在个人成长和社会应用中的重要作用有了更为深刻的认知，也愈来愈重视直接经验的学习形式，从而使指导实践教学法成了各国大学教学重点主推的教学方法。

当然，必须深入觉察指导实践教学法的内在逻辑及其使用规则。其一，相较讲授法、指导讨论法而言，指导实践教学法需要必备的实践条件（物质基础、时间保障、师生条件等）。其二，指导实践教学法不能等同于学生或教师独立自主实践、实验探索法，没有教师指导的实践、试验学习，不仅学习效率相较不高，甚至会多走弯路，当然也不是教学实施，仅仅是学习体验行为。之所以是指导实践法，既要体现教师的"指导"、"教"、"示范"，也要教师帮助学生规避"弯路"和做无效实践。其三，指导实践法不只是自然科学课程实施的最好教学方法，不但理、工、农、医等学科教学必须强化指导学生实践训练能力，就连精神科学、人文科学也必须强化指导学生实践训练——精神人文科学的感性知识只有通过体验实践才能递升为理性知识。除了自然科学的教学质量必须以学生实践能力提升作保证外，而且音、体、美、语言等专业能力本身就是指导实践训练、感悟和强化练习的结果。就是哲学、神学的教学，指导思辨仅仅是一种启发引领，关键还得指导学生进行实践体验、感悟，才能真正提升其思辨、应用并出成效的能力。其四，指导实践法之所以普遍使用比较艰难，除了受既有讲授法的定势影响以及实践训练所需物质、时间等限制外，还受教师教学价值取向，实践实验器材更新速度太快和价格昂贵，实践训练不可控因变量因素太多，教学质量评价体系不健全，学生条件及其意愿等因素的制约。其五，从教学目的来看，任何教学方法和教学实践，其目的都是要实现学生能正确而高效地使用其所学的知识技能、价值理性，并形成正确而有效的行动和结果。因此，指导学生实践就是训练学生的动手能力、感悟体察能力，就是教学生学、用、实践、在动手实践中思辨总结提升。

总之，指导实践法就是教师在课堂境域中指导学生实践实验的教学方法，绝不是教师课堂上讲理论，让学生课后独自做实验的方法，更不是教师不在场而完全由学生自我体验操作的教学方法。指导实践法就是教师在学生面前演示、示范操作，在学生实践中积极指导、引导、协助学生操作体验，在实践中和实践后启发学生反思总结，形成知识技能和价值理性等的教学方法。没有教师全程参与指导的实践训练法，仅仅是实验法，绝不是教学方法。

（四）案例教学法

案例教学法是教师根据教学目标和课程内容的需要，组织指导学生运用相关经验、理论、方法对有关案例进行分析讨论，提出解决方案或归纳出相关结论、价值观念，使学生掌握和发展有关知识、理论、技能、价值、理性，以提高学生理性认知水平和实际问题解决能力的教学方法。该教学方法，由美国哈佛大学工商管理研究生院于 1918 年首创。目前，该教学方法已广泛应用于国内外各级各类学校、各门课程的教学实践之中，也是国内外各种技能培训、岗前培训、资格考试培训等教学实践中常用的教学方法。

仅就国内大学教学而言，案例来源有具体课程的教辅资料中编撰的案例、师生有意识收集或亲身经历的案例、教材中提供的案例等三种。其中，教师针对课程教学目标达成而有意识收集案例，是案例教学法的主要案例来源。案例的效度和信度需经过教师结合课程需要而进行有效研究、甄别、筛选，并充分分析其是否能适用于课堂教学。案例教学法大多嵌入在理论讲授法、课堂讨论法、指导实践法等教学方法实施之中，其中师生的已有经验和掌握基本理论或方法是前提。案例呈现可分为课前印发案例或要求学生收集案例，课堂呈现阐述案例，教师根据教学进程有意识呈现案例等。案例载体有图文形式、口述形式、实物形式。进入教学过程的案例，需具备典型性、相关性、真实性等特征。使用案例教学法，教师是教学组织者、学生分析讨论的引导人，是案例分析或操作过程、讨论情况和方案实施的点评人；学生是案例分析讨论或操作的主体，是观点归纳、价值体认、操作实践、知识技能应用和创新的主体。使用案例教学法，必须充分发挥学生的主动性，要学生积极质疑答辩或体验实践，在综合学生结论或方法后，教师应呈现权威方案或结论，以此检验学生对具体案例的思辨或操作的有效性、创新性。

陆俊元教授认为"案例教学法本着整合理论与实践的宗旨，以真实和具体的案例为基本素材，将学习者引入特定事件的实境之中，学习者积极参与、平等对话，通过教师与学生之间、学生与学生之间的多向互动，促使学习者充分理解问题的复杂性、变化性和多样性，重点培养学习者分析和处理实际问题的能力、批判反思意识和团队合作精神"[1]。其实，案例教学法不仅适用于商业、教育、法律等学科教学，而且适用于一切学科教学。对此，不能失察于案例教学法的相关问题：其一，每次课、每门课程、每个学科都有

---

[1] 陆俊元：《案例教学法的本质特征及其适用性分析》，《中国职业技术教育》2007 年第 28 期。

案例，但是不能以案例教学完全代替理论阐述、基本操作方法培训、基本价值理性促成，案例教学是对基本理论、操作方法、价值理性的检验和拓展的教学。其二，案例教学法中的案例和举例教学中的例子既有区别又有联系，教学中应用的例子如果仅仅是为了印证某一观点、理论或方法，且是一带而过、不需学生深入争辩的例子，它就是举例教学的例子。如果教学中举出的例子是要学生充分讨论、质疑或操作训练，最终形成师生的体验经验，则该例子就是案例。简言之，举例教学的例子是不需要深入讨论的，而案例教学的例子是必须深入研讨、实践体验的。其三，案例教学的评价不仅仅是让学生知道这一个案，而是要在个案思辨、研讨和操作实践中检验已有知识经验、方法策略、价值理性，并形成触类旁通和发展的知识技能、价值理性等。

（五）多媒体教学法

《教育大辞典》认为，"多媒体教学法，是为完成一定的教学目标，在教学中使用两种以上经设计而有机组合的媒体。多种媒体相辅相成，构成教学信息传递和反馈调节的优化教学媒体群，其教学效果通常优于单媒体"[1]。该界说可能是《教育大辞典》术语最不规范的定义了——不仅主词与谓词、宾词难以匹配，而且定义的内涵与外延也未界说清楚。从简单定义而言，所谓多媒体教学法就是使用两种以上的媒体组织实施教学的方法，是相对于古典教师讲学生听和记的"单媒体"而言的教学方法。从教学媒体发展的历程来看，在造纸术、印刷术出现前，教学基本上是"师讲生受、口耳相传"的"单媒体"教学，纸本教材出现到电子技术应用于教学实施之前，基本上是"六个一"（一位教师、一群学生、一间教室、一本教材、一块黑板、一支粉笔）传统多媒体教学法，当代人们普遍认同的多媒体教学法，是现代教育技术、电子技术、数字技术等多种媒体广泛应用于课堂教学的教学方法。

当代多媒体教学法的媒体可分为硬件与软件两部分，硬件媒体主要包括计算机、投影仪、展示台、相关模型、标本、实体物、样品、移动客户端

---

[1] 顾明远：《教育大辞典》，上海教育出版社 1999 年版，第 305 页。

等，软件媒体主要有电子课件、影音视频、教材、管理软件、网络、数据库、编辑软件等。当代多媒体教学法是在教师指导控制下，把教学内容通过文字、图像、音视频、实体物、动画等有机集合，以达到立体化、全息化、多元体验的教学方法。

随着人工智能（AI）和数字技术的快速发展并广泛应用于教学活动之中，教师必须清醒认识后现代多媒体教学法的优缺点，必须积极规避各种现代媒体的异化力量。后现代多媒体教学方法的优点有：1. 相较而言可以解放教师的课堂劳动量，但教师备课量将随着所用媒体数量的增加而增加。2. 课堂信息呈现的全息化、立体化，各种知识技能都可通过现代数字技术呈现于课堂。3. 交互方式已经突破学生和具体教师，不仅有师生交互、师生与他人的交互、还有人与机器或人与物的交互等。4. 教学体验的多元化、全能化，使用多媒体组织教学可使师生获得全面、全能的多元体验，及时生成直观的知识技能和价值体验。5. 能实现及时性、当下性的教学质量评价和反思、修正。多媒体教学法的优点还有很多，但是，作为教师必须清醒地觉察其危害，必须尽最大努力规避后现代媒体的异化力量：1. 绝不能让多媒体代替教师的主导地位。当前，部分教师已经退化成教学机器的开机人——用各种音视频代替教师的劳动。2. 绝不能让媒体、机器代替师生的学习劳动和体验过程。由于数字技术、人工智能的普及，不仅师生的书写、演算、语言表达等能力和质量"一代不如一代"，而且逻辑思辨、人际交往、生产生活实践等能力也不容乐观，这正是霍金、卢克·米尔豪泽、弗兰克·维尔切克、扬·塔利等世界顶尖学者联名发出公开信警告"如果没有针对人工智能的安全防护措施，可能导致人类的未来变得黯淡，甚至让人类灭亡"[①] 的教育学价值所在，必须尽力规避使人成为工具的奴隶的风险。3. 绝不能违背教学规律和学生掌握知识技能、形成人生观和世界观的规律。绝不能只遵循媒体呈现知识技能的规律，而简单地把黑板改成屏幕；也不能为了迎合学生而让学生接受，传播网络上的伪知识、伪德性。不仅仅是中小学生要教师教、引导，大学生也必须要教师的教、提醒、劝诫。4. 绝不能用媒体、机器评价代

---

① 《人工智能危及人类？霍金等科学家呼吁防其政变》，人民网：http://people.cn/2015/1。

替教学质量评价。机器的评价是数字化、量化和结果正误评价，是"是什么"，"达到什么"，"完成多少"等的显性评价，是对预设结果、对"事"的评价。而教学质量评价既有显性结果评价，也有隐性非量化结果评价，还有形成过程评价，教学质量评价是既对事也对人的综合性评价。因此，使用后现代多媒体教学法，必须推行多媒体辅助教学，只能实行多媒体辅助其他教学方法的有机配合的教学方法。否则，教学不是在传承文明、培养人才，而是在发展工具的异化能量，在使人成为工具的工具。

（六）指导学习法

一般意义而言，指导学习法与前述的五种教学方法，都是教师协同学生掌握知识技能、培养人生观和世界观的学习方法，其评价的主要内容都是看学生知识经验和价值理性在相关教学方法实施之后的变化或效果。但是，从严格意义和教学操作策略来看，指导学习法确实是一种特殊的教学方法。所谓指导学习法，就是在教学境域中，为了达成教学目标，教师指导学生针对具体课程或某一知识技能或价值理性，指导学生寻找契合自己解决问题，体验操作，感悟思辨的教学方法，是指导学生提高自学能力，培养主动探究精神与终身学习习惯的一种教学方法。指导学习法与前述五种教学方法区别的关键点就在于，指导学习法重在学习方法的寻找、训练、改进，是"授人以渔"的教学方法，课程与教学目标仅仅是检验方法效度和信度的媒介。指导学习法是实现"教是为了不教"的最直接、最重要的教学方法。

指导学习法之所以是教学方法，是因为：1.面对新知识、新技能、新理念等新课程，只有通过教师理论阐述，方法指导与示范，才能快速提升学生学习效率和改进学习方法。2.虽然正常人先天就具有学习愿望和能力；但是，学习方法获得可分为两种：其一是自己不断地摸索、总结而成的学习方法，但这种方法不仅需要经过一定的时间和事实结果来检验其信度和效度，而且还有可能是错误的方法；其二是借鉴他人（含教师）已有的正确而高效的方法，这种借鉴有效方法、整合自己经验而成为为我所有和所用的方法，肯定是最优化的方法。当然，学习、操作、体验等方法的创新，也必然是借鉴他人方法和整合自己经验之后的创新。

作为教学方法之一的指导学习法，包括指导自学法、指导体验法、指导操作法等。其中指导体验法和指导操作法与前述的指导实践法有交叉，但其区别在于，指导实践法偏重于课程目标的达成；指导体验法和指导操作法偏重于学习方法、练习技巧的习得与创新。指导学习法，师生应注意相关问题：（1）已有经验、学力准备。教师对具体课程的学习方法虽然能发挥示范、引领效果，但学生的已有经验、学力基础是关键。没有基础的任何跨越式的学习方法指导都将产生事倍功半的效果。如指导学生学习科研论文的写作方法，如果学生没有相关的学术理论、科研论文等作基础，教师即使告诉学生科研及论文写作的每一个相关的细小方法，学生也只有对科研论文写作方法的感性认知。（2）方式、兴趣、意向等差异。教师可能根据人才培养目标的意向而指导学生掌握相关的学习方法。但是，如果学生对教师的方式、意向和学习方法不感兴趣，学生即使按照教师指导的学习方法进行了实践，最终也可能还是教师的学习方法，而不能生成为学生的学习方法。如指导学生阅读法，传统教师比较倾向于纸质图书的批阅式、摘录式、思辨性的系统阅读，而当代学生却喜欢数字图书、碎片化、悦乐化的"阅后即焚"式阅读。（3）学习方法的信度、效度和时代性、新颖性、契合性。随着科学技术的飞速发展，传统操作、训练、体验等学习方法及其习得过程，已经发生很大的变化，如果教师还是按传统范式指导学生掌握相应学习方法，很难生成学生的学习方法。如做机床零件，传统操作方法是根据图纸，按图索骥式手工打磨或操控机床；而现代操作模式是把图纸输入数控机床，操控机器加工。（4）规避工具、技术和他人依赖。当代不少学生都不太重视学习方法的体验和创造，不少人把操作、训练、实践等学习方法体验过程都交给了工具、他人代替，自己只要结果。如指导学生结合具体病理开具不同处方，一些学生不是结合自己的已有知识经验和知识来编写，而是直接掏出手机或输入电脑"百度"之后誊抄、打印。（5）注重方法的价值伦理。指导学习法的最终目的是要学生在教师指导下，充分调动自己的视觉、听觉、动觉，整合已有经验和学习方法，经过思辨、操作、体验而生成自己最优化的学习方法，以提升自己独立处理问题的能力。因此，教师只能以体验的学习方法去指导学生学习方法的应用和体验，绝不能让学生绝对接受和使用教师的学习方法。学生学习方法的应用、创新也必须是经过自己深入体验、实践、检验、反思之后的方法，而不是照搬他人的方法，更不能只用他人或网络上的结果，而不注重学习方法的自我习得、生成与优化组合。

二、觉察大学课堂学习方法

对当代大学生学习方法研究，国外学界基本上认可 20 世纪 90 年代瑞典哥德堡大学的马顿和萨尔乔（F. Marton & R. Saljo）团队对大学生浅层学习方法（surface approach）和深层学习方法（deep approach）分类的经典研究。① 其后，"英国学者恩特威斯特尔和澳大利亚学者比格斯将马顿概念化的学习类型转变为可进行定量测量的学习方法量表。他们的研究工具、分析模式进一步引领了大学学习研究随后几十年的发展"②。国内学界对当代大学生学习方法的研究也产生于 20 世纪 90 年代，先后出版有刘智运的《大学学习理论与方法》（1995）、林毓锜的《大学学习学》（1999）、郝贵生的《大学学习学》（2001）、李明的《大学学习学》（2004）等著作。不论是国外的量化法研究还是国内的相关研究，都是从大学生学习策略与评价的宏观视角的研究，几乎未涉及大学课堂教学中的大学生学习方法的微观视角的研究。从课堂教学方法的视角来看，除了教师的教授方法外，还得审视学生课堂学习方法获得、体验、应用和扩展。就完整意义的教学方法而论，具体的教授方法必然有相应的主要学习方法相匹配，二者是不可分割的统一体。

（一）课堂记问学习法

所谓记问学习法，是匹配讲授法的主要学习方法，是在教师讲授过程中识记、记录、记住教师讲授知识技能和价值理性的学习体验方法。虽然"记问之学不足以为人师"（《礼记·学记》），但却是为人徒，做学生，做人

---

① BIGGS J. *Teaching for Quality Learning at University*：*What the Student Does*. London：SRHE，Open University Press，1999，pp.11-12.

② 吕林海、龚放：《大学学习方法研究：缘起、观点及发展趋势》，《高等教育研究》2012 年第 2 期。

必要的学习方法。

课堂记问学习法中的"记"可分为心记、笔记、电脑记、录音录像记、拍照记。其中，心记就是听教师讲，并把教师讲的内容整合进自己的脑海，形成记忆的内容。在课堂教学中，心记都是短时记忆、暂时记忆，只能对教授内容形成模糊印象、大概轮廓。笔记和电脑记就是记录教师讲授的、教材中没有的要点和难点，记教师传授的方法，把观察到的内容用文字、符号、图画等形式记录下来。录音录像记就是用录音录像设备（学生用手机录音录像较为常见）把教师的讲授过程、做实验的流程及操作过程等录制下来。拍照记就是把教师讲授的片段用照相设备拍摄下来（当前有学生主要用智能手机拍摄记录）。从学习效果来看，笔记和电脑记远比心记、录音录像记和拍照记所产生的及时性效果高，笔记和电脑记能"有助于听课时集中注意力。专心致志地详细记笔记，就会高度注意听取教师讲述的每句话语和在黑板上书写的每段文字、每个公式，从而就顾不上走神去想其他事情，也不会被外界干扰所吸引而转移注意力"[1]。同时，还能增强短时记忆、加深印象。对课堂教学而言，"好记性不如烂笔头"讲的就是课堂如何提高听课效率的方法与价值。录音录像记和拍照记课后还得再详细整理、学习。笔记既可记在专用笔记本上，也可记在教材空白处。笔记和电脑记，听明白的就直接记录，未听明白、文字信息提取暂时有困难的，则记录大意或用其他符号代替记，且不必苛求字迹工整，只求速度跟上教师的进度。不论是记在笔记本、书上还是电脑中，应该及时记录下自己针对教师讲授内容的反思要点、质疑点、创新点，这是即学、即思、即创、即问，是提高"一课一得"学习效率的最佳学习策略。

课堂记问学习法中的"问"可分为教师设问、学生疑问、师生互问互答。带着问题授课、听课、学习是课堂教和学的本质要求，是提高教学效率的基本途径。"提问不仅是一种技巧，更是一种艺术的境界，问的境界不同，人生从此便不一样"[2]。教师教学中的设问，包括求证问、是非问；设问、反

① 魏安赐：《怎样有效地听课和记笔记》，《河北工业大学成人教育学院学报》2007 年第 4 期。
② ［美］安德鲁·索贝尔、杰罗德·帕纳斯：《提问的艺术》，陈艳译，中国人民大学出版社2014 年版，"封面语"。

问、诘问、自问自答；激趣问、启发问、拓展问、悬念问、铺垫问等等。学生不仅要积极思考，主动回答教师的问题，而且应该记录教师的一些重要的问题及师生回答的要点。学生在课堂教学中的疑问，包括求解问、求是问、求方法问等有疑而问，不论是自己还是其他同学的询问，只要有价值，学生都应该记录、积极思辨。不论是讲授法、讨论法、指导实践法还是指导学习法，一切有效的课堂教学都必然是问题贯穿始终的教学，"没有问题的课堂是教学最大的问题"。明代著名学人陈献章说"前辈谓学贵有疑，小疑则小进，大疑则大进"①，讲的就是学习的"疑"和"问"的重要意义。

（二）课堂实践训练学习法

课堂实践训练法，就是在教师指导下，教师或其他人示范后，学生自己亲身体验、实践、操作、思辨、判断、创造等的学习方法。该方法与课外独立实践、体验、创造等学习方法的本质区别是有无教师参与指导、提醒、帮助。实践是检验真理的唯一标准，也是学习效率的重要标准，是理论习得外化和内化成自己知识经验的唯一手段。不仅技能课和实验课需要亲自实践操作来形成自己的知识技能，理论课也必须经过实践操作和体验，才能加深记忆、最终内化成自己的知识经验和价值体认，才能最终形成自己的价值观和方法论。

从知识技能习得和价值观形成的角度来看，课堂实践训练学习法可分为身体机能实践训练法和言语实践训练法。身体机能实践训练法包括动手实践和全身机能协调参与训练，动手实践训练学习法就是训练手感和动手能力的学习方法，对大学课堂教学而言，就是在教师指导下学生体验书写、绘画、绘图、试验、键盘操作、听诊、切脉（中医）、针灸、注射等眼手脑并用的实践训练学习方法。全身机能协调参与训练学习法就是在教师指导下、示范后，学生通过协调自己全身机能参与指向性活动并生成知识技能的学习方法，包括体育技能生成、音乐器材使用、机械操作控制、动物捕捞、植物栽种等需全身心协调整合的实践训练学习。言语实践训练学习法，是在教师

①　（明）陈献章：《白沙子·与张廷实》，上海书店 1936 年版，第 49 页。

讲解、示范、询问后，学生运用口头语言对相关问题，学习对象进行回答、演练、揣摩等言语实践训练学习法，包括口头陈述、朗诵、演讲、辩论、对答、演唱、劝诫等，涉及音、字、词、句、段以及语音、语调、语气、语境、语态、语用、语法、修辞、情态等的口头语言再现和生成训练。

总之，课堂实践训练学习法，是在教师指导下，学生学用结合、即学即用即生成能力和价值观的学习方法，是提高学生动脑、动手等行动能力必不可少的学习方法，是规避高分低能的唯一策略。对此，教师必须规避"满堂灌"和"一言堂"，每次课必须留出大量的时间指导学生实践训练，而且教师必须在场，在课堂，在学生身边。绝不能讲完理论，示范完毕就完全交给学生独立训练、自行体悟，教师必须适时指导，及时纠正学生的实践训练。当然学生自己也必须积极实践、主动训练和体验，只有师生都在场的实践训练学习，才能最大效益地提升教学质量，学生动手能力才能得到快速提升。

（三）翻转课堂学习法

翻转课堂（Flipping Classroom，或译为"颠倒课堂"），何克抗教授认为，翻转课堂学习法是"学生课前在家里听看教师的视频讲解，课堂上在教师指导下做作业（或实验）的混合式学习方式"[①]。对大学教学而言，翻转课堂学习法是学生通过"大规模开放在线课程（MOOCs，慕课）"的在线学习，在"在线学习社区"交流讨论，课堂上向教师求教和在教师指导下进行实践，获得知识技能和价值观念的学习方法。大学学习，不仅课前可通过在线学习MOOCs内容，课后也在通过MOOCs、名师讲堂视频、国家精品课程、在线能力测试以及其他在线课程补证、检验教师课堂讲授的内容。而且不少认真学习的大学生，不仅通过MOOCs等内容补证、检验教师授课的内容，而且还用教师讲授或指导学习的内容，自己反思和创造的内容检验或评价MOOCs等内容的前沿性。因此，真正的大学翻转课堂学习不仅仅是"课

---

① 何克抗：《从"翻转课堂"的本质看"翻转课堂"在我国未来的发展》，《电化教育研究》2014年第7期。

前视频学、课堂做作业"的混合式学习，而且是课前、课堂、课后的视频学习与反思、检验、体验、拓展、创造等的综合学习。

对大学生课堂学习而言，课前或课后的 MOOCs、名师讲堂视频、国家精品课程、在线能力测试以及其他在线课程的学习，既要检验、评价自己课堂学习的内容与效果，更要记录、整理、拓展在线课程和教师讲授或指导的课程，更要积极促进自己动手能力、"做作业（或实验）"、实践操作训练能力。必须深入觉察包括 MOOCs 在内的任何在线课程学习，它都只能是发挥听觉、视觉、记忆和文字或图片记录等能力训练，所获得的绝大部分仅仅是感性知识技能和价值观等。它不可能代替自己动手、亲身实践、亲自体验的动手能力、技能操控能力等感性和理性相统合的能力训练与提升，尤其是工学、理学、医学、农学等自然科学的操作性、试验性、观察性、体验性极强的知识技能和德化观念，任何在线课程只能传授是什么、为什么、怎么做，学生能通过在线能做和体验到的经验、技能即价值理性等是非常少的。因此，必须回到真实课堂和在教师指导下操练、体验、体察。翻转课堂改变最多的是教师的授课方式、教授策略，对学生学习方式中的实践、实验、体验等学习方法及其效果不可能产生根本性的变化，实践训练必须回到非在线课堂，回到真实而非虚拟现实生活之中。

第七章 直观我国当代大学教学评价

教学是师生以课程为中介的意向交集的精神交互活动。作为一种人与人的精神交互活动，自教学活动产生之时起，因对其有特殊的期许（expectation）、意愿（desire），就对其有各种各样的认知（recognize）、分析（analysis）、评价（evaluation）、评定（assessment）、测量（measurement）、检查（inspection）、判断（judgment）等。因评价、评估、评定、评审、测量以及教学、教学质量、教学工作等几个词语在评价活动过程中，既有语义、语用等的交叉，也有评价实践操作的交叉，所以，截至当前，教学评价的真实定义、操作定义、语境定义等各有不同，进而在教学评价主体、评价内容、评价方式、评价结果等也出现体验认知差异和实施应用差异。

第一节 大学教学评价的定义

教学评价是教学过程不可或缺的重要环节，是教学系统中一个不可或缺的构成要件。所以只要翻阅当代任何一部教学论或课程教学论著作，就会发现每一部著作都必有教学评价这一重要章节的相关论述，只是对教学评价的定义及操作等就各有不同或雷同表述而已。

一、教学评价内涵主要界说概览

以色列教育学家利维（A.Lewy）认为世界上的教学评价可分为三个时期，各时期的教学评价认知各有不同：① 一是古典考试时期，其教学评价是以试卷或口试的方式检查学生学习的水平与效果；二是心智测量时期，其教学评价是用纸笔法检测学生心智效果与编制测量工具之间数量比对，从而判定学习水平；三是后现代时期，其教学评价是以教师为主导对师生教学效果进行评定（assessment）而不是评价（evaluation）。

我国张玉田教授等人认为国外教学评价大致分为四种：② 一是以桑代克（Thorndik，R.L.）、赫根（Hegan）、耶贝尔（Ebel）等为代表，认为教学评价就是教学测验；二是以比贝（Beeby，C.E.）为代表，认为教学评价是教学价值判断；三是以泰勒（Tyler，R.W.）、普罗沃斯（Provus，M.）为代表，认为教学评价是把教学活动的实际表现与理想目标进行比对的过程；四是以斯塔弗尔比姆（Stufflebeam，L.D.）为代表，认为教学评价是系统收集资料以协助决策者找到可行方案的活动。

钟启泉教授、张华教授认为世界教学评价大致分为四个时期：③ 一是测验和测量时期，认为教学评价就是教学测量；二是描述时期，以泰勒（Tyler，R.W.）、布卢姆（Bloom，B.S.）为代表，认为教学评价就是教学效果与教学目标达成的比对描述；三是判断时期，以艾斯纳（Eisner，E.W.）、斯克瑞文（Scriven，M.）等人为代表，认为教学评价就是教学价值判断；四是建构时期，以古巴（Guba，E.G.）、林肯（Lincoln，Y.S.）、斯太克（Stake，R.E.）等为代表，认为前三种教学评价是管理主义倾向的预定式评价（preordinate evaluation），第四代教学评价方式是质性研究法，是评价者和被评价者"协商"进行的共同心理建构过程。

---

① See Lewy, A. (1996), "Postmodernism in the Fiel of Achievement Testing", *Studies in Educational Evaluation*, 22 (3), pp.223-224.

② 参见张玉田：《学校教育评价》，中央民族学院出版社 1987 年版，第 17 页。

③ 参见张华：《课程与教学论》，上海教育出版社 2000 年版，第 383—391 页。

顾明远教授主编的《教育大辞典》认为："教学评估（evaluation of teaching and learning）基于所获得的信息对教学（或实验）效果作出客观衡量和判断。基本范围包括教学目的、教学内容、教学方法的选择和合理运用，教学过程诸环节的有机结合及学生学习的积极程度等。评估时应遵循三条原则。（1）效果的个性差异原则。各人的教学存在着一定的差异，这是进行教学评估的重要依据。（2）社会客观要求原则。在具体评估教学时，必须坚持教学大纲提出的统一要求和基本精神。（3）依靠测验成绩分析原则。考试成绩虽不是衡量学习质量的唯一标准，但它仍是教学评估的重要依据，对其分析，可获得许多对评估教学具有重要意义的信息。评估教学有三条具体标准。（1）效果标准。指每个学生在某一时期内，根据所提出的任务，尽自己最大可能所达到的知识、技能、思维素质和智能发展方面的实际水平。（2）时间标准。指评估教学应具有速度和时间的意义，即要表明学生在规定的时间内，根据现行教学大纲的要求需达到的应有水平。（3）活动性质标准。指教学评估不仅要考虑效果，还要评估取得效果所采取的手段和方法的教育性质。教学评估的基本方法有测验法、问卷法、观察法、调查法、实验法等。"① "教学质量评价（evaluation of instructional quality）依据教学目标对教学过程中的各种因素及其综合结果作出科学判定。旨在为进一步改进教学工作提供可靠依据，使教学按一定方向和水平有序地达到既定目标。一般可分行为评定和效果评定。前者以教师在教学活动中的行为为直接的评定对象，教师的行为通常体现在教学方法、教学能力、教学态度等几方面。后者以教学工作的最后结果，即以学生的学习成绩（包括行为的变化、能力的增长、学术水平的提高）作为评价教学质量的依据。常用的评价方法有考试、测验、座谈、问卷、实践检验等。"②

我国教学论的奠基人和开拓者王策三教授认为："研究教学效果检查问题的理论，是教学论的有机组成部分，它要论证教学效果检查的本质和作用，探讨其中的规律性，帮助寻找好的检查方法。教学效果检查的理论，不

① 顾明远：《教育大辞典》，上海教育出版社 1998 年版，第 718 页。
② 顾明远：《教育大辞典》，上海教育出版社 1998 年版，第 723 页。

仅是教学论或教育学的组成部分，而且也是管理科学的一部分。"① "教学评价的'学生中心'、'经验课程'、'探究学习'不能作为（中小）学校教育的独立或主导模式；要正视学校课程教学固有的内在的矛盾。"② "中小学教学中，知识是先在的，既有的，现成的，预制的，确定的，已知的，其具体载体就是体现教育目的和教师意图的课程和教材。新课改'三维目标论'在理论上是相当混乱的。"③

另外一位我国高等教育学的奠基人和开拓者潘懋元认为："教学工作是学校的中心工作，检查教学质量，除进行经常性的检查外，每学期或每年应当组织一次集中的检查，发动各系、各教研室进行检查。检查后应进行科学的质量分析，作为改进教学的依据。"④ "教学改革才是教育改革的核心。一切体制改革工作，必须围绕这个核心，使之有利于教学改革的进行而不是有害于教学改革的开展。如果偏离这个核心，体制改革就可能失去目标，迷失方向，甚至导致教学质量下降，与教育改革的目标背道而驰。"⑤ "当前，高等学校的教育评估，正在全国大张旗鼓地进行。然而教育评估的指导思想，还停留在早期的评估理念上，亟需现代评估理论指导，以提高评估工作质量，减少所引起的负面影响；内部教育督导，虽悄然兴起，行政监督只在中小学层面，可能高等教育也将面临主管部门的督导，更需现代督导理论的指导。"⑥ "高等院校教育教学质量评估首先是高校的自我评估，其次才是校外评估。"⑦ "在高等教育评价体系中，最重要的衡量参数是学校规模、层次和学位点数量。高校之间比'高'与'大'，而不比'学'，这对高校是一种误导。"⑧

① 王策三：《教学论稿》，人民教育出版社 1985 年版，第 302 页。
② 王策三：《应该尽力尽责总结经验教训——评"十年课改：超越成败与否的简单评价"》，《教育科学研究》2013 年第 6 期。
③ 王策三：《"三维目标"的教学论探索》，《教育研究与实验》2015 年第 1 期。
④ 潘懋元：《高等教育学》，人民教育出版社 1985 年版，第 230—231 页。
⑤ 潘懋元：《教学改革的核心地位不能动摇》，《中国高等教育》1995 年第 4 期。
⑥ 潘懋元：《高等学校教育评估与督导概论·序》，《高教发展与评估》2005 年第 1 期。
⑦ 潘懋元：《本科院校质量保障体系研究·序》，《佛山科学技术学院学报》2008 年第 2 期。
⑧ 潘懋元：《大学不应只比"大"不比"学"》，《职业技术教育》2011 年第 27 期。

张楚廷教授认为："我国大学的教学评估工作，越来越系统，越来越普遍，越来越成熟……教学评价无论对学校、对教师、对学生都是重要的，对于百姓、对社会也是必要的。影响大学教学评价的因素包含师资质量、科研水平、生源质量、课程、图书资料、仪器设备、教学投入、校风学风、教学管理、观念环境等。"①"大学，一个大写的'学'字；大学是一些智慧的头脑相互碰撞的地方；大学是真理的集散地；大学是人类的最高创造物之一；大学不属于政府，大学属于国家；大学只对真理负责，并以此对民族负责，大学是一个学术权力起主导作用的地方……大学是一些智者活动的地方，他们并不需要别人去管束，只要不干预，他们就可以把大学办好。大学所取得的成果往往是要经过很长时间后才看得出来的，大学培养的人才究竟未来会作出怎样的贡献也是难以预期的。它望着未来，为了未来，却很难安排未来的一切。"②"在我们的课堂里关键词是'人和问'。学生问着，问着的学生。大学的课堂里，尤其应当如此，否则，怎么能称得上大学？怎么能做大学问？能引导学生常问、多问的老师是好老师。能引导学生爱问、会问的老师是更好的老师。能引导学生把自己问倒而挂在黑板上的老师是最好的老师。"③

浙江大学的徐辉教授等人认为："大学教学评价亦称大学教学工作评价或大学教学评估……大学教学评价是指大学根据一定的价值标准，对教学的发展变化及构成或影响其变化的各种因素进行价值判断或者自我价值判断，为改革教学、提高教学质量提供可靠的信息和科学依据。"④

西南大学的李森教授认为："所谓教学评价，是指依据一定的客观标准，以搜集相关信息为基础，运用科学的方法，对师生的教学活动及其效果进行价值判断的活动。教学评价为改进教学、提高教学质量提供科学可靠的依据，它是教学工作的重要组成部分。"⑤

① 张楚廷：《大学教学学》，湖南师范大学出版社2002年版，第345—354页。
② 张楚廷：《大学是什么》，《高等教育研究》2014年第3期。
③ 张楚廷：《教学改革的"人和问"》，《高校教育管理》2015年第2期。
④ 徐辉、季诚钧：《大学教学概论》，浙江大学出版社2004年版，第279—283页。
⑤ 李森：《现代教学论纲要》，人民教育出版社2005年版，第342—343页。

二、对几个相关概念的辨析

（一）测量与评价

测量与评价既有密切的联系，又有明显的区别。其联系表现在，测量是评价的基础，是评价信息来源的主要渠道，从而使评价具有较强的科学性和客观性。而评价则使测量具有了实际意义，能为决策者提供参考咨询。其区别主要表现在，测量是依据一定的理论，以测验为工具，对行为进行数量化描述的过程。它要求测量者尽可能地排除主观因素的影响，确保结果的客观性，即不同测量者对同一被测的测量结果在允许的误差范围内保持一致。它是用数学、统计学的方法对行为结果进行描述而不管价值如何，数量化是其显著特征。而评价是一种主体性活动，它建立在主体自身的需要及相应价值观的基础之上，具有评价者个体对应的语言、语义描述性特征，因而，不同评价者就同一评价对象会有不同的结论。同时，评价是对客体的活动及结果的价值判断，既标志着前一反映过程的结束，又是新的实践活动的开始，在正确评价的基础上，形成新的目的、计划和决策。最后，评价还是认识与实践紧密结合、以提高认识水平和实践能力等的价值判断活动。

（二）评估与评价

《现代汉语小词典》只有"评价"无"评估"词条，"评价：评定价值高低。评定的价值。"[①]《现代汉语新词词典》界定的"评估"是："评价；估测。80 年代中期多用于教育部门。例如：高等学校办学水平评估……'评估'常见的用法是做'进行'一类动词的宾语，或是在句中充任定语、中心语。也可带宾语。"[②] 正是因为"评估"后起于"评价"，所以，在界定"评估"时，把评估就认为是评价，或对评价进行补充，扩展评价的"估测"内容。虽然两个概念都是主体对客观事物的反映，是指主体从一定的社会需要出发，按

---

① 中国社会科学院语言研究所词典编辑室：《现代汉语小词典》，商务印书馆 1988 年版，第 431 页。

② 于根元：《现代汉语新词词典》，北京语言学院出版社 1994 年版，第 549 页。

照一定的价值观来考察和评定客体的社会价值；但是，在我国官方不少文件中，教学评价与教学评估的概念区分不是非常严格。

（三）教学评价与教学工作评价

原教育部部长周济2003年说："从1993年开始，教育部就开始了对高等学校进行教学评估的探索，共完成对254所学校的评估，其中合格评估192所，随机性水平评估46所，优秀评估16所。教学评估工作的开展，促进高校加大了经费投入，完善了教学质量监控体系，评估学校的校园环境和教学条件得到改善，对教学工作的重视程度明显提高，为建立具有中国特色的高等学校教学评估制度积累了宝贵的经验。为了进一步促进教学质量提高和转变政府职能，教育部决定从2003年起，建立五年一轮的普通高等学校评估制度，对我国所有普通高等学校进行教学评估，并建立普通高等学校教学状态数据采集和发布制度，让社会更全面地了解各高等学校的人才培养工作。"[①] 再看我国教育部颁布的系列文件，如：《普通高等学校教育评估暂行规定》（中华人民共和国国家教育委员会令第14号，1990年）、《关于加强高等学校本科教学工作，提高教学质量的若干意见》（教高〔2001〕4号）、《普通高等学校本科教学工作水平评估方案（试行）》（教高司〔2002〕52号）、《普通高等学校本科教学工作水平评估方案（试行）》（教高厅〔2004〕21号）、《教育部关于普通高等学校本科教学评估工作的意见》（教高〔2011〕9号）、《关于开展普通高等学校本科教学工作合格评估的通知》（教高司函〔2011〕145号）……

从20世纪提出"教育评估"、"办学水平评估"概念，到21世纪初提出"教学评估"，再到后来官方系列文件提到的"教学工作评估"、"教学工作水平评估"等概念，已经把"教学评估（评价）"与"教学工作评估（评价）"混淆在一起了，似乎"教学评估"就是"教学工作评估"。

事实上"教学评估（评价）"与"教学工作评估（评价）"是有本质区

---

① 《教育部党组书记、部长周济在启动"高等学校教学质量和教学改革工程"新闻通气会上的讲话》，中国教育在线，2003年4月10日。

别的，这不仅仅是因为多或少了"工作"两个字的问题，而是"教学评估（评价）"是对教学过程及其效果、质量的价值判断、测量，其侧重点是教学及其过程、效果；评估主体主要是师生，当然也有教学一线管理人员；评价内容是师生对具体课程的教学过程及其质量的生成、发展效果；目的是为改进教学方式与内容，提高教学质量。"教学工作评估（评价）"虽然也对教学过程及其效果进行价值判断，但更多的是对整体教学效果的测量及其与教学质量标准的比对；更多的是教育主管部门对具体学校办学指导思想、师资队伍、教学条件与利用、专业建设与改革、教学管理、学风、教学效果、特色项目等与《水平评估指标体系》的比对性的水平评估，或是对学校的定位与目标、师资队伍、教学资源、培养过程、学生发展、质量保证、自选特色项目等与预设《审核评估范围》是否有所发展的审核式判断。这个范式的"教学工作评估（评价）"虽然也把教学效果及其质量等纳入了评价的内容，就其本质而言，应该是"办学质量评价"、"学校教育质量评价"而不是"教学工作评估"。就当前的实际操作及其结果来看，现行"教学工作评估（评价）"的范式与实践，不仅把师生的教学效果作为该评价的对象，而且把作为人的师生、作为教育教学场域的学校的软硬件建设等也定为评估（评价）对象。再从该评估所秉持的"以评促建，以评促改，以评促管，评建结合，重在建设"的20字方针来看，这是一种明显的教育管理部门或第三方对学校教育管理和学校整体建设的评价。因此，该"教学工作评估"实然应是"学校办学质量评价"、"学校教育质量评价"、"学校办学水平评估"。

正是因为把"教学工作评估（评价）"混同于"教学评估（评价）"，才使学校办学与管理误入了重硬件建设轻内涵发展、重管理轻体验、重教学量化结果轻教学过程、重表象轻本质等的教学工作（管理）范式。虽然师资队伍、教学条件等量化和物化的东西对提高教学质量不可或缺，但"大学教学主要从事精神生产，又称精神劳动……师生在教学过程中的自生产性，这是根本区别于其他物质生产和精神生产之所在"①。"教学不只是一个认识过

---

① 张楚廷：《大学八大特征》，《大学教育科学》2013年第4期。

程，教学过程是人（师生——引注）的发展过程"①。"教与学是相对依存的，但不是相互对称的。教是为了不教，学是为了更好地学；教以学的需要为前提，学并不以教的需要为前提。教是要走向自我否定的，学却要走向自我肯定。教在自我否定中自我肯定，学在自我肯定中自我成长。教与学的非对称性对教师的启示是多方面的。教者，不仅要有丰富的知识，更要有获取知识的那种知识。教师不仅要学习，更要站在元学习的高度去引导学习。教师不仅要让学生更有知识，更要让学生变得比以前更聪明、更智慧、更高尚。"② 因此，"教学评价"是对师生体验的教学过程及其效果的价值判断；"教学工作评估（评价）"是对学校整体办学发展过程、教育水平的测量判断。

（四）教学评价与教学质量评价

从前述各家学说对"教学评价（评估）"和"教学质量评价"、"教学工作评估"的界说可知：若评价的视角、主体和操作方式等是完全基于管理学或管理需要的范式，那么"教学评价就是教学工作评价或教学评估"，就是"基于所获得的信息对教学（或实验）效果作出客观衡量和判断；或依据教学目标对教学过程中的各种因素及其综合结果作出科学判定"。

事实上，从评价的主体分类而言，教学评价的主体应该是课程实施的具体师生，而教学质量评价的主体既包含师生，也包含各级各类教学管理者或第三方评价机构及其成员。从评价方式而论，教学评价的方式主要是对教学过程及其效果的体验与描述，是定性与定量相结合的描述，是针对具体的每次课、每门课的感性与理性判断，是当下的和延时、继时的连续教学活动的体验判断，是灌注了师生课堂境域的意向、理性、情感、经验的倾向性判断。而教学质量评价的方式主要是对教学的最终结果、产出物等与质量标准的达成度的数量化比对结论，是针对每门课、每个班级、每个专业或学科、具体学校整体的教学效果的量化估测或描述，是定期的、不定期的、阶段性

---

① 张楚廷：《教学不只是一个认识过程》，《当代教育论坛》2011 年第 8 期卷首语。

② 张楚廷：《教与学非对称性》，《大学教育科学》2012 年第 5 期。

的、多元主体的价值中立性判断。从评价内容来看，教学评价既评价教学活动的显性效果，也评价教和学活动的隐性效果，是既针对知识技能和价值理性的施授方式的实践（施教）过程及其显性和隐性效果，也是针对知识技能和价值理性的认知、习得、内化和外化的体验过程与效果。而教学质量评价虽也评价教师施教数量与各种教学资源综合运用于教学过程的最终效果，但更多的是评价学生掌握知识技能、产出具体事物的数量与质量。从评价工具来看，教学评价主要以师生体验、参与、生成教学活动为媒介，是以师生自我经验、情感、价值理性、身心发展、知识技能生成等为工具。教学质量评价虽然也有师生的体验生成为工具，但更多的是以数学、统计学、各种评估工具或技术为工具，对师生的教学使用物、产出物等做量化比对或价值中立的描述判断。从评价目的和结果来看，虽然教学评价和教学质量评价的目的都指向教学质量的提升，但是，教学评价的目的和结果更多地直接指向教和学的过程，指向教学内容和方式的改变，指向具体教师及其教学信仰、施教行为、知识技能和价值理性，指向学生自我的教学信仰、学习行动、经验整合与提升等。而教学质量评价的结果更多地指向质量管理、教学管理、学校管理、课程管理、师资队伍建设与教育投入等。简言之，教学评价是对教和学的有机结合过程、交互活动及其效果、具体教学境域中的知识技能和价值理性的施授与习得以及产出过程与结果的体验判断。而教学质量评价是对各种教学资源充分应用于教学后所产生的最终效果、结果、师生产出物的数量和质量与预设的质量标准的测量比对判断。

三、大学教学评价的定义

由上述分析可知，针对各级各类学校的教学质量评价，一般人都可以从结果量化的数字、师生产出的实体物的质量、学生行为展示的效果等进行评说或评价。但是，教学评价并不是什么人都可以说出其中的奥妙，即使是同行，都是教师或学生，如果从事的专业方向、层级、时空境域等不同，对教学的评价也很难揭示其本质性的东西，很难看出其门道，只能是基于自我的经验而说出与普通人无本质差异的评价内容。仅就国内高等教育而言，同一门课程（如高等数学、哲学、机械制图、古代汉语、幼儿心理学等所有高校的同一名称的各门课程），即使都是本科课程的教学，不仅一般院校的师生不能精准地评价北京大学、清华大学师生的教与学，就是本校跨专业、跨学科的师生也不能比较精准地评价其他课程师生的教与学。即便可以评价同一课程不同教师的施教行为及效果，但也不能全然评价不同班级全体学生的学习过程和效果。一个教师对不同班级同内容的施教，各班学生学的总体效果也有差异，这种"教学怪圈"若非置身于教学之中，若非教学活动的直接参与体验者，根本不能体验和描述出教学评价的真谛，只能泛泛地把教学等同于教育，把教学评价视为教学工作评估。

因此，当回到大学教学生活本身来直观大学教学评价时，其定义是，大学教学评价是大学师生在具体教学境域中，对高深知识技能和至善价值理性的施授与习得以及产出过程与结果的体验判断。该定义的内涵是：

其一，大学教学评价的主体。该主体是具体学校、具体专业和班级中的教师和学生，其他人员（包括教研室主任、教学管理者、督导专家等）都只是大学教学评价的辅助人员，尽管他们的评价结论具有威权性，也不能代替师生对教学评价体验的主体性、主要性、客观性、本真性。只有具体班级、具体课程实施的教师和学生，才能在教和学的过程中体验、感受和生成教学本身，师生的教和学是生成教学质量的本体，师生体验和建构的教学活动才是生成教学质量的主体。尽管其他人可以直观教学质量，但是却不能生成教学活动。师生既是生成教学活动的主体，也是体验和生成教学评价的主体，当然也能直观到不同（课程、专业、学校等）的教学质量。

其二，大学教学评价的对象。该对象既包括教师及其施教过程和效果，也包含学生及其学的过程与效果。既包含教师的价值取向、人格、态度、教力、学养、科研、教学行动、教学语言等的展示过程及效果，也包含学生的价值取向、人格、态度、学力、教养、知识技能和价值理性的内化与外化、行为习惯等的生成过程与效果。这是大学教学评价和大学教学质量评价的本质区别之一。因为大学教学质量评价的对象很难把师生的价值取向、教学信仰、人格教养、态度、教学语言等作为评价对象，而只把大学教学的效果和预设的、量化的教学质量标准进行比对，即大学教学质量评价的对象是质量，而不是教学。简言之，大学教学评价的对象就是大学教师及其教、大学生及其学、大学具体课程实施的教和学的过程及其结果。虽然大学具体课程实施的教和学的结果也是大学教学评价的对象，但是除了教学的最终结果、宏观结果是其评价对象外，各个知识技能和价值理性点及其施教与习得过程也是其评价对象。教和学的过程、情感价值交互体验、师生的教与学的态度、至善人格的协同建构等是大学教学质量评价根本无法企及的对象，它们只能是教学评价的对象。

其三，大学教学评价方式。体验是本真大学教学评价的主要方式，是师生的交互体验和自我个体体验的评价方式，是对当下进行的教学及其继时生成过程的体验。大学教学是高深学问、高级知识技能、至善价值理性等的精神和物质协同生产过程，而且精神的协同生产、生成建构是主要方式。因此，对教学的精神体验评价是主体的、自我的、参与建构的，任何外在、他人（非教学直接参与者）的教学评价即使有信度和效度，但都是有限的、非全然的、非本质的。简言之，大学教学评价的方式主要是教师和学生体验性的各自自评、师生互评，其他人的评价都仅仅是辅助评价。

其四，大学教学评价的内容。该内容包括针对具体大学课程及其施教与习得、协同建构的过程和效果，也包含既重视结果，更重视过程的展示、体验与生成等的内容。一个教师对不同班级讲授同一课程，教师和学生对其教学评价也是有差异的。大学教学评价内容，既评大学教师的为师之道、为教之德、为人之范、为学之品等隐性的东西，也包含教师的高深知识技能和至善价值理性的施教方式、过程与效果等显性的内容；既包含学生的为生之德、求知之心、求教态度、做人之性等隐性的东西，也包含学生的高深知识技能和至善价值理性的内化为观念、外化为行动或产物等的习得过程与效果，还包含师生精神价值、情感理性、行为方式的交互活动过程及其效果。

其五，大学教学评价的结果。该结果既包含可生成只可意会不可描述的隐性的评价结果，也包含可生成能描述、能量化的显性评价结果。既有具体教师或学生自我体验的教学评价结果，也有师生交互感知、觉察的共性教学评价结果。既可以转化为教和学的经验改造、改组的结果，也可转化为教和学的行动、产出事物的结果，当然也建构着教学质量评价的内容和结果。

其六，大学教学评价结果的去向。大学教学评价的结果既可以立即指向当下和本次课程的施教与学习的内容、方式等的改进，也可指向后续的施教和习得内容、方式等的变革，还可指向教学质量的生成与提高。这是大学教学评价和大学教学质量评价的又一本质区别之所在，因为大学教学质量评价结果永远指向未来、今后、下一学期等的施教与学习（甚至不是这个班的学生的未来）。

总之，大学教学评价最终指向提升大学教学质量、人才培养质量、科学技术研究发明质量和服务社会的质量等，是大学内涵式发展的重要组成部分。但是，大学教学评价绝不能与大学教学质量混为一谈，更不能认为大学教学评价就是大学教学质量评价，更不是大学教学工作评估。大学教学评价的核心和本位是评教、评学、评具体课程实施的教师的教和学生的学，是在教学过程中对师生精神交互活动过程及其效果的体验评价。

第二节　体验我国当代大学教学评价的实施

当回到教学生活本身来直观时就会发现，任何教学作为一种人与人在特定境域、特定时空中针对特定知识技能和价值理性的精神或实事交互协同建构活动，该活动本身就具有事实价值，而且该价值并不以是否要求要评价、评估、评定而生成，而是伴随教学活动的展开，教学活动与教学评价就已经同步生成、同步深化。只是随着教学活动层级（学前教育、中小学教育、本专科教育、硕博教育）的不断递升，其评价过程与结果跟教学活动的同步关系更加紧密、更加直接、更加及时。仅就大学教学评价而言，硕士、博士生的课程实施的教学评价完全是基于前沿学术和尖端技术创新的师生精神交流、头脑风暴或技术操作的协同创新行动等的及时性体验、反馈和生成。是师生学术经验与价值理性碰撞、统整的过程与效果的及时体验与评价，是灵感、灵性与理性、经验等交融的及时性评价与生成。而大学教学过程主要是基于高深知识技能和至善价值理性的师生精神交流、价值体验和技术应用等的协同实践过程。同样是及时性与继时性相统一的教与学的活动与评价同步生成的过程，只是继时性的教学评价结果相较硕博生的要多一点而已。当然，就我国施行至今的升学招生考试以及各种人事招考制度而言，这些招考范式下的教学评价确实绝大部分是终结性的、重结果轻过程的。概而言之，大学（本专科、硕博教育）和中小学、学前教育的本真的教学评价必然是教学活动过程及结果的及时体验与同步生成。

一、大学教学评价的主体

除了在前一节的大学教学评价的定义中略述的评价主体外，当回到教学生活或教学活动本身去直观教学评价时，从大学教学评价实施的视角可进一步直观到：教学评价、大学教学评价的本真主体是参与施教和学习活动的师生，当然也包含嵌入课程实施过程、进入课堂听课和评教评学的相关人员（助教、同行、教学管理人员、督导、教学观摩者、不是学生之外的旁听者、教学质量评估的专家或第三方人员、教学信息采集者，等等）。但是，这些相关人员的教学评价，只能基于其自我经验对参与课程实施时段内的教和学进行评价，他们生成和反馈的教学评价结果是"这一次的"，是关于课程这一章节或知识技能点的教师的教和学生的学的过程与结果的判断。他们生成和指向的教学质量评价结果也只是"这一次的"，即使能概观这个班级、这门课的教学评价，也仅仅是以点带面的评价。他们的教学评价行为和反馈虽然能及时触动教师的教和学生的学的活动，也仅仅是"这一次的"有限触动。可能（仅仅是可能）会促使教师后续的施教方式和内容等的改变，但根本不能促使学生学的方式和内容等的变革。这在大学教学评价中显现得更加明显——大学生的教学活动是只有一次机会（除了留级、重修之外）听取这个教师的这门课或这次课的教学，即使某个科目课程开设一个学年以上，师生不可能重复教和学一个知识技能点，大学教学不可能像中小学一样——主干课（语文、数学、外语等）教师可从一年级跟班教到六年级，从初一教到初三，从高一教到高三。大学教学是真正的"铁打的教师流水的学生"，一个大学教师给一个班或专业讲授一门课程是当然，给同一个班或专业讲授不同的两门课程，该教师一定是天才，而给同一个班或专业讲授三门及以上的课程，该教师只能是神，而该班学生只能怪罪于周遭、时命不济……因此，教学评价，尤其是大学教学评价的主体绝对是课程实施的具体教师和具体学生。

二、大学教学评价的方式

除了在前一节的大学教学评价的定义中略述的大学教学评价方式外，从大学教学评价实施的视角可直观到：大学教学评价的方式是多方式、多向度的师生交互体验的评价。

从评价主体（师生）角度而言，虽然大学教学评价的主要方式是体验为主，但也可分为大学教师自我的体验、大学生自我的体验、大学师生交互的体验；当然也包含前述参与大学教学活动的其他人的体验。简言之，大学教学活动的建构生成者是大学教学评价的绝对主体，外部参与者是大学教学评价的有限主体，甚至是大学教师反感或抵触的教学评价者。

从时间维度看，大学教学评价有针对课程正式实施开始、展开、深化、小结、拓展等过程的不同评价方式，也有本次课与上次课、下次课的知识技能和价值理性的逻辑连贯、协同创造发展等的评价。也就是说，大学教学评价有及时评价、继时评价、延时评价、断点评价与连续建构评价等方式；而且，其中的继时评价方式、断点评价方式正是教学评价和教学质量评价共用的评价方式。

从形式维度看，大学教学评价方式有师生基于经验整合和直观觉察的感性体验方式的评价，也有理性描述方式的评价；既有反思性评价，也有生成性评价；既有量化方式的评价，也有只可描述或感悟方式的评价；既有显性的评价方式，也有隐性的评价方式；既有基于经验或预设标准的比对方式评价，也有分值、权重累积性方式的评价；既有批注式评价，也有口述式评价，还有内在自我感知式评价；既有纸笔勾画描述式评价，也有计算机编辑生成式评价。按国际教学评价模式分类，当然也有诊断性评价、形成性评价、总结性评价、目标本位评价和目标游离评价；还可分为基于教学事实本位需要方式的评价和基于教学管理需要方式的评价；等等。

从内容的效度和信度看，大学教学评价的方式有伪评价（pseudo evaluation）、准评价（quasi evaluation）、真评价（true evaluation）；有定性评价（determinative evaluation）、定量评价（quantitative evaluation）；有教师定向的评价（teacher-oriented evaluation）、学生定向的评价（students-oriented evaluation）、教学管理者定向的评价（teaching manager-oriented evaluation）；等等。其中真评价、教师定向评价、学生定向评价等方式是教学评价独有的评价方式，其他评价方式是教学评价和教学质量评价共用的评价方式。

三、大学教学评价的指标体系建构

不论是 20 世纪 90 年代我国教育部颁行的《普通高等学校教学工作评价与建设》中规定的 3 个一级指标（教学条件、教学状态、教学效果）、13 个二级指标（教学经费、师资队伍、教学基地、现代化教学手段、专业、课程、实践教学、校风、教学改革、教学管理、水平测试、学生反映、社会评价）、33 个三级指标[①]，还是 21 世纪施行的《普通高等学校本科教学工作合格评估指标体系》（教高厅〔2011〕2 号）规定的 7 个一级指标和 21 个二级指标，这些指标体系的内容都是针对"教学工作评估（评价）"的，是高等教育管理学、大学教学管理视角的指标体系建构，虽然文件名称上都有"教学"二字，其指标实质是教育管理学的内容，是适合于外评价的可操作内容，至少不全然是大学教学评价的内容。

回到教学生活本身来直观教学评价指标体系的内容，参照国外和国内大学教学评价指标体系，至少可构建为如下两个大学教学评价指标体系和观测点。

[①]　中华人民共和国教育部高等教育司：《普通高等学校教学工作评价与建设》，高等教育出版社 1998 年版，第 291—292 页。

表 1 大学教学评价的师生"评教"的指标体系表

评价内容		评价等次				
一级指标	二级指标	优	良	中	合格	差
教学准备	教学信仰、教学自觉、教力、特长、为人师表					
	教学目的、学生学力、教法、教具、教育技术					
	教学大纲、课程逻辑、教研入课、教学设计					
	学生练习设计、必读书目、学科前沿、价值理性					
	教案或讲义编写、资源准备与调试、身心状态调适	'				
教学实施	教学自信、以爱心良心施教、师生人格平等					
	知识技能、价值理性、德化观念、人才规格取向					
	概念准确、操作规范、逻辑严密、理论联系实际					
	重难点突破、例证效度信度、讲练结合、职业关联					
	内容适当、师生互动、协同发展创新、生活应用					
	治教治学、教法多元、答疑纠错、学生练习批改					
	学术学理争鸣、学习方法、科技创新、社会伦理					
	口语、板书、演示、激励、启发设问、教学小结					
	时间掌控、课堂氛围、教学流程、课后练习					
教学反馈	教学任务完成、教学目标达成、知识技能拓展					
	身心投入、施教效果、学术科技领域发现					
	学生学习效果、教材教案超越、教法变革					
	存在问题、改进措施、应查阅文献、应求证问题					
	教学反思行文、教学研究思辨、科技学术研究提纲					

　　笔者在此仅列举二级指标的八十多个观测点，实际上远不止这些观测点，而且每个观测点还可进行细分。总体而言，大学教学评价的师生的"评教"指标，虽然不少指标是外评价者也可直观、感知、体验和描述的内容，但是，真正影响大学教师施教的隐性内容（如：教学信仰、教学敬畏、教学自信、德化观念——知识技能传授与德育有机结合度、身心投入，等等）只有深入嵌入教学活动的大学教师和学生才能作出真评价、有效评价。甚至只有施教者的大学教师自己才能进行真评价，如以天地良心之敬畏从教、教学

反馈中的绝大部分观测点等不仅外评价者难以评价，就连学生也不能做全然评价，只有教师自己才能作出准确评价。而这些内容是建构教学评价、教学质量生成与提升等的不可或缺要素。

表2 大学教学评价的师生"评学"的指标体系表

评价内容		评价等次				
一级指标	二级指标	优	良	中	合格	差
教师学习	学习信仰、学习方法、学习内容、学习形式、学养					
	助教经历、教学观摩、从教经历、教研活动					
	体悟教学、体验教育事业、体察毕业生职业需求					
	教育技术应用、教学资源创新、教学资料编著					
	人格至善、伦理建构、学研力提升、服务社会					
	学研教结合、教学改革、关爱学生、学术研究					
学生学习	学习信仰、价值取向、学力基础、学源背景					
	学习方式、学习策略、学习态度、兴趣情感意志					
	敬畏之心、崇敬之性、依恋之属、为人做事之本					
	职业规划、事业认知、阅读取向内容方式、经验					
	听课效率、操演质量、笔记内容、操作效果					
	课堂参与、行为举止、表情达意、心理调适					
	思辨变化、人格发展、德性趋善、爱心深化					
	知识技能内化外化、学术技术创新、人际协调					
	婚恋价值、社会伦常、三观养成、自信自律自觉					
	学研产结合、实践实训、社会生活体验、批判思维					
	考试测评认知、接受批评效果、慎独、谨行、笃信					

同理，大学教学评价的师生"评学"的观测点远不止上表中列举的内容，而且每个观测点也还可细分。最重要的是，不能简单地把"评学"理解为只评价大学生的学习效果，还需对大学教师的学习过程、内容和效果进行自评、师生互评。作为教师（施教者）首先是自己接受过教育的人，要想指导影响学生的学习，教师自己必须养育至善人格，有坚定的学习信仰、积极

的学习实践。有一整套系统而完善的学习体系、理论、内容和方法，有一系列向他人学习和体验、体悟如何把有效的学习转化为指导影响学生学习的策略——学习教学生如何学习的方法和施教策略。大学教师自评为师的学习指标的观测点，既是教师自评为学的内容，也是教师自评为教的内容，部分显性观测点也可作为大学教学评价的外评价观测点的组成部分，而且所有隐性评价指标和不少显性指标不可能成为外评价指标体系的观测点。这也是教学评价的主体是课程实施的教师和学生的又一明证。

　　大学教师评价学生的学习，其指标体系的内容同样既有只可体验不可全然描述的隐性内容，而且占了绝大多数；也有能量化和描述的显性内容，但仅占极少部分。评价学生学习的极少部分观测点也是外评价指标体系的构成部分，也仅仅是极少部分，其绝大部分只能是当事的教师和学生能进行真评价、有效评价，即使外评价能对某些自评价指标内容进行描述，也在很大程度上可能是伪评价、失效评价，甚至可能是反评价。

　　大学生通过主动而深入地嵌入教学实施环节，既可直观到或描述出教师部分的学习过程及效果，也可直观到或描述出教师的部分教学准备、教学实施、教学反馈的施教过程及效果。大学教学评价的外评价者，只能通过物化的东西（教案讲义、科研成果、试卷、学生练习或实验报告、社会感知评价、社会服务的数量或效果等）对大学教学评价进行有限评价。即使外评价者参与施教过程，也只能做这一次、这一段的掐头去尾的教学评价，不可能作出这门课、这个教师、这班学生等的完整性教学评价。

　　总之，之所以把大学教学评价的"评教"、"评学"的指标及其观测点一一罗列，不仅是为了找到大学教学评价的主体是具体课程实施的大学教师和大学生这一明证，更因为这些观测点既是构成大学教学评价的不可或缺要素，而且也是大学教师和大学生可通过每一个观测点的自查、自评、自纠，从而养成大学教学的自觉、自信、自律，进而提升大学教学质量。

第八章 直观我国当代大学教学质量

教学质量至今还没有一个公认的真实定义。教学质量之所以难以定义，是因为界说者的视角、方法等值得商榷，或把教学质量混同于教育质量。当回到教学活动本身来直观教学质量时就会发现，教学质量是师生在教学活动过程中共同体验与生成的身心发展变化的本质规定性和效果。教学质量的维度是多元、多向度、多层次的。

第一节 教学质量的定义

早在两个世纪前，美国的贺拉斯·曼（Horace Mann）就提出了学校教学质量科学评价理念。但是，"真正把教学质量作为一个教育学范畴进行研究、界说，还是在 20 世纪八九十年代，而且，时至今日，教学质量并没有公认的真实定义"①。同时，当代不少教育学的权威论著、工具书、重要文件等，要么绕开教学质量的内涵界说而直接提"要提升教学质量"，要么把教学质量等同于教育质量。如《教育大辞典》和《教育管理辞典》都有教育质量标准、教学质量观等条目，却没有教学质量条目。两部辞典认为"教育质量（是）教育水平高低和效果优劣的程度"、"教学质量标准（是）为衡量教

---

① [英] 路易丝·莫利：《高等教育的质量与权力》，罗慧芳译，北京师范大学出版社 2008 年版，第 16 页。

学应达到的目标而制定的具体明确的标准。教学的对象是人，教学过程可变因素多，质量难以数量化"①。徐辉、季诚钧认为："教学质量作为教育质量的一个部分或关键部分，一定意义上近似于教育质量。"② 刘金桂和王增炳认为："教学质量是指教学效果所达到的水平。它一般体现在培养出来的人才在满足社会需要方面所具备的能力和特性上，包括德、智、体、美诸方面的综合的素质与水平。它是教学过程中各个环节工作质量的结果和反映。"③ 刘志军博士认为："教学质量作为质量的下位概念，即教学质量，就是教学活动或现象满足某些明确或隐含需要的特性。"④ 这些对教学质量的界说，虽然能自圆其说，但都不是教学质量的真实定义。正如赵文辉教授所说："'教学质量'是一个公认的难以界定的多维复合概念……迄今为止，在理论上尚未见到有关对'教学质量'的严格界定。"⑤ 虽然难以界定教学质量的定义，但是，只有明晰了教学质量的内涵及其本质，才能真正有效提升教和学的质与量。

一、教学质量难以定义的原因分析

教学质量之所以难以进行准确的界说，其原因是多方面的。

（一）把教学质量等同于教育质量

其一，混淆了教学和教育各自的外延。事实上，教学并不等于教育，教学是教育的下位概念，教学包含于教育之中。虽然在教学实践中既要教书也要育人，但是一门课程的教学绝对不可能培育具备全人素质的个体和群体，只有若干课程的教学实践、体悟觉察、综合应用、创造革新等才能培养发展这样的个体和群体。也就是说，学校所有课程实施（教学）、每个个体

---

① 顾明远：《教育大辞典》，上海教育出版社 1998 年版，第 798、723 页。

② 徐辉、季诚钧：《大学教学概论》，浙江大学出版社 2004 年版，第 256 页。

③ 刘金桂、王增炳：《大学本科教学质量管理研究》，厦门大学出版社 1992 年版，第 2 页。

④ 刘志军：《论教学质量的内涵与构成》，《教育评论》1999 年第 5 期。

⑤ 赵文辉：《高校教学质量保障问题研究》，中国人民公安大学出版社 2009 年版，第 10 页。

的自我发展的经验体悟和社会化进程等才构成了教育活动，并且从实事性而言，教育分为外在给予教育和内在自我觉察、觉悟的教育。而教学是具体课程、某次课、某堂课的教与学，是融合了施教者的教与学、求教者的学与反作用教的精神交互体验活动，是教与学的统整活动。因此，所有课程的教学质量也仅仅是教育质量的部分或大部分，绝不是全部。

其二，把自学、自我教育活动看成教学活动。事实上，自学、自我觉悟是教育活动，而绝不是教学活动。自学是教育中自我教育的范畴，自学是提升教育质量的不可或缺路径。而教学是教和学统整的交互活动，是既有施教者的教也有求教者的学的有机统一活动。教学质量是教的质量和学的质量以及教学有机结合的质量相统合的质量，而且教学质量中的学的质量仅仅是施教者和求教者交互活动的学习质量，并不包含求知者在无施教者指导下的自学、自悟的学习质量，也不包含求教者和施教者各自独立的自学及其质量。

其三，把"图书是无声的老师"的比拟意义等同于真实定义。图书、各种资源既是教学活动的中介、"教学产品"、"教学媒体"，也是自学、自修的媒介。它可以代替、补充教师教授内容及过程的一部分，而不是全部，绝不能完全代替具体课堂境域、具体课程实施中的师生精神交互活动，"教学媒介在教学过程中完成一定的教学功能，在类似的教学情境中可产生类似的教学效果"[1]。即使是音视频、名师讲台、MOOCs 等，也仅仅是主体教学内容的补充。如果做质量检测，是可以检测到学生观看、学习这些材料所获得自学效益，也可检测这些教学资源的讲授者的讲授质量、讲课质量，但是很难做讲授者和学习者全然意义的教学质量判定。即使某位教师把这些资源用到了课堂教学中，如果不是有效嵌入教学过程，只是简单展播，也只能检测学生学习效果或质量，而不能检测这个教师的教授质量。简言之，图书、各种数字资源等虽然是提升学习质量、教育质量的不可或缺要素，但仅仅是提高教学质量的桥梁、中介，它们仅仅是教和学的中介。

---

[1] 顾明远：《教育大辞典》，上海教育出版社 1998 年版，第 713 页。

（二）教学质量难以界说的原因

其一，界说者的视角限制。教育学是哲学的后起学科，奠基于不同哲学流派及其思辨范式的教育学，其对教育中的人、教学质量等都有不同的理解。唯物主义者认为：客观物质世界是脱离于人的意识而独立存在的。物质是世界的本原，物质是第一性的存在。精神是第二性的存在，只有精神转化成物质后才可能有质量。由于教学是师生的精神交互活动，而精神的东西并不能完全形成物质，因而教学质量很难做全然界说。与此相反，唯心主义者认为精神是万物之本，人的知识是先天就有的或是人的头脑主观自生的，因而教学活动仅仅是一种自我先天知识的展示形式，不存在教学质量的外在规定性，教学质量仅仅是自我感受质量，因而不必界说其内在意义。科学主义者认为，世界因可量化而被认知，自然科学方法应该用于包括哲学、人文科学和社会科学在内的一切研究领域。由于教学质量是师生交互活动的质量，而这一组人的交互活动质量又不可全然量化，所以教学质量无法做全然定义。实用主义者认为，一切真理的标准全在于其能否使人的行动、实践获得成功，因而教学质量就是教学活动效果，是学生习得和运用知识技能的产出效果。由于学生习得的内容中的精神、德性、观念、理性等是不能直接进行检验的，因而教学质量不可全然定义。人文主义者强调人的个性，推崇人的感性经验等，由于教学质量的不少内容具有意向性、预设性，因而不可界说，不必定义……正如一些学者所说："教学质量受多方面因素的影响，既有物的因素，又有人的因素，既有环境的因素，又有组织管理的因素"[1]，因此，教学质量不必也无力做真实定义。

其二，概念引入与翻译的定势限制。在西文中"质量"（quality and quantity）是"质"和"量"并列的名词性词组。而贺拉斯·曼首创的教学质量评价（evaluation of instruction quality），其教学质量（instruction quality）中的 quality（质量），源自拉丁文 qualis，既不包含 quantity（量），更不是物理学名词质量（mass）。quality 所指的是事物的品质、特性、优质等，侧

---

[1]　李剑萍：《大学教学论》，山东大学出版社 2008 年版，第 219 页。

重"质"的属性，mass 所指的是物体的数量、"物体所含物质之量"①。而且 quantity（量）指的是事物存在的规模、等级和发展的程度及内部组成要素的排列结构。就我国而言，由于物理学名词的质量（mass）含义比教育学质量评价的质量（quality）概念引入要早，所以，教学质量的内涵就不由自主地受"质量作为物理学最基本、最重要的概念之一……是一个难以准确界定的概念"②的定势影响。同时，国内引入教学质量（instruction quality）概念至今，其本意原本是强调"教授质量"，并不是"教和学的质量"（quality & quantity of teaching & learning），而且教学评价一直是对"学的量"（quantity of learning）乃至是学的数量（mass of learning）进行操作。这种量化范式的"质和量混同"、"重量轻质"、"概念是质操作是量"等的概念不清和操作失序，进而使教学质量很难给出真实定义。

其三，跨学科概念移植的界说偏差。质量标准（quality criterion）在西方最先出现在管理学和工业生产领域，且其本意是产品的本质要求或标准，并不是产品的数量。而教学质量评价（evaluation of instruction quality）是基于教育管理需要从管理学的产品质量评价（evaluation of product quality）概念移植过来的概念，其操作结果就是：不论是国外还是国内，自夸美纽斯以降，不少学者和一线教师都把教育教学活动等同于工农业生产活动，把学校视为造就人才的工厂，把学生视为教育教学产品，把学生学习及习得的数量等同于教育质量，等等。这种不能超越管理学、实证科学的质量范畴的定势视角，使教学质量定义即使有界说，也只是功用定义、关系定义——"教学质量是衡量一所学校办学水平的重要标准"，而不能进行实质定义、外延定义。

其四，操作定义的失效。教学是以课程为中介的师生精神交互活动，教学质量原本是检验教师的教、教师的学和指导学生学以及教与学活动及其产出的质和量。但是，在教学质量评价的实际操作中，多数只有对学生学习的量化效果进行评价，少有对教师施教的质和量以及师生教学交互过程的质

---

① 舒新城等：《辞海》，中华书局 1981 年版，第 2757 页。
② 赵文辉：《高校教学质量保障问题研究》，中国人民公安大学出版社 2009 年版，第 9 页。

量等进行判断。同时，由于深受管理学思维定势的左右，国家、社会、用人单位等注重的是学生学习效果是否满足预设、期待的质量，把学生及其学习结果纳入质量管理范畴，尤其是把学习效果纳入整齐划一的预设质量标准范畴加以管理。这种直接等同于工农业产品质量管理操作范式的教学质量观及操作模式，必然与人是精神和生命统一体的个体，是动态而有差异的持续建构等相矛盾，进而无力界定教学质量的操作定义。

总之，教学质量是近代以来各级各类学校教育及其管理者都在强调的概念，相关教学质量评价也产生了一定的积极意义。但是，正因为教学质量没有公认的真实定义，才使得教学质量评价陷入了维度不全、评价失序、重数量轻质量、有量化无隐性、重学轻教、有他评缺自评等尴尬境地。对此，必须对教学质量做真实定义的界说。

二、教学质量的现象学定义

教学质量不是不必定义、不可定义，而是必须定义、可以定义。既然前述的相关视角对教学质量难以做真实定义，就只有转换视角和方法，回到教育本身、教学的原点，对教学质量的真实内涵进行界说。而回到事实本身的界说，就是现象学的界说。

（一）教学质量的词源学定义

从词源意义看，教学质量（quality & quantity of teaching & learning），是教学活动质量的简称，是教学活动过程及其效果的质量，既包含教（teaching or instruction）的过程及其结果的质（quality）和量（quantity），也包含学（learning or study）的过程及其结果的质和量，是教和学交互活动过程及其结果的质和量的统称。词源意义的教学质量的内涵包含以下几点。

第一，施教者（教师）学的质和量。教师学的质包含其过去、当前向媒介和他人学习收获的知识技能、自我人格建构等的方法和效果，还包含在具体课程、具体课堂施教的师生交互活动过程中的向学生和具体课程进行学习的过程及其效果，尤其是教师向学生学习和体验学生学的兴趣、思维、价

值、课程意向等，进而达成师生开展真教学意向交集，这个学的质的规定性
直接影响具体课程的教和学的质与量。教师学习的量包含教师从媒介自学所
获得知识技能和价值观的数量，向社会和他人（含学生）学习所获得知识技
能和观念的多少，自我体验实践创新知识技能和价值理性的多少，把一切知
识技能和价值观念等转化为施教内容和教学方式的多少，尤其是在教学实施
进程中与学生交互学习所获得的教学知识技能及其理性的多少，对提升教学
质量至关重要。简言之，教师学的质量就是教师自学、向外在学、在教学进
程中向课程和学生学以及创造体悟所获得的知识技能、价值观、方式方法等
的规定性及其数量。没有为师者的学的质和量的理解与体验、内化与外化的
规定及效果，不可能有教师施教的质和量的基础，也就不可能有教学质量的
提升。为师者学的质变既影响其学的量变，也影响教学质量的质变和量变。
其学的量变不仅影响其学的质变，也影响教学质量的量变和质变。"教师是
活的泉水，而不是有一桶水"讲的就是教学质量提升与为师者学的质和量的
本质关系。

第二，教师施教的质和量。教师施教的质包含教师的学养、教师专业
素养、施教能力、教学理念、教学价值取向、教学态度等作为具体课程实施
者的基本素养、基本质料、内在规定性，它展现在施教过程之中，是教学质
量提升的基础。教师施教的量包含教师备课量、课程实施过程中知识技能传
授展示的多少、指导和启发学生学习进程的快慢、创新知识技能和至善德性
观念等融入具体知识技能施授的多少，等等。教师施教的质量，既符合量变
质变的基本规律，也符合教学质量提升的量变质变规律——教师的爱心、态
度、学养、教学能力、施教、指导的本质规定性与规模数量。既以施教质的
提升而促进施教量的变化，也通过施教量的积累与展示反映其施教质的变
化。简言之，没有教师本己的施教的质的展示，不可能产生施教量的变化。
没有施教量的增加，不可能呈现施教质的规定性及其变化，更不可能有教学
质量的提升。"养不教父之过，教不严师之惰"说的就是教师施教的质与量
的辩证关系。

第三，学生学的质和量。除学生自学之外，在教学情境中、在教师指
导下，学生学的质包含学生向教师及各种资源（媒介）学习知识技能、健全

人格、培育至善精神等的方法及其体悟的规定性，也包含学生在教师指导、启发、楷模昭示下的自我知识技能、精神德性等经验整合、体验方法和操作实践方式等的规定性。在教学情境中，学生学习的量包含学生习得的知识经验、精神理性、德范价值等思辨方式和行为方式的内化的不可量化对象的多少，也包含在教师指导下，学生习得并外化为成绩、创造物、行动等可量化的事物的数量。简言之，除学生绝对自学、自悟、自行的学习外，在教学情境中、在教师指导下，只有学生学习的质变才能促成其习得的量变（知识技能和理性数量的快速增加）。同时，也只有其习得的量变才能促进其学习的质变（思维、观念、方式、行动等的最优化发展）。只有教师有效指导学生产生了真实的学习的质变和量变，才是真正提升教学质量的教学活动。针对教学质量而言，与其说"书籍是人类进步的阶梯"，还不如说"教师是人类进步的阶梯"。"听君一席话胜读十年书"、"师傅引进门"等讲的就是要快速提升教学质量，教师的指引、启发、垂范和学生主动向学等是重要举措。

第四，学生影响教师的教与学的质和量。随着科学技术的发展和终身学习观念的深入，不仅教师是学生快速成长的阶梯，学生也是影响教师发展的关键对象。从积极的角度而言，在教学情境中，学生不仅会影响教师学习的方式、方法的规定性和既定模式，而且还直接影响教师学习内容的数量、广度、深度等，这种深层次的影响可能是无意识的、非意向性的。不是学生主动教教师（本质上是学生教教师）的，但从本真意义的教学质量提升而言，这种影响具有不可否认的真实价值——教师向学生学得越多，其为教越具有针对性、有效性，其为学越具有时代性、前沿性、生活性，相应地教学质量提升越具有可信性、真实性。"活到老学到老"、"要使学生喜欢老师讲的课，必须首先让学生喜欢老师这个人"，讲的就是教师向学生学、和学生做相互学习与共同发展的朋友，从而促进教学质量的提升。

概而言之，从词源意义来看，教学质量，是在教学情境中、在教师指导下，师生交互学习的质和量的统称，绝不仅仅只是学生学习的效果或水平。

（二）教学质量的现象学定义

胡塞尔说："现象学是回到事实本身及其真正开端中去，是一种在反对前科学的和科学的客观主义的斗争中回到作为一切客观主义的授予和对存有的认定的最终所在地的认识的主体中去的哲学"①。而第一个用胡塞尔创立的现象学方法研究教育的"现象学第二泰斗"——马克斯·舍勒（Max Scheler）也说："教育是人的全部存在的生成了的塑造和成形……教育不是'为了某物的训练'，'为了'职业、专业、任何能力的训练，决没有为了这种训练的教育。"② 对此，当回到教学活动过程本身来直观教学质量的内涵时，可以这样认为，教学质量就是在课程实施进程中，师生获得身心发展变化的内在规定性和体验效果，是以课程为中介的师生意向交集的交互活动过程及其效果的内在规定性和相应规模、等级、程度。这一教学质量的现象学定义的内涵有以下几点。

第一，教学质量奠基于师生教学意向交集和教学信仰。教学质量成型于教学活动，教学活动成型于师生教学意向交集，师生意向交集的活动过程及其结果的规定性与程度构成教学活动的质和量。教学作为人与人的特殊精神交互活动，是教学信仰、教学意向、教学行动相统整的活动。教学信仰就是教师和学生对通过教学活动能够传承文明、健全人格、培养人才、发展科技等的共同信仰。教学意向并不是单个教师或个体学生的自我意向，而是具体教师和具体学生（或学生群）的意向的交集，或交集意向。也就是说，师生对教学活动的共同信仰、意向交集是教学质量的质的本质规定性，它是构成本真教学行动的前提。换言之，具体课程实施，既要有教师愿教、能教，也要有学生能学、愿学，更要有师生都笃信通过教学活动能促进彼此和世界的发展。这一师生的交集意愿和共同信仰是构成真正教学活动的前提。反之，只有教师愿教或只有学生想学，这种单一意向不能构成本真的教学活动，只能构成施教活动（教师愿教但学生不愿学）或自学活动（无教师教，只有学生学）。简言之，师生对教和学的信仰及其意向交集（或交

① ［德］埃德蒙德·胡塞尔：《欧洲科学危机和超验现象学》，张庆熊译，上海译文出版社2005年版，第138页。
② 刘小枫选编：《舍勒选集》，上海三联书店1999年版，第1369、1384页。

集意向）是本真教学活动的基础，缺乏对教学活动的信仰，缺乏教与学的意向交集为前提的活动不是本真的教学活动，从而也就缺乏了教学质量的质的规定性。

　　同时，基于具体课程的实施，师生不仅都对课程本身——知识技能、价值观念等的规模、等级、程度等有着清醒的认知，而且对自我经验、能力、态度有着清晰的体验（为师者能自我内在觉察到应教什么，应教多少，应把什么讲授或示范操作好，以及自明于为什么教、用什么方法教。学生能自我觉察到已经掌握了多少，为什么学，还要学多少等），以及师生之间的信任、理解、依恋、认同等及其程度，构成了本真教学的质和量的规定性。

　　第二，教学质量成型于教学活动过程及其变化效果的体验。一旦悬置教学质量的此在现象不顾，而回到教学活动本身，把教学质量作为一个对象或存在范畴加以直观，那么教学质量就是在教学活动过程中，师生从课程实施进程中体验到的精神和生命的发展变化的本质规定及其效果，是师生在教学活动中体验到的德、智、体、美、劳等的展示、发展和变化的内在规定及其效果。简言之，教学质量就是在课程实施进程中，师生身心体验到的发展变化的内在规定和效果。这是因为：其一，作为存在范畴或对象的教学质量，不是被规定的，而是不断建构的，是师生体验到的存在。教育管理者规定的"教学质量标准"仅仅是应然的、理想化的、终结化的。对师生而言，最多是意愿趋向的，即使有也并不全然是师生真实体验到的"教学质量标准"。其二，教学质量是教学活动的质和量，这个质和量不是确定不变的，而是发展变化的、积累和推陈出新的，是师生对自我经验和身心发展变化过程的体验，是对教学活动过程的本质规定和若干效果的直接体验、经验再造等。针对既定的"教学质量标准"，师生不仅不可能在具体某次教学活动过程中全然实现，也不可能在所有教学活动完结之后全然达到。当然不是说不要"教学质量标准"，而是必须有、必须要"教学质量标准"，因为"教学质量标准"既是教育管理的需要，也是师生自我检验身心发展变化是否达到"标准"的体验尺度、参照物。其三，教学质量重在教学活动过程的质和量，是既重视教学活动过程的质，也重视教学活动过程的量的体验与生成，是对教学活动过程的量变与质变规律的体验与生成。教师教的过程和学生学的过程的质的规定性及其变化，可能（仅仅是可能）会促进教和学的数量、规模、等级的变化。教和学的数量变化过程也可能（也仅仅是可能）会促进教和学的内在规定性、方式方法等的变化，但绝不是产生绝对的量变、质变，这是由教学活动过程的实践性、主体（师生）性、连续与非连续性、情境性等因素决定的。当然，某些教学活动过程的质和量的体验甚至是回返的、复归的，因此，教学活动质量是体验和生成建构的，师生体验的教学活动过程的质和量才是本真的教学质量。

综合教学质量的词源意义和对其进行现象学直观，教学质量的真实定义是：教学质量是教学活动过程的质和量的统称，是以课程实施过程为中介，以师生教学信仰和意向交集为基础，是师生在教与学的活动进程中体验到的精神和生命的发展变化的本质规定性及其效果。简言之，教学质量是师生在教学活动过程中共同体验与生成的身心发展变化的本质规定性和效果。其中，教学质量蕴含的本质规定性既有国家和学校明文规定的内容，也有师生在教学活动中体验、生成的内容，既有可量化、能描述的规定内容，也有不能量化、不可描述的只能体验的内容。教学质量蕴含的效果既有希望达到的效果，也有实际体验生成的效果，既有能量化和可描述的显性效果，也有不可量化和无法描述的隐性效果。

三、大学教学质量的现象学定义

当回到大学教学活动本身来直观大学教学质量时就会发现，大学教学质量是大学教学活动过程中，以大学课程为中介，大学教师和大学生共同体验与生成的精神和生命活动的本质规定及其效果。简言之，大学教学质量是大学师生在大学教学境域中体验的身心发展变化的本质规定及效果。其内涵如下：

其一，大学教学质量是大学课程实施的大学教师的施教质量和大学生的学习质量的统称。大学教师的施教质量是从其课程施教过程中，在精神信仰、价值取向、前沿学术认知体验、教学实践过程与效果、指导大学生进行知识技能和价值理性的内化与外化、传承高深知识技能、社会对大学生人才规格和科学技术发展需求等中展示和生成的质量。大学生的学习质量是通过在若干教师的课程实施的指导下，大学生结合自我对精神信仰、知识技能和价值理性、高深学问认知与发展、前沿科技继承与提升、养育至善人格、建构至善世界的担当等等的体验。大学师生在课程实施进程中、在高深知识技能和至善价值理性的协同创新中、在服务社会的实践实训中，通过交互活动和头脑风暴、对教师的教和学生的学的协同体验等，促进师生的教、学、研、用、创等的发展，从而生成大学教学质量。

简言之，大学教学质量不只是大学生的学习质量，也包括大学教师的学的质量。把学的内容转化为施教的质量，把科学技术创新和学术研究的方式及内容嵌入教学过程的质量，学生学习过程及其效果，精神理性变化提升，三观（人生观、世界观、价值观）的发展，社会生活实践实训的强化等的统合质量，是大学师生的教与学的交互体验建构的质量的统称。

其二，大学教学质量的本质规定是精神和物质、身心发展体验的质量。大学教学质量的本质规定的精神和物质包含：国家、民族对大学师生规格的规定——希望大学师生通过教学科研活动成为什么样的人，能作出什么贡献，必须是什么样的人，应该做成什么事；社会及用人单位对大学师生是什么人，创造多少有益的价值，尤其希望大学教学能使大学生为能创造出期许的价值做好充分的准备；大学师生在大学教学活动中生成哪些价值理性，为人处世之道，传承高深学问，生成知识技能和价值理性等。

换言之，大学教学质量的本质规定，既有国家民族期许的和以文件、法规规定的，也有具体行业、产业期许的和直接观察的，还有大学师生体验和协同生成的教和学的质与量。大学教学质量中的精神性的规定，是不可量化只可观察体验和宏观描述的，如爱党、爱国、爱人、信仰、真理、正义、自信、自律、自觉、世界观、人生观、价值观、创新思维、至善人格、至善伦理、品性德行、习惯兴趣、情感意志等精神理性的东西。不论是国家、民族还是社会公众和大学师生自己，都意愿大学教学的师生能成为精神引领的楷模，文明传承和技术创新的精神主导者。不论是古典大学还是当代大学，因为其独具"大"的理念，赋予了"大"的价值，所以，人们期许其教学质量能在教学活动中和通过教学活动实现大学师生成为行动、态度、作为等的楷模。以楷模的一种在（being）、一种精神（spirit）临在于普通大众之前，成为大众可直接观察、效仿、升向的临在（presence）。公众通过他们的作品、产品、行动过程而感知其精神理性的至善性和价值的实事性、至善世界建构的可实现性。当然，大学教学质量的本质规定的精神内容，由于其独有的隐性属性，社会只能以宏观的、概念的、理念的形态作出规定，甚至只能是以期许的形态呈现。而其本质的生成、发展、构形作为大学教学质量的重要组成部分，则只能通过大学师生在教学过程中不断建构与提升。

大学教学质量的本质规定的物质（或生命）规定，在大到国家的政策法规，小到大学的人才培养方案、课程教学计划、知识技能和价值理性的教学设计中都可以进行量化或精确描述。如大学人才规格中要求大学生掌握的必要知识技能、身体健康状况、熟练操作相关技术、能从事相关职业工作、能解决什么问题，等等。在现行大学教学质量评价、普通本科教学水平评估、普通本科教学工作合格评估中的二级和三级指标体系中，就是针对大学教学质量的物化、量化规定的直接描述和操作判断。当然，就本真的大学教学质量的本质规定的物质规定而言，一切量化、物化的质量也仅仅是大学教学结果的判断。物质规定、身体技能提升、产出作品等的教学质量，其本身还有一个更重要的要素，那就是过程质量。虽然物质规定中确实也有一些可量化的内容，如学多少、掌握什么、研究出什么、产生多少价值等，是能进行定性或定量判断的，但是，大学教学质量是大学教学过程和结果的质量，而且任何教学都是一个过程，绝不仅仅是结果。因此，大学教学质量的物质规定也必须直观其物化结果的过程，而不仅仅是只看材料、数字和数量。

四、教学质量与相关概念的关系

随着工业生产质量管理理念及需求的不断深入，各行各业都在注重相关质量体系建设，教育教学也不例外。但是，通过教育史的梳理可知，国内外对教学质量的体系建设，不是先有教学质量的真实定义，然后才有与之相关的概念及操作，而是先有教学质量分析、教学质量标准、教学质量检查等相关概念及操作，然后再讨论、研究、界说教学质量的内涵。但时至今日也依然没有一个公认的真实定义。

（一）教学质量与教育质量之间的关系

时至当前，人们普遍认为教育是传递社会生活经验并培养人的社会活动。广义的教育，泛指影响人们知识、技能、身心健康、思想品德的形成和发展的各种活动；狭义的教育主要是指学校教育。从外延来分，教育分为家庭教育、社会教育和学校教育；从形式来分，教育分为外在施予教育（或称为教化）和内在自我体悟教育。多数教育学理论认为教学是教育的下位概念，社会教育和家庭教育不是严格意义的教学活动。在学校教育范畴内，教育行动是整个学校培养人才、传承文明、科学研究、服务社会等的全方位活动；教学活动是以课程为中介的师生的教和学的交互活动。在教育管理中，几乎都认为教学是学校的核心工作，是学校教育活动的主体活动，教书和育人是不可分割的统整活动，教学质量的高低在很大程度上反映了学校教育质量的水平。但是，教育质量不仅包含教学质量，还包含社会教育质量、家庭教育质量、个体自学质量等，因此教育质量和教学质量的关系图示如下：

教学质量和教育质量关系图

教学质量之所以不能等同于教育质量，不仅因为教育质量是整体的、上位的，而教学质量是具体课程的、下位的，还因为教学质量的生成，是以教师和学生为主体，以课程为中介，以课堂为载体，以教学方法为手段，以各种教学资源和质量评价尺度为媒介等的师生身心体验的本质规定及效果，是基于课程的师生意向价值和实然价值的体验或达成效果（包括社会预设质量和实际完成质量的达成效果）。虽然教育教学理想提出向每次课、每堂课要教育质量和教学质量，但是即使某次课，乃至某门课教学质量失效或提升，也不能判定教育质量的失效或提升。

（二）教学质量与教学质量标准的关系

随着工业化进程及其产品质量体系建设的加快，质量标准观已经深入到各行各业，而工农业产品质量标准是由各国、各行业有关人员制定并共同遵守的准则。教学质量标准却因"不同社会制度、不同阶级的教学质量观不同，教学质量标准也各有差异"①。仅就我国各级各类学校教育教学而言，截至当前，教育部针对提高我国高等学校教学质量就先后有"高教 12 条"（教高〔2001〕4 号）、教高〔2005〕1 号、教高〔2006〕16 号、教高〔2007〕1 号、教高〔2007〕2 号、"高教 30 条"（教高〔2012〕4 号）以及教育部正在拟定的"100 个本科专业类教学质量国家标准"等文件与举措。不论是哪一个教学质量标准，也不论是哪些人或组织制定的教学质量标准，似乎都应该首先界说教学质量的真实定义，尤其是要界说清楚其内涵和外延。如果还混淆于教育质量和教学质量，或把教学质量仅仅指向学生身心发展的质量，甚至仅仅是数量，这样的教学质量标准也只能是第三方的，仅仅适合于管理学的，至少不是全然且符合本真教学的质量标准。

（三）教学质量与教学质量分析、检查、控制、评价的关系

教学质量分析、检查、控制、评价等都是教育管理学的范畴，即使有全然的教学质量标准，要进行教学质量分析、检查、控制、评价，就必须既要重视教学质量的结果，也要重视教学质量形成过程；既要重视全国统一的各门课程的教学质量标准的建设，也要重视具体某门课、某次课的教学质量的体验和过程检查；既要重视能量化的教学质量，也要重视不可量化的教学质量；既要重视教育管理者对教学质量的分析、检查、控制、评价，更要重视具体课程实施进程中师生的教学质量体验与生成。从教学活动和教学质量管理而论，不可否认，当前各级各类学校的教学活动，施教质量在很大程度上取决于教师的良心、良知、态度、爱心等不可量化的精神层面的东西。因

---

① 顾明远：《教育大辞典》，上海教育出版社 1998 年版，第 723 页。

此，可以说，在多大程度上认可教师脑力劳动、精神理性活动的质与量，就在多大程度可以体验到教师的施教的质与量，同时也在多大程度上可体验到教学的质与量的提升的效度和信度。

同时，不论是用人工（教师、学生、教育管理者），还是用软件工具做教学质量分析、检查、控制、评价，都需要有清晰的评价内容、维度、方法，需要对"教学质量"的内涵有清晰的认知和理解。只有对概念的内涵有公共的认知，才会有公认的分析、评价维度与内容，也才能形成共在的分析、评价结果。对教学质量的真实定义有公认的理解，有共认的教学质量观为指导，即使对教学质量评价维度的认知、理解的主体有差异，其结果的信度和效度也仅仅是细微差异。简言之，只有确定教学质量公认的真实定义，确立能指与所指都共在的教学质量观，教学质量的分析、检查、控制、评价等，才可能产生共认的内容、维度、方式和结果。否则对教学质量的分析、检查、控制、评价的过程和结果，都可能是失信或失效的，甚至根本就是一个伪命题。

（四）大学教学质量与中小学教学质量

如前所述，大学因其独具"大"的属性，所以大学教学质量与中小学教学质量的内涵不仅仅是只有层级的差异，而且还有内涵实事意义的差异。中小学教学质量在很大程度上其体验和觉察的是：教师如何高质量地把课程（甚至是教材）的基础知识技能和基本价值理性传授给学生；学生能记住和应用多少知识技能与感知价值理性；通过教学活动使学生的身心健康提升状况；等等。简言之，中小学教学质量是重教法、重教材、重知识的学生记忆与提取、重学生身体机能的训练与提升、重学生身心发展、重统一价值观形成、重学生德行习惯养成，轻教师学术、轻价值理性争鸣等的养育教化质量；是单向的、预设统一规定的教养活动的质量。而大学教学质量不仅仅要求大学生记住、应用多少高深学问和知识技能，更要考察学生能创新、发展、产出多少有益于社会的知识技能和至善价值理性及产品，更加注重师生之间的学术争辩、技术创性、价值理性思辨等。本真的大学教学质量指向多元反对单一，指向至善价值理性的反思建构而反对既成不变，包容创新、创造失败而拒斥循规蹈矩读死书、死读书等。

第二节　教学质量的维度

维度，又称维数，是数学中独立参数的数目。在物理学和哲学的领域内，指独立的时空坐标的数目。零维是一点，没有长度。一维是线，只有长度。二维是一个平面，是由长度和宽度（或曲线）形成面积。三维是二维加上高度形成体积面。四维分为时间上和空间上的四维，人们说的四维经常是指关于时间的概念。教学质量是师生在教学活动过程中共同体验与生成的身心发展变化的本质规定性和效果，该本质规定和效果是多向度、多维度、超四维度的。虽然教学质量的核心是教师教和学、学生学、师生在教育境遇中的精神交互活动的本质规定和效果，可一旦把教学质量置于可评价、能直观、有体验的范畴来考察，仅就其主体而言，教学质量就是一个多维度、多向度相统合而成的几何体。

一、教师维度的教学质量

教师体验和生成的教学质量既有显性的、能描述的、可量化的质量，也有隐性的、只可体验不可精准描述的质量；既有教师自我针对某门课、某次课、某个知识点的施教过程而感受、体验的教学质量，也有针对他人（学生、评价者、社会）对教师为学、为教、为人等的综合评价的体验和生成的教学质量等。按教学流程来描述，教师维度的教学质量包括以下几方面。

（一）教师的教学信仰质量

教师的教学信仰质量是教师对教学教育的笃信程度和高度，是教师相信教育教学是建构至善世界必不可少的手段，相信学生具有愿学、向学的先验基础。既笃信通过教学行动可以引导学生获得人格至善和知识技能、价值观念等的有效提高，也笃信通过教学活动可以本真地展示自己为师、为教、为学、为人等的实事价值。在为教学而教学、为薪酬而教学、为事业而教学、为信仰而教学等维度方面，展示教师的教学信仰的本质规定性及其教学信仰体验的不同程度或高度。教师的教学信仰是施教行动中价值取向和施教质量与教学质量的基础。教师教学信仰的质量是隐性质量，是不可量化的观念质量，是提升教学质量的观念先导。其质量高低不仅直接影响施教的整个过程及其质量，而且是真教学展开的前提。

虽然人先验地存在着教学信仰——相信通过教学可以快速提升人格和知识技能，但是不同人的教学信仰的程度、维度存在很大的差异。仅就我国当代教师而言，首先，能否成为职业的教师，并不完全是在大学生时代就有明晰的职业规划和有意识训练，而是由自我意愿和职业选择所决定。不论是主动意愿还是被动成为职业的教师，在其为师、为教之前，其教学信仰是不够健全的，教学信仰的程度是有限的。其原有的教学信仰多是为学的信仰——相信自己通过教师的教授而使自己获得了知识经验和价值理性，并不完全具备教学教育是促进人格至善、建构至善世界的信仰，即使有也不够坚定，体认也不够深刻，仅仅是模糊的信仰。其次，成为教师和接受教学任务之后，其教学信仰的自觉、自律和坚信程度，直接反映在其对具体学校精神理性的认知和实践之中，直接反映在教师对承担课程的教学目标和目的等理解、学习、形成观念以及预转化为施教等过程中。而且，这个程度可描述为是基于经验直觉的，还是真实而深入地把学校精神、课程标准、教学目的与自我经验适时统合地理解和转化。是基于教学任务完成的质量预设，还是基于信仰的、良心的、事业的等。最后，基于教师多年教学实践，教师是基于经验而教学，还是基于学生和教师都是发展变化的至善趋向者而教学；是把教学嵌入科研还是把科研嵌入教学，抑或是教学科研相对独立的教学价值体认；是基于至善教育的信仰还是基于薪酬与劳动的对等而教学，这些信仰都具有程度差异。简言之，是否是自己意愿的教师职业，是为了职业还是事业而教书育人，是为了任务还是为了信仰与良心等而教学，直接奠基不同程度和维度的教学信仰。该信仰直接奠基着为教、为学的价值理性的生成和体验，直接促成不同层次的教学质量观的生成，并成为后续教学环节及其质量观念的先导。虽然教学信仰不可量化，不能做精准而细化的全然描述，也不能做外在的量化质量评价，但却是教学质量的本质规定性之一，是教师自己生成的、可以真切地体验到的、在教学行动中将自然显现出来的存在，是学生在课程实施中能体验到的和作出模糊性判断的存在。没有至善信仰的教学不是本真的教学，教学信仰的程度和维度，直接影响和构成教学质量的高度与宽度。

（二）教师的学习质量

教师的学养是提升教学质量的保障，教师学习的维度和程度决定着教学质量的维度和高度。从时间维度看，教师的学习质量包含学生时代的学习内容及其效果、拟成为职业教师时的学习内容及其效果（如教师资格考试的笔试、面试、试教等的学习内容及效果）、被录用成教师和承担具体教学任务前的学习内容及效果（如岗前培训、跟教、做助教、教学知识技能准备、学校精神理念与教育教学规章制度的学习、做辅导员或班主任等）、担任具体课程教学任务的边学边教的学习内容及效果、在教学进程中师生交互学习和体验学生的学习、从教师向教育家迈进时期的学习及其效果，等等。

从空间维度看，教师的学习质量包含担任具体课程教学任务前班级、校园和社会场域的学习内容及效果。这一空间的学习多数是非职业指向的学习，是广域经验积累和体验的学习。承担具体课程教学任务后的班级、校园、社会场域的学习内容及效果，这一空间的学习多为指向职业和事业的定向学习，不仅有经验积累和体验的学习，更多的是指向教学策略、教学理性的生成和转化为施教行动的学习。

从学习对象来看，包括向不同的人、不同载体（纸本、网络、自然、社会等）的资源、自我实践体验改进、相同对象不同时空等的学习等。同时，教师身份的时空差异，针对同一对象的学习指向有较大差异。如学生时代向老师学，主要学习知识技能和价值理性；但作为教师再向自己曾经的老师学，虽然也要学作为学生应学的内容，但更多的是向老师学为师、为教、做学问等方法和技能。再如，学生时应用相关资源，主要目的是提升自我知识技能，但作为教师不仅要熟练掌握应用资源，更要帮助学生如何高质量地应用资源等。

总之，教师的学习质量是提升教学质量的基础，其知识技能、价值理性、至善人格等的学习质量是提升施教质量的基础。教师已有知识经验和价值理性在施教行动过程中的学习、转化质量是施教质量和教学质量的基础。成为教师后的终身学习质量、学习方式、在教学进程中向学生学等是成就教学质量的不竭动力。

（三）备课质量

备课质量的显性维度可从教案编写的完整性、创新性、与学生和资源的紧密联系性等的文字、图片、教具等方面显现出来。但备课毕竟是脑力和体力的综合劳动，而且脑力劳动的东西更多，也就是备课的隐性质量涵盖的内容更宽更广。从传统备课的五要素（备教师、备大纲和课程、备学生、备教法、备教具）而论：备教师——教师不仅要备自己的教学信仰、学养、价值理性、人格取向等观念性的东西，还要备自己体验到的自我教学能力、为教为学的优势和特长、心理调适等经验性的东西，还要备自己形象（着装打扮）、语言表达、生理条件等直观的东西（或可称为为师的天赋、先验性的东西）。教学是教师言传身教的活动，备教师或教师自备的言传身教准备活动质量的高低，在一定程度上制约着具体教师和具体课程的教学质量。

备大纲和课程——教师备大纲（或课程标准）和课程，既要把一个专业、一个学段、一门课、一个知识技能、某一价值理性等用文字图片描述出来的显性规定性的东西备入课程实施，还得把自我体悟的课程大纲规定性的隐性的要求及自我认知、新发现的东西有效嵌入教学流程之中，尤其要把德育、精神理性、人格至善、创新成果等内容整合进知识技能和价值理性传承之中，这才是真正有效的备大纲和备课。教材和大纲是既定的，是他人的东西，而师生是活的，是要自我身心不断发展建构的。因此，把要教的内容（课程）备成师生在具体境遇和具体时间中的交互活动、至善人格养成、知识经验整合再造的内容，这是提升教学质量最基本的准备条件。大纲和课程呈现的只是告诉知识技能、价值理性是什么和应该完成或达到什么，教师备课的关键是要解决如何有效、高质量地实现其为什么是和如何达到、如何优化完成。

备学生——教师备课中的备学生，不仅要备学生的学力基础、资源条件、生源及数量、生理条件等能够量化检测的东西，而且还得备学生的价值取向、兴趣特长、心理特征等只可描述不可定量的东西。在班级教学中，虽然备课做不到绝对的因材施教，但必须做到奠基共性、发展个性。教学相长的前提是充分了解学生的共同需求及其条件，建基于对绝大多数学生乃至每个学生的了解，才能有效构建学法指导，有效提升教学质量。

备教法——教学方法千千万，但针对具体师生、具体课程在具体时空中的有效实施，最适合的施教方法只有那么几种。教师选择、准备施教方法，至少是综合了教师自己的优势特长和经验、知识技能传承与习得的规律、学生的身心条件、教学资源质量等四个要素。

备教具——备教具就是教师准备教学工具、教学资源。不仅自然科学的教学需要各种教具、教学资源支撑，人文科学、社会科学的教学也需要相关教育资源作保障。教师不仅要知道如何高质量地使用，更要基于学生学习的需求指导学生如何高质量地使用。教师会用教具只能显示教师已有的经验或技能，指导学生有效使用教具才是提升教学质量的又一保证。

简言之，教师备课质量制约教学质量，但是对教师备课质量的监测、评价等能量化的内容相当有限，绝大多数内容是隐性的、不可量化，甚至是不能全然描述的。教师备课是脑力劳动和体力劳动的有机结合，能直观的、能量化的仅仅是其体力劳动的部分，而全部的脑力劳动只能是体验的、模糊描述的，但却是最重要、权重值最高的。仅从一个教师一门课的长期或周期施教来看，量化的备课质量应该是：初次上课是详细教案，二次上课是详细教案的补正、修订的教案，三次及以后的上课才是补正、修订、创新的纲目式教案。而且，同一教案修订、补正、创新、连续使用的年限是有限的，必须是适时、及时更新的教案。简言之，本真的备课的教案应该是常备常新、不断丰富和创新的教案。

（四）课堂施教质量

教学质量之所以难以精准描述和做全然量化分析，是因为具体教学实施所涉及的维度太宽、太泛，而且隐性的内容太多太杂，且交织在一起不可分割。一个教学内容在同一时段内，不同教师施教质量的可量化的东西即使可以比较，但也仅仅只能对其可量化内容进行施教质量比较，而教学质量还有一个关键因素——学生及其学的质量。而且，即使一个教学内容，一个教师施教，由于时间、空间、学生、资源、知识技能点等不同，不同学生体验生成的施教质量和教学质量也有差异。

仅从课堂施教流程来看，教师步入课堂，其精神面貌、着装打扮、言谈举止、情感态度等就对教学质量形成了或促进，或阻碍，或价值无涉等的相关影响。开始施教后，教师语言（口头语言、态势语、板书及其设计）等的规范性、幽默性、启发新、直观性、适人性等的质量奠基着施教质量。教师的教法综合应用、先进教育技术的优化使用、重难点突破方法、设问启发、师生互动、适时评价纠错、引领价值判断、指导学生知识技能体验实践、课堂氛围营造等的质量决定着施教质量和教学质量。教师知识技能和价值理性的解读、呈现、示范、创新等的精准性、艺术性、熟练性、适学性、逻辑性、拓展性、与师生此在生活关联的紧密性等的质量直接制约施教质量和教学质量。施教过程中的前后知识技能和价值理性的承上启下、适时小结、适时指导学生体验实践练习和价值判断、课内外知识技能和价值理性的融会贯通等的信度和效度，是构成施教质量和教学质量的基本要件。

从施教环节来看，每门课、每次课和每个知识技能点施教的启（开启）、承（承接前后知识、讲解前次课的课外练习）、转（转入新知识技能）、合（知识技能与德化结合）、破（破解重难点）、拓（拓展知识技能）、创（创新知识技能）、练（师生互动练习生成知识技能）、判（评价知识技能生成实效）、结（师生互动总结、小结）、用（课内使用、课后作业练习、课外社会生活应用）、反（学生作业批改、反馈、反思和课外知识技能疑难返归课堂）等12个教学环节，描述时是独立的，但在教学实施进程中却是交互、交织在一起的。从表象看，虽然在某次课、某个知识点的施教过程中若缺乏其中某个环节，似乎对该次课或知识点的施教质量和教学质量影响不大，但若某门课的施教过程中相关环节缺失过多，尤其是缺失合、破、练、判等核心环节，甚至这些环节的质量不高，施教质量和教学质量肯定堪忧。

再从备课质量和教学实施进程来看，备课质量确实影响授课质量，但是量化的、实体的或物化的备课（教案、课件）数量虽然可以一定程度上反映教师教学准备质量，尤其能反映青年教师、刚入行的教师的教学态度和教学准备质量，但是，真正施教进程中，制约教学质量提升的又正是照抄、照念教案或课件。当然，没有备课也绝不可能提高教学质量。本真的教学质量、施教质量从教师施教的角度而言，要备课，更要深入详细地备课。但施教绝不能一字不落地念教案或课件，而是把课堂境域各种因素和教学计划紧密结合起来，并和学生学习意向达成交集，对备课内容进行情境化、科学化、适学化的师生互动体验和展示。也就是说，物化和量化的教案、课件的质量只能折射教师教学准备、教学态度的部分质量，编写纲目式教案或课件，甚至不拿教案或课件进教室，并不等于教师没有备课，也不等于该教师本次课的教学质量不高。必须觉察到教师备课是教师的天职，教师备课的质量的关键要素是教师精神劳动的深入程度。教师授课质量虽然可以反观其备课质量、教学态度，但绝不能通过物化和量化的备课数量来判定教师的施教质量和备课质量。通过审查教案质量来判断教学质量，其本质还是陷入了物质生产管理的定势思维，是否定教师精神劳动实事性的管理学思维，是否定教学活动是师生的脑力和体力协调创新活动的思维。简言之，课堂如战场，绝不能打无准备之仗，满怀坚定的信仰，抱着良心和爱心进行深入备课是必须的。而超于备课预设范式，在课堂境遇中对教学内容和方法（战术）的创造性发挥与应用，才是提高教学质量、实现教有所获和学有所得的根本。而且，隐性的备课活动及其质量只能通过施教活动及其体验才能作出比较准确的判断。

（五）设置学生练习和对其进行批改与讲解的质量

指导学生练习分为课堂练习和课外练习，不仅课堂练习是教学及其质量的组成部分，本真的课后练习也是课堂教学及其质量的有机组成部分，关键看学生课后练习是否回归了课堂的讲解。本真的教学质量提升，指导学生课内外练习必不可少。它不仅仅是巩固所学、所思、所练、所悟的手段，还是教师监测学生听课和知识技能巩固拓展与应用创造、检测教师自己教学方法等质量的不可或缺的手段。

　　从教师施教质量的维度而言，教师设置学生课内外练习的质和量，对学生练习的批改的质和量，讲解学生练习的质和量是促进教学质量提升的不可或缺的手段。当前大学教学质量提升不力的一个重要因素就是只有教师的讲授，学生的练习严重不足，甚至缺失。不少大学教师甚至一门课讲完了也没有设置学生的课内外练习，部分教师即使给学生布置有练习，但数量相当有限，质量也不太高，批改和讲解更是缺乏。目前，中小学教师给学生布置课内外练习、批改讲解练习等的质和量，唯一值得商榷的是数量问题——中小学、普通高中不是课后练习不够，而是数量过多。对高校和中职教育而言，教师给学生设置课内外练习虽然没有必要设置、批改和讲解得像中小学生一样的多、杂、繁、细，至少每个章节、每个专题施教完毕应该给学生设置课堂和课后练习，并作详细批改和讲解。硕博教育目前都是以课堂讨论、操作展示、课程论文、课题研究论文发表等方式设置研究生的课内外练习。对普通本专科和中职教育而言，既可以参照硕博课程教学的方式设置和指导练习，也可以在课程实施中适时设置练习要求学生完成，还可以在每个章节、每个专题、每项技能训练等施教完结后，设置一些相关练习。既可让学生独立完成，也可让学生自由组成小组或团队来完成。"知行合一"（王阳明）、"一天不练手脚慢，两天不练丢一半，三天不练门外汉，四天不练瞪眼看"（谚语）、"学而不练不如不学"等正说明了学习和练习、实践的重要性。

　　教师设置学生练习质量的维度，包含教师施教价值理性、学生课内外练习的难易程度、练习的时效性、练习内容与施教内容的关联性、练习方式的脑体与价值观念的协同体验性、练习批改的全然性、练习讲解的全效性，等等。目前中小学教师对学生练习的批改量，部分学校实行核算课时方式激励教师详批、详改、详讲学生课内外练习。个别大学相关课程的学生练习也采用计算课时方式激励教师设置、批改、讲解、指导学生科学有效的课内外练习。而绝大多数大学的大部分课程施教很少有学生课后练习的科学设置、批改、讲解等，也很少有折算课时。因此，一些大学教师是抱着良心、良知在设置和批改学生课后练习。

　　总之，要提高教学质量，要实现一课一得，设置高质量的学生课内外练习、精批细改学生练习、科学有效地指导讲解学生练习是本真教学必不可少的环节。它不仅是检测学生学习质量的手段，更是监测教师施教质量、改进教学方式与内容、提升教学质量等的不可或缺的手段。

（六）教学反思质量

教学反思，就是对师生的教学信仰、课程实施、教学内容、教学过程、教学方式、教学资源应用、教学效果等施教流程的各要素及其质量进行省察，以改进和提高教学质量为目的的思辨体认及其行动物化过程。按时间流程分，教学反思可分为课前反思、课中反思、课后反思；按主体来分，教学反思可分为具体课程施教教师的反思、知识技能和价值观念的求教者（学生）的反思、教学评审者（专家、同行、观摩者）和教学管理者对教学活动的反思；从结果来分，教学反思可分为对隐性教学过程及其结果的反思体验和形成观念的反思、对显性（文字、图片）或行动外化（行动体验觉察改进）教学过程及其结果的反思。从教师施教质量的反思流程来看，课前反思和课后反思既有交叉的内容，也有各自独立的内容。

教师的课前反思，是教师接受新课程教学任务之后，结合自己的经验，对自己将承担课程的教学目标、教学目的、教学策略与教学班级、教学时间、学生层次（博、硕、本、专或中学生）等的关联性进行反思、思辨。其反思过程和结果直接交融于课程备课各要素之中，甚至直接成型于教师步入课堂前的施教准备的思辨过程之中。其反思的内容包含课程知识技能和价值观念等的时代性、继承性、对象适切性、创新性、与教师自我经验与知识习得的整合性、与教学大纲和教学目标的整合性等。当然，也包含与教师自己学习相关内容或接受相似课程教学（做学生、做观摩者、做助教、做评审者、接受专项培训等）的经验借鉴等的关联性、教学质量的构建性等。简言之，课前反思就是教师反思自己是怎么学或练的、应如何学和做、他人是如何教的、知识技能及价值理性是如何呈现的，以及课程内容的当下切合性怎样、教师应如何紧扣自己优势经验和怎样组织施教，等等。

教师的课后反思，就是教师对自己施教完成的一个知识技能和价值理性、一次课、一门课的施教过程及其效果等进行及时的反思总结。课后反思的内容包含备课质量、备课内容实施情况、课堂教学内容及其方式、施教质量、学生学习质量、资源利用效果、师生互动质量、师生知识技能与价值观念构建质量、重难点突破的技法及其质量、知识技能和价值理性的练习生成与创新效果，等等。教师课后反思的形式既可以用文字图片反映在备课本（教案）上，也可单独用一个教后记的方式记载在记录本或电脑文件中，还可凝结成科研论文、教学心得体会的文章等。在这一点上，当代著名语文教育家于漪先生已经做了很好的示范——把她的教后反思整理成著作出版，不仅提高了她的教学质量，也成为其他教师提高教学科研质量的有力借鉴。

教师的课中反思，就是教师施教过程中的适时反思，它是调节课程实施节奏，调控教学策略，提升教学质量的关键。教学过程是师生围绕课程内容进行身心体验的交互活动过程，是师生围绕知识技能和价值理性进行脑力和体力相结合的活动过程。因此，教师要提高教学质量、提升施教质量，必须适时根据学生脑体活动状态反思自己的施教行为以调适教学方式和教学进度。教师的课中反思内容包含语言呈现形式及其状态、施教内容的信度和效度、师生交互活动的方式与质量、重难点突破与学生习得质量、学生把课程内容内化为观念和外化为行动的效果、教学进度的信度和效度、激发学生学习兴趣及参与教学积极性的质量，等等。教师课中适时反思、及时调控等，是提高教学质量、提升施教质量的关键，是对备课内容及其质量进行在课堂境域中的及时再思考、再创造、再革新。没有课程实施中的及时反思、评判、改进行动，只能成型为按备课预设流程完成了施教任务，其施教质量、教学质量是否有本真地提升就值得怀疑了。简言之，教师课中反思，就是在课堂境域中，因课程内容逻辑与习得方式、师生身心情感状态、兴趣意愿、协同参与体验和实践练习等而进行的适时觉察、反思和变革。教师不仅要反思自己的施教方式、内容和过程，更要对觉察到的学生身心参与教学活动进程的信度和效度进行反思。该反思的目的是适时改变施教策略，最大效益地引领学生围绕课程内容进行身心体验与实践练习，从而提高教学质量。

（七）教师的教学研究质量

干一行必须爱一行，必须研究这一行，这是成就事业的基本前提和基本逻辑，教育教学也不例外。为师者，有坚定而至善的教学信仰，不断丰盈自己的学养，不断建构自我为师的人格魅力，不断提高施教能力，不断创新教学方法，以父母之心善待每个学生，精益求精实施教学行动等是提高教学质量必不可少的条件。但这还远远不够，做教学必须爱教学，须研究存在范畴的教学。教学研究质量的深入程度及其转化力度，决定着教学质量提升的速度和高度。除了前述的为学、听课、备课、施教、指导学生练习、教学反思等的研究内容及其质量外，作为一位具有坚定教学信仰的优秀教师，还必须对教学这一范畴进行深入的研究。

从教学研究的内容维度来看，要想成为一名优秀教师，要真正提高教学质量，就不仅要对教学活动所涉及的一系列显性要素（教师、学生、课程、环境、条件、教与学方法、评价等）进行深入的研究和体验，还需深入研究和体验教学哲学、教学规律、教学信仰、教学价值取向等一系列隐性要素。不深入研究和体验教学、没有正确的教学理性为指导，仅仅跟着感觉教学，要提升施教质量和教学质量是缺乏自明性的。

从教学研究的成型形式来看，教师的教学研究的显性形式，既可以成型为教学笔记、教学心得体会、教学反思等文本形式的东西，也可以成型为教具、图片、音视频、PPT、模型、模具、具体产品等实体物形式的东西，还可成型为教学理论、教学模式、教学标准、教学理性等学术观念性的东西。教师教学研究的隐性形式，既可成型为教学语言艺术、行为（身教）艺术、德性修养、教风学风等只可展示不可精准描述的东西，也可成型为教学流程掌控、施教节奏调适、问题设置与展示、教学灵感迸发等只可意会体验而难言表的东西，或可称为为教者自我教学风格形成的东西。

总之，教学是以课程为中介的师生精神交互活动过程，是人（教师）与人（学生）在课堂境域中、特定时间内的脑力和体力交互活动过程。师生都是各自独立的精神和生命统一体，教学语境、课程内容、价值理性、身心条件等既是发展变化的，又是统整在师生交互活动过程中的。因此，如果不研究教学及其活动，不把教学作为一个存在范畴加以深入审视、觉察，不形成正确的教学理性，施教质量、教学质量是缺乏保障的。

二、学生维度的教学质量

学生维度的教学质量，是指学生在教学活动过程中所体验的身心发展变化的本质规定性和效果。它既有隐性质量也有显性质量，既有在教学活动中和教师指导下，学习某个知识技能点或价值观念、某次课、某门课程、所有课程的本质规定性和效果，也有自我在教学活动中对教和学、自己实践练习和反思等体验到的本质规定性和效果。按照教学流程来分，学生维度的教学质量包含以下维度。

（一）学生的教学信仰质量

学生的教学信仰质量，就是学生对教师及其施教活动的笃信的本质规定性及其效果，是学生依恋和亲近教师、主动参与教学活动的心理主动皈依程度。学生的教学信仰取向及其质量是隐性质量，是不可量化、不可精准描述的质量，但却直接影响学生的知识技能的习得和价值理性的生成及质量，进而制约学习质量和教学质量。"安其学而亲其师，乐其友而信其道"（《礼记·学记》）是学生的教学信仰质量的经典描述，说的是只有亲其师、信其道，才能安其学、学有所成。正常人先验地存在着向学性、想学性、能学性，先验地就具有通过向他人学习而获得快速超越自我、成就自我的信仰。但是，随着后天学习对象的多元化、复杂化和自我价值取向、经验再造的不断建构，其教学信仰的本质规定性、指向性将呈现出变化，甚至是异化，进而呈现出或获得不同的学习效果。

从时间维度看，学生有对从幼儿园到本、硕、博教育教学的信仰——相信学校层级越高其教学活动质量越高（学段教学质量的信仰，因而不自觉地积极向往更高层次的教育）；有对教师年龄越大教学质量越高的信仰（对教学经验质量的信仰），这种信仰从中学之后到硕博教育显得更明显；有对教师学历和资历越高则教学质量越高的信仰，相信教师接受的教育程度越高则其教学质量也就更高；有对知识技能的由浅入深的信仰（学习过程质量的信仰，这是从自我学习的经验体验中不断笃定的信仰）；等等。学生的这些教学质量信仰有的将随着时间的推移而获得不断强化，但有的将不断弱化，其弱化的本因既有学生自我成长、发展的因素，也有施教者施教质量偏离学生信仰、意愿和社会价值取向变化等因素。

从空间维度来看，学生既有对教室内教学质量的信仰——相信教师指导下的课堂学习比自我自学将更经济、更高效；也有对实验实训室的教学质量的信仰——相信在教师指导下做实验实训比自我摸索练习将更能快速获得知识技能；还有对社会活动境域中的教学质量的信仰——相信在教师指导下的社会实践活动更能快速提升自己的社会适应能力和经验的习得。对具体学生、不同类别学校的学生而言，基于各自经验、学力基础、价值取向等对这三个空间（教室、实践实训室、社会场域）的教学质量的信仰程度各有差异。

从对象维度看，学生既有对教师人格魅力、知识技能、价值理性乃至教师生命体的绝对信仰，也有对其半信半疑、不信仰的信仰。如我国中小学生对教师及其教授内容等存在绝对崇拜、敬畏的信仰，而大学生对教师及其施教内容有绝对信仰或半信半疑、不信仰的信仰；有对书本文字形态的内容的绝对信仰、批判性信仰或不信仰的信仰；有对实体物或自然物的绝对信仰、批判性信仰或不信仰的信仰；有对自我体验和生成的对象的绝对信仰、批判性信仰或不信仰的信仰。大学生对这些对象的信仰程度及其本质规定性，仅从提升整体教学质量的需求而言，并不存在绝对的正确与错误，但就提升具体课程的教学质量而言，不同的信仰及其程度，直接影响该教师的施教质量和课程实施质量。

总之，不论是提升整体教学质量，还是提升具体课程的教学质量，学生的教学信仰、教学质量信仰是基础。学生相信教学活动的实事价值、本己价值的存在，是进行教学实施的观念前提、内在动力、精神之力。如果学生都不相信教学活动具有本真价值，教学活动也最多只有教的活动，绝无学的行动，也就无学的质量和教学质量可言。

（二）学生的学力质量

学力是学习能力的简称，是人基于自我经验、身心条件聚合而成的认知和操作能力，它包含学习知识技能和价值理性的认知能力（智力、认知力）、学习自我身体机能训练和调适的能力（体能）、学习自我心理调适和本能控制的能力（精神力）、学习从事生产和技术应用的能力（劳动力）、学习支配调适人际关系的能力（人际交往力、言语表达力）等。学力质量的维度至今学界没有统一的标准。

日本学者胜田守一和广冈亮藏认为学生的学力质量包含三个层面的本质规定性及其内容："（1）掌握知识的终极表现的学力——学业成就的学力；（2）掌握并解决新的知识与课题的作为学习潜力的学力——学习能力的学力；（3）在掌握知识的过程中形成的作为认识之基础的心理特性——心理能力的学力。"[1]

顾明远等从学力评价范围认为学力质量包含："（1）认知领域的学力（知识、理解力、解决问题的能力）；（2）技能领域的学力（语言技能、实验观察及实用操作技能、运动技能、作品技能、音乐歌唱演奏技能）；（3）情感领域的学力（态度、兴趣、习惯、鉴赏）等。"[2]

从主体维度看，学生的学力质量包含个体的学力质量和群体的学力质量。学生个体的学力质量包含学生的先天生理身体条件、心理智力基础条件、后天（某个阶段）的生理身体条件、后天智力与非智力条件等；学生群体的学力质量包含同一学段或同一班级学生共同具备的生理身体条件、心智条件等。

从时间维度看，学生的学力质量并不是既定不变的，而是发展变化的。正常身心条件的学生，将随着自我后天知识技能的习得、练习、操作体认，以及社会生活和身心的自然发展等，既呈现出人类共性的发展趋势的变化质量体系，也呈现出个人在某些内容学习的天赋特性。非正常身心条件的学生，也将随着后天的强化训练、物质条件的改变、价值理性（精神意志）的强化，而凸显出对某些学习对象独有的学习能力及其质量，如残障人员对某个知识技能所展示的独有学力及效果。

---

① 顾明远：《教育大辞典》，上海教育出版社 1998 年版，第 1802 页。
② 顾明远：《教育大辞典》，上海教育出版社 1998 年版，第 1802 页。

从班级教学的维度看，学生整体学力质量既有共性的水平，也有个体差异；既有个体在某个学段显现出来的或超于实际年龄，或低于实际年龄等的学力质量差异，也有学生个体所体现出来的对不同知识技能、价值理性等的学科或知识技能点的学力质量差异。

总之，对提高教学质量而言，学生的学力质量是基本条件。不仅教师要基于具体学段、具体班级学生、具体知识技能和价值理性的内在习得规律等，对学生的学力质量有比较精准的觉察判断，进而组织施教。而且，学生也只有比较精准地判断自我现有的学力准备，并积极参与教学过程，才能有效提高教学质量。

(三) 学生的课堂学习质量

课堂学习过程的质量是教学质量的核心指标、主体内容。学生课堂学习质量既有可直观的显性质量，也有只能体验和意会的隐性质量。从知识技能和价值理性习得的流程来看，学生课堂学习质量包含预、意、看、听、说、练、思、创八个维度，也可简单归纳为学、思、习、行四个维度。

预，即预习，是学生对新学习内容的预习准备。从时间维度看，包含课前预习、课中预习。课前预习是指进入课堂之前的预习，课中预习指的是进入课堂之后新知识技能施教前教师提示性的预习。从形式维度看，不论是课前还是课中预习都是基于已有知识经验和新知识经验的衔接关系，或进行自我体察、思辨、试验、预演、发现问题的学习，或与同学共同交流、协同创造、争辩体验进而发现问题的学习，或通过教学资料和媒介进行查询、思辨、质疑等进而发现问题的学习。从内容维度看，可以是知识技能和价值理性等内容的预习，也可是对操作、实验、练习等训练方法的预习。从效果维度看，一切预习，都是要知道预习内容的之所是、为什么是、应该是、如何用等的预习，最终是找到需要老师帮助、指导解决的问题。如果预习没有发现问题，就只能是自学、互学，甚至是消遣式泛读。

意，即意向、态度、意志，是带着知识技能和价值理性渴求者的态度，指向希望获得他人帮助、解惑、提升的求教意愿，是学生愿学、想学、要学的心理指向的反映。从形式上看，学生的求教意愿表现为求知态度的端正程度、学习资料和学习心态匹配准备信度、紧跟教师施教思路积极参与教学过程的效度。从内容上看，包含学生积极思考、主动提问和回答提问、认真记录、积极实践、详细观察等。学生学习的意向、指向、意志等参与教学流程的质量，奠基着学习质量和教学质量。

看，即观看、审查。对教学中学生的学习而言，是学生在课堂境域中通过观看教师或示范者的行为举止、操作演练细节，而觉察到自我知识技能应如何习得的学习过程。从内容维度看，学生课堂学习的看包含看教师或示范者的言谈举止、操作演练，看教材、黑板、教具、器材、环境等呈现的知识技能和价值理性，即通过载体、文本的观看审查，结合自我已有经验整合成自己应习得的对象。从形式维度看，学生课堂学习的看包含单一的看、边看边想、看想记练相结合的看。从质量维度看，学生课堂学习的看包含熟视无睹的看（这根本不是学习，仅仅是人在场而心不在场）、看有所思的看、看有所行的看、看有所创的看等。从教学是师生互动交流的过程来看，学生看教师、看黑板、看课件、看示范操作演练是学生进入学习状态及过程的基本保证。同时，教师也应该看到学生看的专注程度、学习状态、精力注意效果等隐藏的学习参与度，进而调控教学节奏和课堂氛围。课堂教学失效的一个重要因素就是师生互不相看、师生相互视而不见、教师不看学生或对学生的行为熟视无睹。

听，即听教学过程中教师或教具所反映的知识技能的声音，进而与自我经验整合形成知识技能习得的学习方式。在讲授式课堂教学中，听和记是主要的学习方式，听的专注程度，听、想、记、练、问、答等相结合的程度，决定听课质量、学习质量、教学质量。不同课程、不同知识点所听的方式、方法、内容、对象等差异极为明显。如语音、声乐等课程应专注于听教师或教具呈现的咬音吐字、声态节律等，也就是绝对地听音质、音色、音律、语音、语调、语流、语势、语态、语用、语义、语感、潜台词等。哲学、数学、理化、美术等课程应专注于听教师或教具的语音所呈现的意义，也就是听意义（听意），当然个别知识点既要听音也要听意。体育、表演、技术等课程主要听状态（听态）。事实上，不论是哪类课程的课堂教学，学生学习的听课，既不单是听音、听意或听态，也不仅仅是这三种听的结合，而是听、想（思）、练、记、判的有机结合行为，这才是本真的学习行为。

说，即口头言语表达。对教学中的学生学习而言，既包含教师的讲、问、答、演、唱等口头语言传授行为，也包含学生的问、答、读、诵、辩、演、练、唱等言语学习行为。除了语言、音乐等特殊课程尤其注重读、诵、唱、演等口头语言知识技能的学习外，所有课程都涉及问、答、辩等口语交流的知识技能习得。没有问题的课堂是问题最大的课堂，没有师生问题交流的课堂是教学质量问题最为堪忧的课堂。只有教师声音的课堂就是"一言堂"的课堂，只有教师问学生答或教师自问自答的课堂是残缺的课堂。仅从学生问的维度而言，学生不仅要有知识技能和价值理性学习的问题，而且要有自身经过深思而不解又必须想获得结论或方法的高质量问题。既是与课程相关的问题，也是与课程逻辑紧密联系的问题。不论是哪种形式的课堂教学活动，师生高质量的口语交流、辩答是获得真知的基本路径。师生言语交流质量的高低，决定着一次课、一门课的教学质量的高低，这正是当前极力反对的教师一言堂、无效氛围课堂的教学价值论基础。

练，即练习、实践。就教学过程中的学生学习而言，练就是学生在教师指导下练习、操练、体验。教学活动中学生学习的练习，从形式上看包含口头演练、笔头演练（记录、写作业、设计、绘画等）、操作训练（实验、技能训练、体能训练）等。从内容上看，学科、课程、知识技能点不同，练习的内容和方式各有不同，既有基础知识、基本技能的巩固练习，也有知识技能提高和创造练习，还有价值理性、审美情趣的体验、感悟、练习等。从时间流程来看，既有承启新教学内容的练习，也有边听、边看、边想、边练相结合的练习，还有分段式、各个重难点逐个击破与巩固的练习。要真正提高学习质量、教学质量，学生练习、师生协同练习是使学生从知识技能和价值理性的短时记忆或体验，真正内化为知识技能和理性的长时记忆与创造的唯一手段。学习是学和习的合成词，就是既要学也要练习和实践，只看、只听乃至只想都只是学的行为，它并不能有效内化为真正的知识技能和理性，只有通过练习、实践等进行经验的物化或行动化，才能真正实现学有所得、学有所成。

思，即思考、思辨、反思、体验，就是对事物进行经验整合的内在觉察与反省行为。对教学过程中学生学习的思辨而言，就是对教师或媒介呈现的知识技能和价值理性，结合自己的经验与行动体验进行内省而生成自我习得内容的过程。思辨的广度、深度、方式、效果等，决定着学的方式和效果，"学而不思则罔、思而不学则殆"（《论语·学而》）早已说明了思辨对提高学习质量和教学质量的本质关系。课堂教学中学生的思考，从形式上看，有仅仅是自我的思辨（沉思）、思且有做、思且有问或答、思—行—思—性的螺旋递进的思行结合等。从内容上看，有对知识技能和价值理性的觉察或反思、思辨；有对教师或媒介施教方式的思辨；有自我学习知识技能的行为方式反思、批判等。对学习质量而言，思考思辨是隐性的，但却是至关重要的，无思考、无觉察的学习行为及效果只是暂时行动及记忆，只有深思熟虑才能从暂时记忆过渡到短时记忆。只有把短时记忆的知识经验付诸实践体验并对实践体验进行深入的反思，才能将其有效内化为真正自我的知识经验和价值理性。

创，即创造、创新。就教学过程中学生学习的角度而言，创就是学生把教学流程、各要素结合自己的经验与习得效果进行整合创造。这个创造既有隐性的创造，也有显性的创造。隐性的创造就是创造性思辨、思考、体验、演绎，是一种纯内在觉醒、觉察的方式。显性的创造，就是把已有经验和此时此刻习得的经验进行拓展演练，如针对教师指导练习的某个解决方案、某种操作方式等进行触类旁通的演绎练习，从而获得针对同一问题、同类知识技能的多元解决方案或产出创新产品。创，是中高等教育尤其是大学生学习质量外现形式的关键。对大学生的课堂学习而言，不是要学生记住多少别人的知识技能，而是要通过别人知识技能的学习创造出多少自己的创新思维、创新观念、创新行动和创造产品。掌握已有知识技能和价值理性是前提，能用别人的知识技能解决问题是基础，而能创造出自己的东西是快速超越自我的重要方式。

不论是预、意、看、听、说、练、思、创八个维度，还是学、思、习、行四个维度，虽然我们是分别介绍的，但学生学习过程却是要把这些维度有机整合在一起的行动，缺乏任一维度的学习，都可能是失效的学习、质量不高的学习。

  总之，从学生的课堂学习质量的维度而言，学生的教学信仰是基础，学力质量是条件，课堂学习实践是根本，学习反思是要件，创新思维和创造产品是高质量学习效果的体现。

三、教学管理者维度的教学质量

  《教育大辞典》认为："教学管理，（是）按照教学规律和特点，对教学工作进行的计划、组织、控制、监督的过程。（是）学校管理的主要组成部分。职能是使教学活动过程的诸因素有机结合为一个整体。主要任务是：（1）组织师生学习国家的教育方针、政策和法令，端正教学思想，明确教学目标和任务；（2）正确处理教学与其他工作的关系，贯彻学校以教学为主的原则；（3）制定和健全各种规章制度并确保贯彻实施，以建立正常的教学秩序；（4）协调师生关系，发挥教与学双方的积极性和创造性；（5）科学地利用、改善教学环境和教学设备，提高教学质量，完成各项教育任务。主要内容有六个方面：（1）按照国家规定的教学计划和教学大纲要求，制定和实施学校的教学工作计划，具体落实课程设置、课表排列和课时分配等工作，并组织指导、检查督促全校师生员工认真执行，使教学、生产劳动、课外活动等各项工作结构合理，比例适当，效果显著。（2）建立和健全教学管理系统。为实现教学目标，对校、系（处）、室、组等各层次教学管理机构，提出职能要求和考核标准，明确各级教学管理人员的职责及相互关系，按不同年级、不同教学阶段及其特点安排教学活动。（3）加强教师教学质量和学生学习质量的管理。对教师的教学思想、业务水平、工作态度、教育素养和备课、授课、实验、实习、作业批改、课外辅导、成绩考查、教学研究等提出质量标准和具体要求；对学生的学习目的、态度、目标和学习过程中的预习、听课、复习、作业、自学、小结等学习活动提出明确要求和具体、可行、可检的考核方式。（4）深入教学第一线，通过兼课、听课、蹲点、教学实验，从教学全过程着眼，检查教学质量，研究教学管理规律，总结交流深化教学改革经验，解决影响提高教学质量的各种问题。（5）拟定多层次、多类型的教学质量评估指标。依据教育方针、培养目标、各专业教学计划、各科教学大纲，拟定总体的、部门的、年级的、个人的（教师、学生）质量评估指标体系，定期进行质量检查，从数量、质量、特征、原因等方面，客观、准确地评估教学质量的优劣，进而在组织、部门、个人间做协调、控制，以便奖惩有据。（6）进行教务行政管理工作。依据编班原则编班排课，确定作息时间和每周活动表；建立教师教学档案、学生学籍卡片并分类归档保管；检查图书、仪器购置、保管、流通、使用和操作情况；分类保存上级文件、教学计划总结、试题试卷、师生考核考勤统计表、各种教学统计资料，以反映教学工作全貌，为编制、修订教学计划，改善教学管理，进行教学科研提供文献资料。在教学管理工作中，要求按教学过程的特点，以教学为中心，既管教师的教，也管学生的学；既重视传授知识，也重视能力培养；既有统一要求，又注意因材施教。正确处理好传授知识与进行思想品德教育，掌握知识与发展智慧才能，学习理论与联系实际等关系。"①

　　教学管理者，就是从事教育管理的人员。按照上述教学管理的定义，为了提高教学质量，教学管理者就是按照既定的教学质量标准对教学质量进行检查、督促、控制、评价，组织协调各种教育资源以支持教学发展。事实上，从教学质量构成的维度来分析，教学管理者的教学质量也是多维、多向度、多层次的。

（一）教学管理者主体维度的教学质量

　　如前所述，本真的教学质量是师生在教学活动中体验和感受到的本质规定性与效果。但是，学校教育是一个复杂系统，学校整体教学质量是由若干课程实施质量构成的完整系统，教学及其质量管理是学校的核心工作，教学管理是提升教学质量的重要手段。因此，除了师生直观的教学质量外，教学管理者理解、实施、执行的教学质量维度直接影响教学质量提升的信度和效度。除师生是教学质量的体验者、生成者、管理者之外，教学管理者的教学质量因维度不同，促进教学质量提升的效度也各有差异。

　　教学管理者主体层次维度：除师生外，教学管理者包含课程学科组、年

---

① 顾明远：《教育大辞典》，上海教育出版社 1998 年版，第 714—715 页。

级组、教研室(组)、教学院系(中高等院校)、教务处(科)、校领导、教育研究所(院)、教育局(厅、司)、教育部、教学质量评估专家组、第三方教学质量评审机构等的各级各类管理人员。主体层次不同,各自的教学信仰和所秉持、遵循、执行、助推教学质量提升的本质规定及效果也有差异。如课程学科组(中小学的语文、数学、英语等学科组),或大学的教研室几乎都基于具体课程的内在知识技能和价值理性(德化)的教与学的本质规定及效果(应达到、能达到的标准),而生成各课程学科的知识技能点、教学过程、教学结果等的教学质量体系。但是,教务处(科)、教育局(厅、司、部)、教学质量评估专家组、第三方教学质量评审机构人员等纯教育行政管理或评估机构及其人员,他们所秉持的教学质量的绝大部分往往是基于对具体学校的所有课程的施教结果和学习结果等是否达到预设的教学质量标准,进而生成若干向度、等次的教学质量及效果。即使针对具体师生的具体课程的教学质量生成,他们也是在进入具体课堂有限几次的基础上,进而根据自我认知的教学质量标准而作出对该课程整体的教学质量判断。简言之,一线师生和课程学科组、教研室工作人员等主要是因科、因课、因教学流程和过程而生成的教学质量——是注重教学过程和教学体验的教学质量。纯教学管理人员主要是因科、因课、因师生的教学数量和结果与预设的教学质量标准的契合程度而生成的教学质量——是注重教和学的结果与数量及其与预设标准契合程度而生成的教学质量。而且,纯教学管理人员所秉持、预设、生成的教学质量内容直接制约着具体师生体验的课程实施的教学质量的维度和效度。

同时,即使纯教学管理人员也接受过从幼儿园至硕博的各级教育,也接受过各种课程的学习,部分人员还正在兼职某门课程的施教任务,部分人员还是教学质量研究的专家及其标准的参与制定者或解读人,而且每个教学管理人员都有坚定的教学信仰和教学管理信仰。但是,各级各类学校的教学质量是由若干门课程的施教质量和学习质量统合而成,随着课程知识技能的更新和施教与学习方式变化的加快,纯教学管理人员进行跨学科、跨课程、跨时空、跨境域等而进行的教学质量直观,其效度、信度乃至对教学的本质规定性及效果等维度是具有显著差异的。虽然人人都可以评说教育教学,但不仅各自评说的教育教学各有差异，而且所评说的并不全然是具体师生体验和生成的教育教学。

（二）教学管理者的内容维度的教学质量

从教学管理者所秉持的教学质量的维度来看，教学信仰、直觉、知觉、行动、实效方面也存在不同的质量差异。

其一，教学质量管理者的教学信仰维度的教学质量。从能直观的维度看，不同主体层次的教学质量管理者，他们虽然都有教学信仰，都笃信教学必须出成效、师生的身心必须在教学过程获得发展变化。但是，师生、教研室（组）成员更多地生成为教学过程质量、每次课的教学质量的觉察与信仰。而教务处领导、评估者等更多地生成为具体教师及某门课或所有课程实施的最终结果是判定具体课程的施教质量和学生学习效果的觉察与信仰。从自我体验的维度看，各个教学质量管理者可能具有教学是一个过程的信仰或不信仰。有教学过程质量信仰的教学质量管理人员，其信仰的深层不自觉地回归师生的教学体验过程；无教学过程质量信仰的教学质量管理人员，其信仰的深层是对预设的"教学质量标准"的遵循，进而指导其以标准去比对教学的最终效果。

其二，教学质量管理者的教学直觉维度的教学质量。不同层次、不同教学质量信仰的教学质量管理者，其直觉的教学质量有显著差异。从其外显形式回观其本源，当直觉视野定格在教学过程中师生体验到的身心发展变化的教学质量时，其生成的教学质量观及其管理行动将不自觉地显现为各种教学因素的统合直觉。更多地从教师施教的方法、内容、教学资源的使用与学生学习的契合度方面，生成为体验式的教学质量直觉。当直觉定格在教学最终结果的教学质量时，其直觉本身是课程实施的师生不在场的直觉，是对师生形成的或书面，或文字，或实物等材料的直觉判断。

其三，教学管理者的教学知觉维度的教学质量。因教学质量管理者所知觉的教学质量内容各异，其教学质量观也有差异。当把教学本身作为知觉对象时，教学质量管理者的教学质量内容是与特定时空和境域的师生、课程、资源配给使用、价值观念等统合而成的不同维度与层次的教学质量内容。当把教学效果作为知觉对象时，教学质量管理者的教学质量内容是与师生生成的实体（文字、实物、操作效果）相关联的知觉内容，是师生可不在场的实体物及其效果的知觉质量。

其四，教学质量管理者行动维度的教学质量。教学质量管理者的行政层级越低，其行动指向的教学质量面就越窄，甚至指向特定时空的师生及其具体的某一知识技能和价值理性的点。随着教学质量管理者的行政层级不断递增，距离课堂教学实践就越来越远，其行动指向的教学质量面就越来越宽，越来越宏观，更多地指向综合的、全面的、量化的、整体的教学质量，其行动甚至指向学段、学校整体的教学质量。上一级管理者行动的教学质量指向下一级管理者行动的教学质量，最终指向（甚至限制）师生的具体课程实施的教学质量。

其五，教学管理者的实效维度的教学质量。教学质量管理者和学校层级不同，教学质量管理者的行动实效维度的教学质量具有显著差异。对当前的学前教育而言，师生的教学质量实效趋近于身心愉悦、行动安全、行为习惯、兴趣爱好的体验与生成。学校教学质量管理者更多地关注教师示范、爱心、抚育等的施教效果。教育管理部门的教学质量管理更多地关注幼儿园娱乐设施、设备及其安全支撑儿童身心的保育质量。对当前的义务教育阶段而言，师生的教学质量实效向教师施教质量和学生学习质量不断强化，更多地关注学生知识技能习得效果、良好习惯养成、至善人格精神培育等。每次课都在凸显一课一得、一课多得的学生身心体验变化。教学质量管理者行动实效从具体课程的分课、分段进行因班、因校等的质量生成。对当前我国的普通高中教育而言，师生行动实效的教学质量更多地指向了具体知识技能的习得和紧扣升学考试的应对，教师施教方法的实效和学生习得知识与应对高考成了教学质量的主体。不论是本校的教学质量管理者还是校外纯行政的教学质量管理者，其行动实效的教学质量都指向了每门课程学生习得和使用知识应对高考，高考成绩成了普通高中教学质量的主要行动实效质量。对我国当代大学教育而言，虽然师生体验的教学质量是根本，但是师生教学质量不自觉地被毕业生就业和当下社会的从业需求所影响，而且大学师生是教学质量管理的对象。教学管理者行动实效的教学质量维度多是以教学任务完成、学生课程最终考试成绩、师生教学活动的产出物等为质量管理的对象，甚至不少大学把教师科研成果的数量作为教学质量管理评价的重要对象。因此，教学管理者对教学质量实效的取舍维度，直接指向（甚至限制）教学质量的实效。

虽然教学质量管理者管理内容维度的教学质量，因管理者的层级、信仰、行动等各有差异，从而导致对教学质量内容的认知、生成等也各有差异。但总体来说，纯行政的教学质量管理者视角的教学质量内容多是以课程施教和学习的最终效果、程度来判定的，极少能在教学过程中建构教学质量。而且教学质量管理者多是从量化和显现的实体对象角度而直觉、知觉、构成教学质量的不同维度与不同质量。他们即使能觉察隐性、不可量化的教学质量的本真内容，但也只能进行宏观描述，甚至是基于纯管理学的思辨、觉察和描述。在我国当前，这种纯行政的教学质量管理内容在很大程度上左右着各级各类学校、具体师生和具体课程的教学质量的生成与体验，这是值得反思的。

四、社会大众维度的教学质量

除师生、学校各级领导、教育行政管理者、第三方教育评价人员外，其他社会大众也有其相应维度的教学质量及其内容，而且在一定程度上制约着师生的教学质量生成。社会大众的教学质量也大致可从两个维度加以描述。

（一）学生家长维度的教学质量

因学生所处学校层级和家长素质不同，学生家长觉察、关注、体验的教学质量的规定与效果有明显差异，对教学质量的构成及其维度也存在不同。如家长针对自己孩子在幼儿园的教学而言，他们所觉察的教学质量是通过自己孩子每天归家时的身心愉悦、习惯养成、特长培养、语言技能提升、情感态度变化等反观幼教教师每天的教学质量。他们通过和孩子的交流，如询问幼教教师当天的教学行为、教学内容、教学方式、抚育方式等而获得对幼教教师教学质量的体认。或通过与幼教教师的交流、建议而获得孩子学习质量的综合判断，进而促成幼教教师教学质量的改变。针对义务教育和普通高中教育而言，家长一般通过自己孩子对教师的依恋程度、教师设置家庭作业的数量和质量以及批改质量、各门课程平时测试学生所获成绩及其排名、各门课程期末测评及学生所获分数与排名、学生升学考试效果、学生的德智体美劳综合素养提升状态等而觉察教师施教质量和孩子学习效果。素质较高的家长，不仅通过关注前述相关显性质量而觉察教师的教学质量，而且还通过孩子的言谈举止、情感价值变化、具体知识技能和德性取向等的综合体验、指导、交谈、询问等而觉察到每天每门课的教师的施教质量及孩子的学习效果。通过与任课教师的交流、沟通、反馈而促进教师施教质量的提高，通过与孩子的沟通、引导而促进孩子学习效果的提升。对大学而言，因课程教学的专业性、学校教育的职前性等，大部分家长除了通过自己孩子最终就业质量而综合评价具体学校的教学质量外，几乎很难觉察具体课程、具体教师的教学质量，甚至对自己孩子的具体课程的考试成绩也不太重视。绝大部分家长对大学教学质量的直观，往往是从学校的层次（三本、二本、一本；普通本科、211 大学、985 大学、国际一流大学）、办学历史、主办单位（央属、部属、省属、市属、县属或民办）、所获各种荣誉、资源设备、师资队伍建设、毕业生就业质量等而模糊地生成该学校的教学质量，并且笃信办学历史越长，主办单位层级越高，学校层次越高，其教学质量必然就更高。当然，如果家长是某一行业、某一专业的专家，同时又重视自己孩子在职前教育（中高等教育）的学习效果的话，他有可能通过与孩子的专业性交流，通过孩子的知识技能和价值理性的实践再现，而觉察到学校或具体教师的施教质量和孩子的学习质量。不过，这也仅仅能指导自己孩子提高知识技能和价值理性的学习质量。

简言之，对家长维度的中小学、幼儿园的教学质量，绝大部分家长既展示为对孩子身心健康发展、知识技能习得和应用、价值理性形成与展示等的显性效果，甚至通过学生考试、测评所得分数而觉察孩子的学习质量和效果；也展示为通过跟具体教师交流、询问孩子而间接和隐性地影响教师的施教质量。对大学教学质量来说，绝大部分家长一方面通过对学校的层级、历史、办学主体、软硬件设施、毕业生的就业质量等而认可具体大学宏观的教学质量；一方面，高中学生家长或亲属，通过与高三学生协商并选择就读具体大学与专业，进而模糊且不自觉地认同该大学和相关专业的施教质量；另一方面，大学生的家长或亲属通过自己孩子（在校大学生）的知识技能和价值理性的展示效果而模糊认知学生的学习质量。也就是说，若干家长体验的共性或个性的教学质量内容汇集而成指向具体教师、具体课程以及具体学校的所有课程的教学质量，既是具体课程教学质量的组成部分，也在一定程度上制约着具体课程、具体教师的施教质量，并进一步影响相关学校的教育质量的本质规定的内容。

（二）其他社会公众维度的教学质量

除师生、教学质量管理者、学生家长及亲属等维度的教学质量外，其他社会公众也有其内在的教学质量维度及其内容，而且也在一定程度上影响着本真的教学质量的本质规定及其效果。社会公众维度的教学质量，可从三个维度还原其内容。

其一，公众对自我生活需求体验而生成教学质量的本质规定。一种形态是从自我曾经接受相关知识技能和价值理性的施教质量与学习质量，并以经验方式对自我当下的特定境域中的工作生活、精神价值追求等产生显性和隐性影响，继而反观、体验当年教师的施教质量和自己的学习质量，甚至后悔自己当年对教师的不信任、不遵从，进而通过特定方式向当年的教师忏悔或反馈，使教师从已毕业学生（社会公众）的反馈中改进教学方式，从而提升施教质量。另一种形态是由于自我当下工作、生活的需要，而与相关教师形成知识技能交流关系，在这种交流中，一方面得到教师在某些方面的指导，形成公众在工作中进一步体验具体教师的施教质量，教师也通过参与公众工作生活促进其紧扣社会需求而变革施教的方式与内容，从而提升教学质量；另一方面，社会公众在工作中获得教师的专业帮助，不仅生成专业帮助中的教授、指导质量，而且促成公众以具体教师为中介而生成对当下学校课程教学质量的社会视角的本质规定。也就是教师通过社会公众的知识技能和价值理性需求的反馈，从而生成校内外统合的教学质量的相关内容。

其二，公众在社会生活中体验他人的行动和价值理性呈现状态，从而觉察和生成相关学校及教师的教学质量。这在一定程度上被误读为教育质量，实为教学质量。一方面，或通过相关活动比对不同年级或不同学校学生的知识技能应用能力和价值理性展示效果，从而生成为相关教师的施教质量和学生学习质量，甚至直接指向教师的具体知识技能和价值理性的施教质量与效果。如通过审视他人书写的错误笔顺，而觉察其教师施教的严谨程度；通过体察同班同学的社会工作情况、行为举止等而生成其当年相关教师的教学质量和教育效果；通过这种体察，尤其能比对出相关班主任、主干课或专业课等教师的施教质量。简言之，从一个班级、每一届学生的身上体验到相关教师永恒的影响力和隐性施教质量。

其三，各种组织机构的管理者通过对员工的工作质量和效益的觉察判断，生成为对某类课程、知识技能和价值理性的教学质量。作为组织机构管理者，他们体验生成的教学质量，虽然也有针对个体工作人员的知识技能和价值理性的实践工作效果而指向具体教师、具体课程的教学质量，但更多地是基于组织机构的总体生产实践对不同岗位员工素养质量的需求，而生成某类课程的教学质量——既有生产工作实践需要的显性教学质量，也有工作中人际关系协调、团队协作构建的隐性教学质量。如：中小学校长评聘具体课程教师，既有对其相关知识技能和师德师风运用于教学实践的质量规定，也有对其爱心、态度、师生同事关系协调等隐性质量规定。校长的这种人才规格取向虽然主要指向被评聘的教师本人，但也指向该教师原来的学科课程、教师素养课程等的施教质量和学习应用质量。它既指向该求职者原来的学校的课程及教师，也指向该教师为学的整个过程的学科课程、职业素养课程等的施教质量和学习质量。再如：组织机构的领导对办公室人员的素养及其工作成效需求，既指向其显性的行文能力、谋划能力、执行能力等的原来学校行政管理类所有课程的施教质量和学习应用质量，也指向其隐性工作态度、价值取向、言谈举止等的学生时代嵌入所有课程教学的人格的养育质量和学习效果。它既指向从小学到大学的语文课程施教质量和学习质量，也指向职前教育具体的行政礼仪、公共关系学等课程的施教质量和学习质量。

在现代学校教育中，不论是中小学还是中高等院校，在其人才培养方案制定、课程设置与实施、教学质量标准制定与评价、教学资源建设与更新等，都会认真采纳社会公众的建设性建议，都在运用最新技术，都在整合社会主流价值取向和各种教育资源等而建构学校教育教学质量体系。或者直接邀请社会公众参与制定方案或标准以及参与评价，聘请行业专业人士讲授相关课程，邀请知名人士作相应报告。或教师带领学生到具体单位见习实习，教师到具体组织机构顶岗培训。或实施校企合作和"订单式"人才培养，由组织机构工作人员带领师生从事知识技能和价值理性的体验活动，等等。社会公众多渠道嵌入教学流程，多维度体验教学质量，多向度影响和生成学校各门课程的教学质量，既是现代学校教学质量的重要组成部分，也是改革和提升教师施教质量及学生学习质量的不竭动力。也就是说，走出书斋教学、迈出象牙塔学习、主动采纳公众建设性意见而开门办学，是现代学校教学质量本质规定的重要内容，也是提升施教质量和学习质量的重要手段与组成部分。

五、课程建设者维度的教学质量

课程是为实现学校教育目标而选择的教育内容，因精神信仰、知识技能观、社会价值理性、教学观、学习观、哲学基础不同，对课程的本质规定的理解、执行、建设、评价等也各有不同，从而展现为课程建设者的维度及其效果成型为教学质量内容的差异。

由于我国自古及今都是实施自上而下的课程建设体系，即使如前论述的本真课程是师生、知识技能和社会价值理性三者交集的人化经验建构过程，课程建设者维度的教学质量也是本真教学质量的本质规定的重要内容。除了前述的教师和学生这两个课程建设者之外，在我国当代，其他课程建设者还包含课程设置专家或权威、课程审定机构专家、教材教学资料编撰者等。

（一）课程设置者维度的教学质量

课程设置者是制定统一课程大纲、检查学校课程设置情况、给有关组织机构及其领导提供课程建设咨询和建议的专业人员。仅就我国当代而言，有全国研究生教育课程设置指导委员会、全国本科教育课程设置指导委员会、全国高职高专教育课程设置指导委员会、全国普通高中教育课程设置指导委员会、全国中职中专教育课程设置指导委员会、全国中小学义务教育课程设置指导委员会、全国学前教育课程设置指导委员会等。各课程建设指导委员会又下设若干学科、专业、科目等课程设置专业委员会，不少课程设置专家兼任几个课程设置指导委员会的专家，当然也不乏长期未从事系统教学工作的专家。各专家或通过调查研究、咨询建议影响课程建设，通过课程建设影响师生的教学质量；或通过直接参与制定、编撰相关课程质量标准或大纲及其教学质量标准、人才培养方案等而直接影响课程建设和教学质量。总体而言，课程设置专家对教学及其质量的共同信仰是相信通过统一的课程设置及其实施，可以建构国民共同的信仰指向；相信经过科学论证的课程设置及有效实施，能提高国民的知识技能和价值理性，培养出政治、经济、社会、文化发展所需要的合格人才。但是，各层级、各个课程设置专家，基于各自的理性分析、学理判断、价值取向等差异，基于他们的思想而建构的课程设置，不仅形成了各自的教学质量规定的层级差异，还将通过学科、专业、科目课程而影响教学实施质量和学习质量。这不仅反映在不同层级（学前教育、义务教育、中高等教育）之中，而且还反映在学校的地域（城乡、经济发达地区与欠发达地区）差异的教学质量提升体系之中，甚至反映在同一科目（如语文、数学等）教学质量的内容规定之中。最为典型的事例是，当前中小学"一纲多本"的课程设置和大学层级体系同一科目不同的教学质量标准及要求。而且课程设置专家一再强调教学型大学的教学质量应该以学生动手能力为标准，各门课程量化为实践实训课教学比例文科不低于25%，理科不低于28%。

简言之，课程设置专家所秉持和生成的教学质量的本质规定及其内容，多基于政治、经济、文化发展对教育教学及其人才培养的需求的本质规定，是宏观的、政策指导的和学理分析的教学质量及其内容。但这种教学质量内容在很大程度上影响着教师教和学生学的质量取向、行动、效果、评价等——教材教学资料编撰者在内容编撰过程中、教育教学管理者和师生在教学实施过程及监管中理解、觉察、贯彻课程设置专家的教学质量观及其他相关内容，进而影响教学质量的本质规定及其内容。

（二）课程审定者维度的教学质量

课程审定者就是对课程规划、课程标准、教学大纲和教材等在公布施行前进行审议的专业人士。在我国，不论是学前教育、义务教育还是中高等教育，所有课程都必须经过审议评定，才能试行和正式实施。当前，义务教育课程审定是以教育部或各地教育厅（局）牵头组织专家完成，中高等教育基本上是各学校组织专家完成，最后报教育部或教育厅（局）备案。课程审定的内容包括针对不同类型学校办学思想、人才培养方案（或教学计划）、课程标准（或教学大纲）、课程开设的门数及类型、各门课程的教学时数及开设学期、教材选编内容及难易度，等等。课程审定者不仅有层级差异，也有具体施教经验、价值理性等的差异。他们把直观的或经验的教学质量观植入不同的课程开发和实施标准之中，甚至把其教学质量观植入教材内容选编之中，从而展示其教学质量观和影响师生的教学质量生成。对义务教育而言，课程审定者的教学质量观不仅决定着教材内容的选编，而且还影响着师生的教学信仰、教学方式方法、教学质量评价内容和体系建设等。对中高等教育而言，虽然课程审定者绝大多数是本校人员，但是，他们的教学信仰、人才价值观、哲学理念以及态度，直接指向课程设计、人才培养方案及实施、教学质量评价标准及体系建设，从而影响施教质量和学习质量。

简言之，课程审定专家维度的教学质量，不仅有行政权威维度的教学质量的规定，也有学术理论和价值体系维度的教学质量的规定。他们秉持和直观的教学质量内容，不仅被植入课程体系之中，而且被植入教材教学资料的内容和教学质量标准之中。经过审定的课程内容在教学实施中影响相应的教学质量的本质规定及其生成。教材教学资料编撰者在编撰内容过程中所植入的教学质量观及其内容，以及师生在教学实施过程中觉察课程审定者所植入的教学质量观及其内容，也生成相应的教学质量的本质规定与内容。

（三）教材教学资料编撰者维度的教学质量

不论是教材教学资料的集体编撰或合著者，还是独著或个人编撰者，他们植入教材或教学资料中的教学质量观，一方面要遵循课程设置者和课程审定者的价值规定（否则不能被采纳和进入教学过程），另一方面要符合知识技能和价值理性的内在逻辑，也要符合教与学的基本规律（否则就不是有效的教材或教学资料）。就我国自古及今的教育教学发展史而言，教材或教学资料一直是影响教学质量的关键性因素，如今亦然。除了教师的施教质量外，中小学使用的各种教材和教辅资料依然是影响施教质量与学习质量的关键因素。中高等教育所使用的教材和资料对本真教学质量的影响程度虽然不及中小学那么具有决定性，但在某些时候影响却是巨大的，甚至在弱化乃至在败毁本真的教学质量。如：充斥于网络的各种伪知识、伪价值、伪科学的东西一定程度上作为教辅资料而被接纳，这对教人求真、教人至善的本真教学而言，其负面影响无疑是巨大的——教材和教师呈现万千本真的东西，经常被网络所呈现的各种伪知识消解。当然，随着人工智能和大数据技术的快速发展，当教材教学资料的编撰者能自觉、自律地认识到人们便捷而快速获取的真善美的知识技能和价值理性是教材教学资料的本真部分时，也将推动着教学质量和学习质量的快速提升。这就是说，不论是教材编撰者，还是教学资料编撰者，其秉持的良心良知、至善价值理性、对教育教学的本真体验，都直接影响着教学质量、教育质量、社会健康发展。

简言之，教材、教学资料的编著者，其觉察、体验的教学质量的本质规定及其内容，一方面直接左右施教质量和学习质量，另一方面也影响着教育质量和社会发展质量。也就是说，教材或教学资料涵盖的本真知识技能和至善价值理性的维度与程度，是提升教学质量的重要保证。其对网络异化内容、致毁知识等的抵制程度及其效果决定其内在的教学质量的高度与信度。教材或教学资料编撰者植入其编撰资料中的教学质量的维度和效度，直接影响提高本真教学质量的程度和速度。

另外，教材和教学资料的科学性、逻辑性、适学性、适教性是检验编撰者体验的教学质量生成与提高的关键要素。就目前的状况来看，中小学（含学前教育）的主要课程（语文、数学、外语、物理、化学、历史、地理、生物）的教材由于经过了严格的评审，其适教适学的科学性还是很高的。但中小学其他课程（音乐、体育、美术、思想品德、现代技术等）的教材质量就不容乐观——要么缺乏城乡学生的针对性，要么内容太陈旧，要么与教学联系欠严密，这导致不少中小学（尤其是农村学校）只发教材不实施教学。由于缺乏严格的审查，中小学主要课程的教学参考资料质量也是良莠不齐的，即便是一些一线教师主笔或参编的教辅资料也不同程度地存在一些问题，如词语滥用、公式定理有误、练习题失误、知识技能不精确、不适合师生教学操作等，这对提高教学质量形成了很大影响。就大学各科教材而言，虽然国家教育部以行政指导方式要求各级各类高校使用规划教材，鼓励引进国外原版教材，但是，大学教师推荐教材具有决定性的影响力，所以大量非规划教材、自编且未经审定的教材也在被广泛使用。不论是规划教材还是非规划教材、国外原版教材还是自编且未经审定的教材，目前国内大学使用的教材多为权威专家独著或主编，植入在教材中的个人体验或主导的教学质量内容，直接影响着中高等教学质量的提升。一些大学教师，或基于对"任何教材一旦出版就已经过时了"、"留白"于教学欠科学、教材内容逻辑与教学逻辑严重脱节等的各种批判，或基于对自己教学内容的前沿性、实用性的绝对自信，基本不采用教材、不讲授教材。个别本科院校已经取消了教材征订，等等。即使每个学生都笃信教师的教学信仰、良知、良心，在诚心地跟着教师学习训练，但不可否认，个别大学教师或基于私利（推销自编教材），或基于教学的方便（绝不是教学自由）而组织教学，其提高的教学质量是值得斟酌和考量的。中高等院校每年耗费大量人力、物力、财力建设的文献资源，其本真目的是通过以教学参考资料的广度、深度来提升教学质量，依然不乏大量粗制滥造的文献资源被购入图书馆，流向师生，除了部分师生能积极使用各种真善美的文献资料外，各种娱乐化的伪知识以及粗制滥造的文献资源正在制约着本真教学质量的提升。

简言之，植入中小学主要课程的教材编撰者维度教学质量，虽然是整齐划一的，但是值得肯定的。植入中高等院校课程的、经过检验的教材编撰者维度的教学质量，虽然具有个体性，但只要是符合本真教学质量提升需求的，也是值得肯定的。同时也应看到，目前泛滥于市、欠严谨、缺良心和公心、粗制滥造的教学资料的编撰者，他们虽然并未把其体验的教学质量内容直接表白于资料之中，但是，他们编撰的资料一旦进入教学过程，必然制约教学质量的提升，甚至将弱化本真的教学质量。

总之，课程设置者、课程审定者、教材资料编撰者，即使未深入体验教学质量的本质规定及其内容，也不一定全然在其课程设置、课程审定，教材资料编撰等过程中表白其教学质量的价值理性。但是，一旦课程、教材、教学资料进入教学过程，他们所秉持的教学质量的内容与价值取向，就必然会被师生觉察、体验到，进而影响着教学质量的生成与提升。这就是课程设置者、课程审定者、教材资料编撰者维度的教学质量的现象学觉察。

六、教学质量评审者维度的教学质量

如前所述，师生是本真教学质量的生成、体验、评审者，他们体验和生成的教学质量既是基础的，也是全然而本真的。他们既是教学质量生成与提升的评审主体，也是被评审的对象。教学质量管理者、家长、课程建设者既是教学质量的建设者和评审者，也是被评审者。纯粹教学质量评审者（第三方评价者），作为专业族群的他们虽然不一定是教师、教学质量直接管理者、课程直接建设者，但是，一旦介入教学质量评价，他们体验、生成、行动的教学质量的维度和内容，必然成为本真教学质量内容的重要组成部分。

（一）教学质量评审者信仰维度的教学质量

教学质量评审者（第三方评价者）和教学质量管理者既有区别，也有联系或交叉。教学质量管理者其信仰与行动凸显的是对教学质量的内容、过程、制度建设与落实、资源建设与调配等，在教学质量生成与提升中能直接反映其管理行动的信仰与实效。教学质量评审者的信仰与行动，在教学质量生成与提升过程中只能间接呈现，延后呈现。

我国当代教学质量评审所秉持的"以评促建、以评促改、以评促管、评建结合、重在建设"的 20 字方针，既是各大学接受教学质量评审的基本原则，也是所有教学质量评审者工作行动的基本准则和信仰的主体部分。第三方评价者相信他们的价值取向是绝对中立的，行动是遵循既定标准的，目的是明确的。相信通过作为局外人的他们对具体大学的教学质量的专业化、科学化、标准化评审，将有利于大力提升被评审大学的整体教学质量。相信作为专家对具体大学的教学质量的觉察是客观、公正、有效的，也相信不同大学、不同课程、不同师生等的教学质量生成与提升是有差异的，但评审尺度和标准是唯一的。不论他们的教学质量信仰是来自科学的论证，还是来自教育行政管理的需要，都被大学办学者、教育管理者、社会公众、教材编撰者、师生等所认同，进而影响着这些被评审者的教学信仰和教学质量信仰、教学质量评价观念及评价行动。被评审的大学及其师生不论是主动还是被动，都在其教学质量信仰中接受、整合、趋近评审者的教学质量信仰与行动。大学及其师生趋近评审者和评审标准的教学质量信仰的程度，奠基着教学质量变革和提升的效度与信度。

（二）教学质量评审者行动维度的教学质量

从教学质量评审专家的评审流程来看，第一，教学质量评审者本身的教学经历、教学实践的时间长短、教学所在时代、教学及其质量研究的时长与深度构建起其体验和直观的教学质量内容；第二，参与教学质量标准制定的深度和效度，对教学质量评审意义和价值的体认程度，是其教学质量及评审的基本组成部分；第三，对经审定颁布的教学质量评价标准的认知、理解的深度和广度，影响其教学质量及评审的宽度和信度；第四，在对具体大学进行教学质量评审时，审阅材料的广度和深度，嵌入具体课堂听课的时数和广度，师生访谈的广度和深度，社会调查和访谈的广度与深度等，直接生成其觉察和体验的教学质量的审定的效度与信度；第五，教学质量审定结果与质量标准比对的精准程度、行文用语的可行程度、因地制宜判断教学质量提升的效度等，是其觉察或认定的教学质量的基本反映；第六，教学质量审定结果和报告的反馈交流、接受申诉解释、对被评审大学提升教学质量的整改方案等的觉察认知，构建起其对教学质量审定效果的内在内容；第七，对某次教学质量审定活动的总结、反思、自我修正，对被评审大学的跟踪指导，对质量标准与教学质量审定的关联性的再研究等，构建起其教学质量的新观念、新思路。

简言之，教学质量评定者，因其参与质量评定的过程的深度和广度，既构建起其体验觉察的教学质量效果的事实维度和程度，也成为被评审大学发现问题、改革管理体系、提升教学质量等的重要参数。当然，被评审大学师生通过体验评审者的评审过程、评审结果、评审质量，一方面发现存在问题，另一方面也觉察到评审者的教学质量信仰与行动的效度和信度。

（三）教学质量评审者评审内容维度的教学质量

教学质量评审者对我国当代大学进行教学质量评审，不论是第三方还是教育主管部门组织的教学质量评审，评审专家组的成员构成是按相关标准抽取组织的。专家组进校后评审的内容包括听取汇报、审读材料、随机进课堂听课、走访观察校园软硬件建设、随机抽取人员访谈、查看师生教学成果、感受学校的学风教风校风，等等。评审者（专家）的人数是有限的、评审时长是规定的、被评审内容是预设预制的、被评审对象是预先准备的……这种需准备材料进行教学质量评审，不可回避的是一种以部分代整体的评审，是一种教学结果与质量标准比对的量化评审，是一种过程有限的评审，是一种管理学范式的评审。不论其评审内容与师生的过程体验和生成的教学质量之间有多大的关联性，却可直接评定出教学质量材料准备者和管理者的教学管理质量，以模糊的教学质量等次衡定出被评审大学整体的教学质量，进而直接或间接地影响着师生的教学质量的生成与体验。

简言之，不论认不认同教学质量标准规定的教学质量内容及其所占比重，也不论认不认可教学质量评审专家的评审行为和最终报告，被评审大学、大学主办机构、教学管理者、所有师生都必须接受最终教学质量评审内容和结果，只能以师生自我调适和提升的教学质量趋近质量标准和评审专家的教学质量内容与维度。

总之，不是不需要教学质量评审，而是必须深化和强化教学质量评审。只有通过严密而有效的教学质量评审，才能找到教学质量提升的空间。只有每个师生、每门课的教学过程都觉察到教学质量评审只是手段而不是目的，只有对教学质量评审和教学过程都心存同等的敬畏，积极行动，以良知、良心、良能从教和学习，才能提升整体本真的教学质量，也才能有效促进教学质量标准建设，有效改革教学质量评审方式与内容，回归教学质量提升的本源。

综上所述，仅从主体维度来看，教学质量是一个超单数的、相互关联的、多向度、多维度的结合体，姑且归结为是一个由若干"六菱形"构成的"球体"。该"六菱形"的每条边可描述为教师、学生、教学管理者、社会公众、教材教学资料编撰者、教学质量评审者等6个维度的教学质量，这6个维度的教学质量既各有内容、效果、时空等差异，也相互关联而成型为一个独立的面——或是某个知识技能和价值理性的教学质量，或是某次课的教学质量，抑或是某门课的教学质量。若干个"六菱形"维度的教学质量构成师生、班级、年级、专业、学科的教学质量，进而建构起学校整体的教学质量。其图示如下：

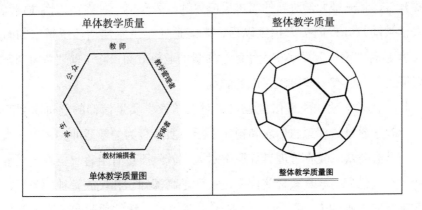

第三节 体验大学教学质量评价

在经济科技全球化时代，各国综合国力的竞争归根到底是人才（特别是创新型人才）的竞争。人才竞争的本原是健全各级各类教育的竞争，而教育的竞争归根到底又是教育质量的竞争。教育质量竞争的核心是教学质量的竞争，而提升教学质量的不可或缺手段就是体验和改进教学质量评价。

一、我国当代大学教学质量的隐忧

纵观全球发展趋势，高等教育大众化、大学按市场需求办学已经成了不可逆的潮流，迅速发展的社会对大学的要求越来越苛刻——大学不仅是社会政治、经济、文化发展所需人才的培养阵地，也是科学技术发明创造、人类文明传承创新、以学术服务社会的重要基地，还是教育自身（各级各类教师、办学者、课程开发者、教育评价者等）发展所需人才的摇篮。因此，大学教学质量不仅事关综合国力提升所需人力资源的持续供给，而且事关教育本身的持续发展。但是，联合国教科文组织前总干事长费德里克·马约尔指出："全世界几乎所有国家的高等教育都处于危急之中"。王英杰教授也认为："我国大学教育教学质量却出现了下滑的趋势，出现这种现象的原因主要有二，其一是大学对新的需求反应迟钝，表现出一种内在的惰性；其二是大学被动打开校门扩大招生以后，未能适应学生急遽增加所带来的新挑战。"① 这种"惰性"反映在大学教学质量的危机方面，除了前述各章节归纳的表征之外，还有一些更深层次的隐忧。

其一，大学教学质量信仰危机。对大学教学质量信仰的危机主要表现在大学教学质量的理想与信念和现实生活与实践行为的矛盾冲突之中。大学师生、社会公众、教育管理者等原本对大学教学质量有至善、至真、至爱的信仰，在现代人的本真教育信仰中，大学是高深知识和民族精神的圣殿，大学教师是"人师的人师"，大学生是天之骄子，大学教师职业是人人都仰慕的职业，大学教学是教人求真至善的自由教育……。这种原初的信仰不仅存在于未成为大学之人（大学师生）之中，也坚守在大学师生和接受过大学教育的人之中。但是，随着大学不断被实用主义、实证主义、个人主义、享乐主义等观念支配，以及我国经济结构调整转型带给大学及其师生的巨大生存发展压力的增加，大学的教和学的质量建构出现了理想与现实、理性与实

---

① 王英杰：《京师高等教育译丛·总序》，载《高等教育的质量与权利》，北京师范大学出版社 2008 年版，第 8 页。

事、精神与生命（生存）、良心与本能、敬畏与自由、付出与应得、个人与社会、就业与求学、课堂与社会、投入与产出、自评与他评、隐性与显性、过程与结果、自律与他律等之间的矛盾冲突。这种矛盾冲突一旦被市场化、商业化、物质化、数量化等观念支配及无限放大，必然使大学教学质量的本真信仰出现淡化和异化。物质决定意识，观念指导行动，精神抑制本能，态度决定效度。淡化和异化的大学教学质量信仰与大学教育信仰，必然促使大学教学失效，教学质量下滑，大学备受指责。

其二，大学教学质量的价值危机。从早已实现高等教育大众化的其他国家来看，大学教学质量、教育质量同样存在投入与产出、校别、学科、教学与科研、过去与现在等的价值认定差异，这些国家的公众、学界、大学师生也同样对本国的大学教学质量极为不满。即使是世界一流大学的办学历史、办学理念、人才培养模式、教育教学质量管理等都被其他大学所推崇，其教学质量也难逃被指斥的厄运。尤其是一些教育学家、教育管理者以及其本校的每一个师生并不绝对认同其教学质量，这些一流大学真正被认可的仅仅是其某个学科或某个方向的教学质量，甚至仅仅是某个教师的施教质量和某些学生的学习质量，而不是全部。

对我国当代大学的教学质量的价值而言，不仅有"钱学森之问"的大学整体教学质量危机，而且还确实存在不同大学、不同学科、不同教师、不同学生、不同公众所体验和认知的大学教学质量隐忧……。那么，是不是大学教学质量已经不可救药、无药可救呢？这肯定是绝对悲观主义的论调，而且是对本真大学教学质量的误读。大学教学作为一种特殊的人与人的活动，是有质量、有价值的存在，只是人们对大学教学质量的价值偏好、评价等深受实用主义、实证主义、唯科学主义等的观念支配，而未全然觉察、理解、建构大学教学质量的本己价值而已。

在现象学看来，大学教学质量及其价值，既是本己的存在，也是异己的存在。在其本己存在中，大学教学质量及其价值是自在自为的存在——只要实施了大学教学活动，就有其质量和价值存在，只是其实效有不同的级序而已，这是大学教学活动的内评价的依据和事实的反映。在其异己价值中，既有被评价为肯定也有被评价为否定的价值，这种"被评价的质量及其价值"完全是评价者根据不同的方式在质量及其价值之中被意指的价值状态所规定，在评价者的偏好和体验中被给予、被划分成若干的级序或好（高）与坏（低）。因此，大学教学质量的价值认定，既有其本己的体验性存在，也有其异己的被评价、被偏好、被意指的存在。现实的大学教学质量虽不可否认其本己价值、行为价值、功能价值、意向价值、自身价值等的事实性，但是其异己价值、反应价值、成效价值、状况价值、形式价值、关系价值、群体价值和后继价值等，确实存在被偏好、被评价、被强化、被量化、被物化等，这正是大学教育质量的本己价值、意向价值、自身价值等被遮蔽和被裹挟，进而弱化或限制了大学本真教学质量的彰显。而这种遮蔽、裹挟、限制等正是不能客观认识大学教学质量及其价值的本因所在，也是当前一味否定大学及其教育教学的根源所在。

二、我国现行大学教学质量评价范式的危机

一切人的活动（包含大学教学活动），如果不对活动及其质量进行评价，不仅不能有效展示该活动的质量和价值所在，也会失去活动本身的本己价值、意向价值和自身价值。因此，对大学教学质量而言，不是不要评价，而是必须评价，必须实现"以评促改、以评促管、以评促建、评建结合、重在建设"的目的，以彰显其本己价值，丰盈其自身价值，提升其意向价值和行动价值。但是，就近二三十年世界高等学校的教学质量评价范式及其效度而言，与其说是对高等教育教学质量的评价，还不如说是为了操纵教育资源的分配，而对高等教育的投入与产出进行的一种管理。"大学教学质量评估（评价）已经从学科评估中脱离出来成为院校评估。"[①] 这一点，在我国当下甚至显现得有过之而无不及。"目前，我国高校本科教学工作评估基本上采用的是'标指——量化'方法；这种方法的局限是：评估体系逐级分解，导致教学质量的整体特性难于把握；评估主体单一，政府行为较强，难以保

---

① ［英］路易丝·莫利:《高等教育的质量与权力》，罗慧芳译，北京师范大学出版社 2008 年版，第 19 页。

证被评高校主动参与；指标体系的固定化，难以体现各高校特色；重视总结性评估，忽视对教学过程的评估；评估信息渠道单一、狭窄。"① 而且还存在"评估法制化建设严重滞后；评估的理念有待于进一步更新；评估标准忽略了不同类型学校的特点，部分指标过于刚性，一方面人为使学校趋同化发展，造成千校一面；另一方面也使高校的多样化发展受到戕害"② 等问题；已经产生了"评估导向、评估主体、评估功能、评估信息"③ 等的误导效应。

其一，概念混乱，外评价主导自评价。如本书前面章节的梳理所言，不论是大学、学界还是教育主管部门，都把大学教学评价、教学工作评估、办学水平评估等视为教学质量评价。评估（评价）的指标体系都包含了办学指导思想、师资队伍、教学条件与利用、专业建设与教学改革、教学管理、学风、教学效果、特色项目等几大模块，这完全是把办学水平评估、大学教育管理评估视为教学质量评估（评价）。这种基于高校管理学视角的目标体系预设的刚性规定，使得大学教学质量完全被外评价主导，大学教学质量的自评价及其指标体系建设也成了外评价体系下的产物。本真的教学质量自评价操作基本被规定，甚至以外评价代替自评价。

其二，为评估而评估，大学师生因疲于准备资料而抵触外评价。由于外评价是以资料审查为主的范式，且评估结果将直接影响到政府对大学的扶持力度、社会对被评大学的趋向度（生源）等，所以被评价大学师生不得不为评估"脱一层皮"：不得不精心准备资料、审查资料，甚至资料作假，要教学科研骨干放弃正常的教学科研而做资料；被评估大学呈现出接到评估通知后，一切工作的核心就是迎接评估，临时组建的"迎评办"是仅次于校长、书记的最大权力机构；"所有关于教学质量评估的会议和行动都比教学要优先考虑……人人都知道教学质量保障的重要性，（学校一旦接受评估）质量评估保障在某种程度上就取代了教学，师生没有时间去关注教学，而是担心质量评估的进程……大量时间耗费在让文献资料各归其位和保证过

① 李树谋：《高校本科教学工作评估存在的问题与对策》，《高教论坛》2007 年第 3 期。
② 耿景海：《高等学校本科教学工作评估的发展与建言》，《评价与管理》2014 年第 2 期。
③ 朱永江：《本科教学工作评估的问题及对策》，《高教发展与评估》2006 年第 4 期。

程是透明的，这实际上是吞噬教学时间。"① 为了获得好的评价等次或"过关"，一切资料的准备甚至不惜弄虚作假；专家进校后全体师生员工风声鹤唳、草木皆兵、严阵以待，校园面貌焕然一新；评估结果未公布前，通过各种渠道争取评估专家"手软一点"；评估结果公布后，或欣欣鼓舞、论功行赏，或垂头丧气、责任追究、换岗降职减薪……此后，除了给教育行政管理部门提供了一份是否增加教育投入的依据外，除了给学校留下一大堆为评估而准备的资料外，只能让时间、良心去证明是否能真正促进教学质量的提升。

因此，在回到教学本身的现象学方法看来，虽然外评价方式及其结果也能触动教学质量的提升。但是，教学质量的外评价是一种把工农业生产的质量评价范式嫁接到教育管理领域的创造，是以权力和经济杠杆方式要求学校办学者、师生、研究人员、管理者遵循既定模式的质量管理形式，是让教育行政主管部门（或第三方）代替行使学校及其师生提升教学质量的管理职权的一种行动。对制定教学质量评价指标体系的政策而言，"一切似乎更关注质量保证程序，而不关注取得的实际效果"。对此，有人呼吁"教学质量评估要更加大学化，因为教学质量提升是靠师生来实现的"，②"取消统一指标，采取分类评估，各高校的教学质量将接受全社会监督。评估方案要以人才培养质量为核心，以教学基本状态数据常态监测、院校分类评估、专业认证和国际评估为主要内容，政府、学校、专门评估机构和社会多元评价相结合，与中国特色现代高等教育体系相适应的教学评估制度。"③

三、回归本体的大学教学质量评价

大学教学质量评价既可以理解为对大学的教学质量的管理及其效果进

① ［英］路易丝·莫利：《高等教育的质量与权力》，罗慧芳译，北京师范大学出版社 2008 年版，第 106 页。
② ［英］路易丝·莫利：《高等教育的质量与权力》，罗慧芳译，北京师范大学出版社 2008 年版，第 114 页。
③ 耿景海：《高等学校本科教学工作评估的发展与建言》，《评价与管理》2014 年第 2 期。

行评价（评估），这是外评价的根据；也可理解为大学对自身教学质量建构过程及其结果的评价（评估），这是内评价、自评价的根据。而大学教学质量是由大学师生在教学过程中建构和生成的，是过程积累的而不全然是结果反映的量化物或实体物，这才是大学教学质量的本体，也是区别于工农业产品质量的本质规定。因此，大学教学质量评价应回归本体而进行评价。

其一，澄清理念，复归理性。大学是坚守自由、正义、真理、良心、良知、止于至善而培养高级人才、开展科学研究和技术发明创新、服务社会的圣殿，是汇聚专家学者和培养高级知识分子的高等教育机构。提高教学质量、传承高深知识和至善价值理性等是其本己价值的直接反映。大学之"大"之"学"的本己规定，在其本体的深层是拒斥一切外在威权干预的，是自省、自觉、自律的典范。另外，专家学者的教学科研活动在其价值理性中是良心和自律的反映，是超越和抵制强权、威权的存在，他们的教学质量提升除了自觉、自律之外，就只有提醒和自我觉察，而且他们只接受善意的提醒，并不全然遵循，更抵制一切外在强加于他们的规定。反之，则可能使他们丧失教学自信、自觉和良心。简言之，大学及其专家学者的教学质量一旦被规定，就已经弱化了其本质。

大学教学不同于中小学教学，更不同于其他培训。大学教学是把大学生、科学研究、价值伦理等引向超于此在，而不是把它们训练或塑造成规定的东西。对大学教学而言，一切预设的、规定的都是此在的样式，并不是大学教学本身（或大学教学的本质规定）。大学教学就在于引向、引领、不断超越、升向无限、指向未来。大学教学不仅仅是为了掌握知识技能和价值理性，而在于发展、探索、建构知识技能和价值理性，这就是大学教学的本质规定（或本体）。大学教学的任何本真评价不是定性和定量地检测教学活动完成了或达到了预设的规定，而是交流、提示、提醒教学还需发展的方向和领域。而现实的教学评价之所以被抵制，正是因为现行大学教学评价只对教学做了的、取得的、物化和量化的东西进行定性或定量的评价，不仅缺乏交流、提醒、提示应发展的，甚至评价不了教学活动已经做了的却是非物化和不能量化的东西，进而使大学师生产生各种为评价而评价的怨恨。

大学教学质量既不同于工农业产品质量，也有别于中小学和其他教育培训的教学质量。从质量的内涵而言，质量既包含既成产品的品质和数量，也包含产品及其生产过程与未来发展的可能的数量和质量。对教学质量而言，因教学不是产品而是活动，教学质量就在于其活动过程的品质和数量，教学活动过程的品质和质量即包含教师的施教投入（精神、态度、爱、知识技能和价值理性、教学方式方法）的品质和效果，也包含学生的求教投入和产出（知识技能和价值理性习得、生成、运用、创造）的本质与效果。也就是说，教学质量包含显性质量、隐性质量，对中小学教学质量而言，其质量可反映为教师施教是怎么教的、教了什么、教得怎样和学生学了多少、掌握了多少、能有效运用多少等是否达到规定，是显性质量多于隐性质量的教学质量。对大学教学质量而言，其质量还包含教师施教拓展了什么、创新了什么、创新方法及其理性怎么样和学生掌握运用知识技能和价值理性如何、思辨方式和观念以及行动是否具有前沿性或世界性等，是隐性质量多于显性质量的教学质量。简言之，大学教学质量不仅包含教与学的过程投入及其产出的品质和效果，还包含影响师生及知识技能与价值理性的未来发展的品质和效果，是本质质量多于实事质量的教学质量。

大学教学质量评价与工农业产品质量评价有着本质的不同，也不同于中小学和其他教育培训的教学质量评价。工农业产品质量的评价是看产品本身所含物质或技术的质和量；中小学教学质量的评价，是看教师和学生在具体学校及其资源利用中，人自身及知识技能、价值理性的生成和发展质量，中小学学生的身心发展、良好习惯养成是其教学质量评价的核心；大学教学质量的评价，大学生的身心发展、知识技能和价值理性掌握运用虽然也是教学质量评价的重要内容，但是师生的伦常德性的楷模性、思辨力创新、执行力创造、国家民族建设的责任担当力等也是其教学质量评价的重要内容。简言之，大学教学质量评价的核心内容是大学师生在教学过程中所展示的对当下和未来社会的担当与责任、身心协调发展建构。其评价本身不是肯定或否定既成的结果，而是形成协商、提示、提醒和未来的展望与建构。

其二，反思现行，回归本体评价方式的建构。大学教学质量不是不需要评价，而是必须评价，没有评价就没有质量的提升，这是大学教学及其质量提升的本质规定，也是世界各国大学教育活动及其教学质量提升、开展教学质量评价的基本依据。就我国当代针对大学和各大学自行实施的教学质量评价工作来看，开展评价的"以评促建、以评促改、以评促管、评建结合、重在建设"的20字方针和"切实推进高等教育内涵式发展，提高本科教学水平和人才培养质量"的目的是科学的、有效的。但是，显性评价方式、过程、结果以及指标体系建设是值得商榷的。

从现行大学教学质量评价的指标体系建设来看，不论是教育部公布的还是各大学自己制定的大学教学质量评价指标体系，原本都清楚大学教学质量是教和学的过程的品质和效果（质和量），但是相关指标体系、评价内容还是限制在了显现结果层面和过程的要素方面，不论是外评价还是校内自评，甚至是教师自评、学生和同行评教评学等，都是重量轻质、以量代质，严重缺乏对师生教学信仰、状态、观念、过程等质的规定内容的评价。也就是说，大学教学质量评价的指标体系建设是残缺不全的。即使按照"教育部部长助理林蕙青介绍，全国高校本科教学评估新方案取消统一指标，采取分类评估，各高校的教学质量将接受全社会监督。因新评估方案是以人才培养质量为核心，以教学基本状态数据常态监测、院校分类评估、专业认证和国际评估为主要内容，政府、学校、专门评估机构和社会多元评价相结合，与中国特色现代高等教育体系相适应的教学评估制度"[1]，该意见也仅仅是提出了大学教学评价的方案设计原则或理念。能否跳出管理学范式、量化范式来制定大学本真教学质量评价的指标体系，也还有待再研究、再建构。

例如：某985大学最新公布的本科课堂教学质量测评参考指标体系（见下表），虽然具有操作参考价值，但也未跳出实证科学、管理科学、量化理论的大学教学质量指标体系范式。

---

[1]　耿景海：《高等学校本科教学工作评估的发展与建言》，《评价与管理》2014年第2期。

×××大学本科课堂教学质量测评参考指标体系

评估项目	评估内容	优	良	中	差
		A	B	C	D
一、教师自评20分	含教师年龄、性别、职称、教研室、工作量				
	教学进度	网上公布	书面进度发到学生	教师自己使用	无
	教学大纲	网上公布	书面大纲发到学生	教师自己使用	无
	教案与讲稿	网上公布	有不断更新的教案或讲稿	有教案或讲稿	无
	利用现代教学设备和条件	多媒体软件网上公布	经常使用多媒体效果好	教室无多媒体	
	答疑	每周固定时间	不固定，但经常答疑	有答疑	无
	布置和批阅作业	全批全改	批、改二分之一以上	批、改三分之一以上	很少批改
	教材	省部级以上优秀教材	近三年正式出版教材	近三年编印讲义	使用三年以上讲义或教材
	参与教学改革和教学建设情况	近三年有获省部级以上的教学奖和发表在核心刊物的教改论文	近三年有获校级教学奖和公开发表的教改论文	参加过学院的教学改革工作	无
二、学生评教20分	遵守教学纪律，按时上下课				
	教学认真负责，耐心解答学生问题；答疑、作业批改认真				
	治学严谨，思路清晰				
	语言规范，讲授娴熟，表达清楚准确				
	内容充实，信息量大				
	教学过程中注重教学内容更新，适应学科、专业的发展				

评估项目	评估内容	优 A	良 B	中 C	差 D
二、学生评教20分	教学手段先进，多媒体效果好				
	教学方法适应课程需要				
	教学效果				
三、专家评教40分	课前准备充分				
	言传身教、为人师表				
	遵守教学纪律，准时上下课				
	教学方法适当，讲课有热情，精神饱满，能吸引学生				
	语言规范，讲授娴熟、有条理性、阐述简练、准确				
	按教学要求答疑	每周固定时间	不固定，但经常答疑	有答疑	无
	按教学要求布置和批阅作业	全批全改	批改二分之一以上	批改三分之一以上	很少批改
	思路清晰，阐述简练准确，难点讲述清楚、重点突出				
	注意相关课程及内容的衔接				
	教学内容能反映或联系学科发展的新思想、新概念、新成果				
	能给予学生思考、联想和创新的启迪				
	内容充实、信息量大				
	能介绍和指导学生阅读参考资料				
	发挥学生学习主动性，课堂活跃				

评估项目	评估内容	优	良	中	差
		A	B	C	D
三、专家评教40分	板书好或能有效利用现有教学设备并且使用效果好				
四、单位评教20分	教学工作量	高出本学院的平均教学工作量	达到本学院平均教学工作量	达到本学院平均教学工作量的70%以上	未达到本学院平均教学工作量的40%以上
	遵守教学纪律，准时上下课				
	备课认真、准备充分				
	参与教学改革和建设	近三年有获省部级以上的教学奖和发表在核心刊物的教改论文	近三年有获校级奖的教学奖和公开发表的教改论文	参加过学院的教学改革工作	无
	考试工作规范	严格遵守学校有关考试工作的规定（包括命题、监考、阅卷和成绩登记），有详细的试卷分析	命题符合大纲要求，有评卷标准，监考认真，批阅试卷公正，报送成绩及时，有试卷分析	监考、批阅试卷认真，成绩报送及时	没有遵守学校有关考试工作的规定
	选用和编写的教材适合本课程	省部级优秀教材	近三年正式出版教材	近三年编印讲义	使用三年以上讲义或教材
	关心学生，注意教书育人				

　　从现行大学教学质量评价的评价主体来看，当前，我国普通本科院校教学评估实行政府评估、学校自评、社会中介机构评估多元结合的外评价范式。不少大学及其师生，一方面对外评价主体专业性、科学性及其评价方式与结果的信度和效度是持怀疑态度的，甚至是抵触的，但在一定程度上，其自身的教学质量提升又是不得法的、有限的、不自觉的。另一方面，对内评价的主体也是不能完全接受的，或多或少地对同行、督导和学生评教、评学的客观性、有效性、公平性、科学性等持怀疑态度——总在具体课程、具体

班级的学生、教学资源、评价机制建设等之中找外在原因。再一方面，对自评价、自我评价也存在是否公正客观、是否能完全反映自己的教学质量提升存在的问题，往往基于担忧自评价、自我反思的有待改进的内容一旦被教学管理者采纳就有可能被批评、被减薪、限制职务晋升等，就"报喜不报忧"，进而使整个教学质量评价流于形式。当然，现实生活中确实也存在校方对教学质量评价结果使用与教师薪酬、职务晋级等只看结果不看发展变化过程的行政化管理缺陷。

　　从现行大学教学质量评价的方式来看，不论是政府评估、学校自评、社会中介机构评估多元结合的外评价，还是同行互评、师生自评等，其评价方式几乎还是以教学基本状态数据、教学完结之后的资料、学生考试和实践结果等为主进行"事后评价"、"审查资料和结果的定性或定量评价"。嵌入和关注教学过程的教学质量评价相当有限，即使同行听课也仅仅是每学期有限的几次听课就凭感觉、情感确定被评教师的施教质量等的等次。教学质量是教学过程生成、积累、发展的质量，教学重在过程。但是现行教学质量评价方式确是结果评价、总结性评价，而不是过程评价、形成性评价。现行教学质量评价手段都是看资料（教案、教材、讲义、试卷、作业布置与批改、现代教育技术应用、师生科研论文或创新创造产物等）为主，甚至是唯一手段。而本真的教学质量形成的规律是，一个一个的知识技能和价值理性成型为一次一次的教学实践，连续的教学实践（在一门课的课时数中的教学实践）积累而成一门课的教学质量，若干课程的教学质量构型为具体班级师生的教学质量，若干班级的教学质量才构成了学校整体的教学质量。而现行大学教学质量评价方式、手段是只看最终资料并不关注每次课的单一性评价。从我国当代大学教学质量生成及其评价本身来看，应该实行政府主导，内评和自评为主，外评为辅，以内评、自评促教学质量的真正提高，加强学校内涵式发展。

　　总之，从回到教学质量及其评价事实本身来看，应该是从教学质量生成规律、成形过程本身进行评价。随着科学技术、人工智能和大数据思维与应用的快速发展，在当代与未来完全可以通过审查教学质量的生成过程来判断其质量本身，完全能实现一课一评、一课不落的数据资料生成。即使以审查资料的方式评价教学质量，也应该是看具体课程每次课积累的资料，而不是只看一份资料，这才是遵循教学质量生成规律的质量评价范式。因此，用大数据思维指导，采用现代技术（每个教室、每个座位和讲台都安设触摸屏电脑），让师生在每次课下课前对本次课进行质量评价，最后生成为一个过程性的数据库，这不仅让师生可随时查阅、警觉自己的教和学的质量提升进程、存在问题等，而且还可以从教学质量本身的客观性方面促进其提升和进行有效管理、评价。同时，通过若干自评形成新评价本身最后归结为总结性评价的有效资料和事实结果本身的有效评价方式，更是学校教学质量管理部门、教务管理部门进行随机管理和量化管理的重要方式。

其三，回归本质，建构大学教学质量评价的指标体系。大学教学质量成型于大学教学活动、教学过程的积累，它既是结果的存在，更是过程的不断建构。大学教学质量的核心是精神性和实事性有机统一建构的楷模性、领导性，其实事性的高深知识传承和娴熟技能的生成仅仅是大学教学质量的一个部分。其精神性的至善信仰、正义、真理、爱、人格、伦常、价值理性等人之为人和大学师生之为大学师生的本质规定的成型与发展，是大学教学质量的本己部分，也是本真大学教学质量评价的重要内容。

结合前述教学评价章节的论述，不论是外评价还是内评价，抑或是自评价，大学教学质量评价的指标体系应包含四大模块（或可说是四个一级指标）：价值理性、教学准备、教学执行、教学反思检查；若干二级指标和观测点。每级指标可设权重、量化或等次。建议的大学教学质量指标列表如下：

大学教学质量测评参考性指标体系表

评价内容		评价等次				
一级指标	二级指标及观测点	优	良	中	合格	差
价值理性	忠诚国家民族、忠诚大学、忠诚科学和价值理性					
	爱党、爱国、爱教育事业、爱教师职业、爱学生					
	正义、真理、善、良心、良知、自由、时代楷模					
	教学信仰、身心协调建构、人格平等、引领未来					
	教学自信、教研自觉、伦理自尊、技能与德育同在					

评价内容		评价等次				
一级指标	二级指标及观测点	优	良	中	合格	差
教学准备	教材选择、教学自觉、教力、特长、为人师表					
	教学目的、学生学力、教法、教具、教育技术					
	教学大纲、课程逻辑、教研入课、教学设计					
	学生练习设计、必读书目、学科前沿、价值理性					
	教案或讲义编写、资源准备与调试、身心状态调适					
教学执行	知识技能、价值理性、德化观念、人才规格取向					
	概念准确、操作规范、逻辑严密、理论联系实际					
	重难点突破、例证效度信度、讲练结合、职业关联					
	内容适当、师生互动、协同发展创新、生活应用					
	治教治学、教法多元、答疑纠错、学生练习批改					
	学术学理争鸣、学习方法、科技创新、社会伦理					
	口语、板书、演示、激励、启发设问、教学小结					
	时间掌控、课堂氛围、教学流程、课后练习					
教学反思检查	教学任务完成、教学目标达成、知识技能拓展					
	身心投入、施教效果、学术科技领域发现					
	学生学习效果、教材教案超越、教法变革					
	存在问题、改进措施、应查阅文献、应求证问题					
	教学反思行文、教学研究思辨、科技学术研究提纲					

　　上述指标体系，各二级指标和观测点还可细化，尤其是价值理性中的精神、信仰、观念、理性等问题，它们不仅是大学教学质量的重要过程部分，而且直接关涉到教学准备、教学执行、教学检查等各个细节——观念是先导，是引领，是规避教学异化和教学质量异化的本己之力。当然，论者梳理的上述指标也还有待丰富、建构，其评价操作实践中，在外评价、内评价和自评价中还可进行取舍和增减，也还有待进一步深入研究，需要实践证明。

　　总之，当回到大学教学事实本身来看时，当前大学教学评价所实施的政府评估、学校自评、第三方评估的多元结合评估，究其本质而言，政府之所以要主导、强力推进大学教学工作和大学教学质量评估，是因为当代大学教学的"惰性"使其教学与教学质量正在异化，使政府不得不介入大学教学、办学之中，以权力要求学校必须警觉于自身的"惰性"与教育教学的异化。而第三方评价，就其本质而言仅仅是为了解决"管办评分离"的公平公正问题而进行的评估。事实上，加强内涵式发展，提升教学质量，大学教学及其质量的评价等，是大学本身的事情，是大学人的本己部分。对此，政府主导、第三方评价等都是要求大学教学及其质量评价本身，必须由大学自己来完成，大学教学质量评价必须回归其本质——由大学人自己进行过程性评价、形成评价、自评价，以此来及时警觉、协商、交流、引领大学教学及其质量回到其本质规定自身，进而真正提高教学质量。简言之，大学教学质量评价必须由大学自己来进行评价，一切外评价都只是一个提醒（不论是政府权力的还是第三方反映的），当大学教学及其质量成了被权力规定、被评价时，大学本身的自由、自律、正义、真理等的楷模性和神圣性等本质规定性已经异化了或正在发生异化。

第九章 我国当代大学教学论
的困厄与前瞻

时至当前，国内高等教育界和高等教育学界还弥漫着"大学教学论"有无合法性、有无必要加大大学教学论的研究、大学教学论有用还是无用、可否用一般教学论或中小学教学论代替大学教学论、大学教学论究竟是应用科学还是理论科学等的争论。当回到大学教育教学事实本身来看，这种争论已经证明了大学教学论作为一门学问的合法性、必要性、有用性和不可替代性。

第一节 我国当代大学教学论学理研究的困厄与发展

汪明博士的系列研究认为，我国当代大学教学论研究之所以困难重重，是因为"大学教学论研究动力不足、大学教学论研究队伍不给力、大学教学论研究遭遇合法性危机、大学教学论研究面临研究方法上的困扰"①，"大学教学论研究存在着'无用论'和'替代说'等反对声音"②。这些有关大学教学论研究的困难之源的揭示，确有可取之处，但是，从回到事实本身的视角来看，我国当代大学教学论作为一门理论和应用相结合的学问的发展还有诸多深层次的问题。

---

① 汪明：《论当前我国大学教学论研究之多维困境》，《高等理科教育》2015 年第 2 期。
② 汪明、张睦楚：《论重视与加强大学教学论研究》，《继续教育研究》2015 年第 5 期。

一、大学教学论学理研究之困的本质

自大学诞生至今，大学教学活动始终是大学存在和发展的核心，通过教育教学行动培养高级专门人才是其亘古不变的本己价值。研究为什么教、为什么学，如何教、如何学，教什么、学什么等是大学师生体现其价值的本己行为。但是，为什么大学教学论研究一直不被重视，理论研究成效和应用实践效果不高呢？

其一，学理价值错位使大学教学论研究的人格价值和本己价值得不到凸显。

任何学术理论研究都是有价值的，其价值是由学理及其活动本身给予并在生活中被强化（或弱化）和提升（或消退）的。就大学教学论的研究而言，大学是"大人"的学校，大学教学活动是"大人"和"大人"之间的以知识技能和价值理性为中介的精神交互活动。不论是教师还是学生，因为他们都是"大人"，所以在大学教学意向价值、人格价值和本己价值中，其价值给予是"大人"教学活动自身给予的善的价值，是自律、自觉和主动地升向（精神、人格、爱、身心、知识技能和价值理性等）至善的价值本身的行动价值。但是，随着大学成为政治、经济、文化的分支的实事价值的强化，以及科学研究、服务社会等功能逐渐成为大学功能的重要部分，使大学教学的意向价值、人格价值和本己价值不得不被其实事价值、功效价值、形式价值等所分有。同时，随着实用主义、实证主义、唯科学主义等的观念支配着人们的此在生活，大学教学的实事价值、功能价值正在使大学的意向价值、人格价值、本己价值等渐行渐远。简言之，随着大学新增功能和大学与经济深度结合的不断强化，大学教学的本己价值就在分有中被矮化。这是大学教学论学理研究的本己价值错位之源。

再从大学教学论学理研究的异己价值、功效价值来看，任何学术理论研究的本己价值都指向其自身，其异己价值指向世界之用而彰显其功效价值。大学教学学理研究的异己价值指向大学师生的教和学，尽管大学师生也知道有效的教和学的观念、方法、价值理性等的指导的重要性。但是，现当代大学教学活动由于深受教学自由、学术自由、知识技能价值中立等观念的支配，从而使任何教学理论对大学师生来说，它仅仅是教学活动的一种参考的理论，而不是全部或唯一。如果相关大学教学理论不能构型为大学师生的教学信仰、精神、理性、行动等的本己部分，而仅仅是说教或触及大学教学人格异化之源，那么大学教学论的学理研究的合法性和异己价值就会被怀疑、被拒斥。简言之，大学教学论学理研究的异己价值展现在"大人"之学和"大人"之教中的非唯一性，异己价值发展乏力或失效，大学教学论学理研究就只能在大学教师的良心发现和自我觉察、体悟行动中谋求其发展的事实意义。

概而言之，由于受实证科学、实用主义、知识技能价值中立论等观念的支配，以及大学教学论学理研究的本己价值被分有、异己价值发展乏力，从而使大学教学论学理研究深陷价值异化之中而不能推动其积极发展。价值错位、价值异化不仅仅是大学教学论学理研究困厄的本因，也是一切社会科学、精神科学，甚至部分自然科学基础等研究乏力的本因。

其二，研究主体的有限性制约了大学教学论研究很难成为显学。

人人都是教育的存在者，人人都可批评教育，但是，不是人人都可以谈教学，也不是人人都能有效地品评大学具体学科课程的教学。这就是大学教学论和中小学教学论研究主体的本质区别。大学教学论虽然也把师生、课程、教法、教学、教学质量等作为研究对象，但是，它所研究的是大学的师生、课程等，而不是通用的或中小学的这些范畴。而要研究大学的这些范畴，仅仅接受过大学教育的人即使能评说这些范畴，也是表象的有限揭示。即便是正在接受大学教育的学生和正在担任大学课程教学任务的教师，如果其价值理性、教学科研活动不是指向教学活动本身，而是指向活动结果，他们也只能感受、体验这些范畴或作出有限的评说。大学教学既是一门艺术，也是一门科学，大学教学论更是一门关于大学教学理论和应用相结合的学问。大学教学论不仅仅是高等教育学的分支学科，而且是高等教育学和大学其他学科（自然科学、社会科学、人文科学）基于教学的理论与应用相交融的科学，这是大学教学论的根本属性或本质规定。因此，从事大学教学论学理研究，既要有从事本真大学教学论学理研究的精神信仰和积极行动——想做、愿意做、主动做大学教学论研究——这是不竭的动力，又要有深厚的哲学、教育学、高等教育学的理论功底和正在担任大学具体课程教学任务并实施本真的教学活动，才能以本真的教育学范畴、话语揭示本真的大学教学论及其体系建构（而不是说外行话）。同时，还应有深厚的跨学科（人文学科、自然学科）的理论修养和教学实践行动——大学教学论的异己价值不仅仅在于它对大学人文科学教学的指导与应用，还在于它对大学自然科学、社会科学、工程技术科学等的教学的指导与应用。正是由于大学教学论研究的跨学科性，使得研究某门大学课程的教学方法的单篇论文研究不乏其人，但进行大学教学论理论体系和具有普遍指导价值的研究的人力资源极为有限。

另外，大学教学是若干学科课程的高深知识技能和价值理性的教学活动，绝大部分大学教师都是专业课程教师，他们的教学信仰的核心并不完全是教学本身，而是以价值中立的知识技能和价值理性的呈现、展示、传授为主，因对学科专业知识技能的自信，也生成其对这一学科教学的自信，进而不仅质疑教学论的合法性，而且并不关注大学教学论的实事性。因此，真正从事大学教学论学理研究的仅限于对大学教学问题倍感忧虑的一些学人——有限学人的有限研究，这使得大学教学论学理研究人才和成果屈指可数。

其三，研究范式单一使大学教学论研究难以超越定势。

研究范式涉及研究的哲学基础、研究方法、研究工具、研究价值取向等。从哲学基础来看，我国当代大学教学论研究的哲学基础主要是马克思主义哲学，而且还是深受苏联赞科夫的马克思主义教育哲学影响的研究，时至当前，基于其他哲学基础的大学教学论研究极为鲜见。从研究方法来看，我国当代大学教学论研究方法有两种：一是借鉴或套用比较成熟的中小学教学论体系及研究方法，而且研究内容多指向施教方法的应是、应为层面，缺乏教和学有机统一的理论建构；另一种研究方法是基于实证主义及其量化理论指导下的对大学教学施教条件（师生比、教学投入、实践实训建设）和教学效果的数据结果分析的研究方法。该方法在很大程度上是基于教学条件的硬件建设一定能促进大学教学方法改进和促进大学教学质量提升的预设的量化实证研究，是重揭示大学教学问题的物质层面，轻大学教学本质规律揭示的研究方法。从研究工具来看，我国当代大学教学论研究工具多集中在大学教师个人体验、觉察的教学方法的中外比较研究、教育史研究方面，严重缺乏大学教学论学科体系、思辨方式、试验改革、跨学校和跨学科联合研究等工具应用。从研究的价值取向来看，除了前述的一些现象外，我国当代大学教学论研究的价值取向还存在着为了职务（职称）晋升或学位（博硕学位）获得而进行小问题研究，严重缺乏大学教学论学科体系建设的系统研究。

从回到事实本身的现象学方法论来看，我国当代大学教学论学理研究范式的一个关键困惑是，大学教学及其理论研究深受实证主义观念支配——重自然科学及其教和学的数量，轻自然科学教学中的人格至善的浸润和养育，这与中国自古及今的人才需求的"德才兼备，德行为先"的价值哲学严重相悖。因此，在某种意义上说，我国当代大学教学论理论研究的困厄不仅仅是研究范式单一的问题，而且还是研究范式不符合中国国情的问题。

其四，模糊的范畴界定降格了大学教学论研究的实事价值。

从现有的各种文献来看，我国当代大学教学论研究成果，不仅是在广义大学的域内进行研究，而且教育学、教学论的诸多范畴的界说和使用是值得商榷的，有些范畴的界说和使用甚至是错误的，有些范畴在一些论著和工具书中只大量使用而不界说其内涵。如大学精神与大学教学、师生人格至善之间有何关系？教学难道仅仅是教师的教和学生的学的活动吗？大学教学过程还是教师教学生进行认识的过程？不注重师生意向交集的教学还是不是教学本身？作为学校，大学和其他高等院校的区别何在？大学教学和高职高专教学有何本质差异？大学教学和中小学教学有何区别？大学教学过程难道基本上仍是传授知识的过程？大学课程知识与中小学及高职高专课程知识有何区别与联系？课程与教材有何区别？大学课程的显性课程和隐性课程各是什么？大学教学自由的限度何在？作为大学课程的知识本身是否嵌入了救赎知识（或形而上学知识）和是否有效剔除了"致毁知识"？教学信仰和学习信仰是什么？大学教师的科学研究如何嵌入教学之中？同一教学方法（讲授法、指导练习法、多媒体教学法等）的中小学与大学教学应用有何本质区别？教学评价和教学质量评价是不是同一个范畴？教学质量是不是不可定义？可否用教学显性质量代替教学隐性质量？可否用教学工作评估代替教学质量评价？外评价的教学评价、教学质量评价为何既被大学师生抵触却又不得不接受？广义的教学质量真的就是教育质量么？大学教学论仅仅是一门应用科学么？"从未系统性地学过大学教学论，自己也教得轻松有效，学生也学得轻松有效"的论断的信度有多少？……

大学教学论研究所涉及的一系列范畴，一旦其内涵界定不清，或者概念混乱，不仅会降低大学教学论学理研究的合法性，而且会消解大学教学论的应用价值。这也是当前我国大学教学实践和大学教学论体系建设的困厄所在。

二、我国大学教学论学理研究的发展

虽然我国大学教学论体系建设、研究队伍、价值理性、实事效果等存在诸多困厄，但我国当代大学教学论学理研究正处在快速发展之中。这不仅仅是我国高等教育大众化新常态对大学教学发展的要求，也是大学教学论自身发展的必然趋势。

其一，对当代世界各种哲学思潮、大学教学论学理、各种研究方法等的中国化再造，正在促进中国当代特色大学教学论体系建设的快速发展。首先，大学教学论作为一门科学，其学理研究的基础是哲学——奠基于什么样的哲学，必然生成为什么样的大学教学论。随着国力和民族自信力的不断增强，对世界各种哲学思潮和学术理论结合中国传统哲学、价值理性、人格伦常的再造能力不断得到提高，中国特色大学教学论的哲学基础呈现出世界多元哲学的中国化再造发展趋势。这种多元哲学基础的大学教学论建构，最直接地的是对大学教学论相关范畴的对应哲学或理论的重新界说，如实用主义、人本主义、现象学、科学主义等哲学对大学及其课程、教学、教学质量、质量评价等范畴的界说就有很大的区别。其次，大学教学论学理借鉴与创新呈现出或借鉴国外发达国家的大学教学论的学理，或借鉴国内外中小学教学论的学理，或基于中国化马克思主义哲学重构的大学教学论的学理等，并紧扣我国当代大学或高等院校的教学特色进行再造和发展。在学理研究方法方面，我国当代大学教学论的研究工具既有结合中国传统教学理论的思辨性研究、演绎性研究，也有借鉴国外理论思辨方式或量化工具的测量式研究，尤其是在课程开发、知识技能创新、教具开发与应用、教学及其质量评价等相关研究领域，研究工具及研究成果呈现出多元快速发展趋势。

其二，经济、科技全球化促使大学教学论学科建设的世界视野新发展。经济、科技全球化推动了人力、资本、商品、服务、知识、技术和信息的跨国交流，也促进了大学功能的国际化新发展——如何培养有世界视野的高端人才、如何站在世界前沿开展科学技术研究、如何立足本国放眼全球以学术开展社会服务、如何用现代科学技术与观念传承民族优秀文明等，也成了当今世界大学（狭义的大学）发展的全新视角。

大学功能的世界性发展，要求大学对其大学精神及其实体建设、人才培养理念和方式、课程知识及价值理性、国际化师生的成长与培养、教育教学质量的提升和评价、科学研究及其生产力转化、服务社会的功能及定位，等等，必须与国际前沿接轨。这种接轨除了按真理、正义、自由、至爱、科学、止于至善的大学本质规定而办学外，师生、课程、教学、教法学法、教学质量评价等这些大学教学论所关涉的范畴及其建构，必将回到大学实事本身和结合国情加以发展。当前，虽然当代世界视野的中国特色大学教学论学科体系建设还处于起步阶段，但是，大学课程、教法学法、教学质量等范畴的国际化学理研究和试验正在如火如荼地进行着，尤其是国际学科（International Studies）、国际课程（International Programs）、跨文化课程（Intercultural Programs）等课程理论和应用研究已经在国内大学中普遍开展，已经取得了显著成效。大学课程理论和试验研究既奠基了大学教学论的学理体系建设，也促进了大学教学法、教学评价的国际化深化发展。简言之，大学办学理念回归本质、大学课程的国际化发展、大学教学方式方法和教学质量评价的国际化接轨，必将推动大学教学论的学理研究和学科体系建设的快速发展。大学教学论相关范畴（或子项）的学理研究的蓬勃发展和持续建构，是大学教学论学科体系建设的不竭动力和重要组成部分。

其三，前沿知识技能与人工智能的快速发展和广泛应用于大学教学实践，已经促进了大学教学及大学教学论的理论与实践的巨大变革。从知识技能的快速倍增与创新来看，"大学（狭义的大学）仍然主要是传授知识技能和价值理性"的教学价值论和实践范式已经受到质疑和批判，不少学者已经提出我国当代大学（各级各类本科院校）的本科及以上教学应秉持"知识够用为本，重在创新发展新的科学技术及学生人格至善、思辨力、动手能力培养"的大学教学价值理念。"大学教学应回归'普遍知识'教学，重在'通识知识'、人格人品知识的教学"①。"应用型本科人才的培养，不能仅仅传授其'基于工作需要的技能'，更要培养其创造性地运用专业知识和技能解决实际问题的意识和能力"②。"即使是应用型本科人才培养，也要实施研究性教学，要把启迪学生的理解力、判断力、洞察力、想象力、应变能力、创新意识、创造能力、批判思维等作为教学的重中之重"③。因此，从当代知识技能的发展趋势来看，后现代大学及大学教学，传承和保留人类文明仅仅是其作为知识殿堂的功能的一部分，创新和发展人类文明与知识技能已经成为其知识殿堂的功能的重要部分。这一知识技能的价值理性的发展，已经促进大学教学论研究范式及其学理体系建设的变革。

再从人工智能快速发展和广泛应用于大学教学实践来看，已有的知识技能已经泛载于各种介质并能被便捷化地广泛使用。这不仅能促进大学教学内容、方式的变革，而且将促进了大学教学理性、价值、观念等的变革。对当代大学生而言，其知识技能和价值理性学习，不在于能掌握和已经掌握了多少知识技能，而在于能在泛在知识技能和价值理性基础上创造和生成多少自己的、全新的知识技能和至善价值理性。大学生对大学教师的知识技能和价值理性的施教价值需求取向，也不再是教师掌握了多少知识技能并能有效施教，而在于教师如何能综合运用已有知识技能和价值理性，引导学生并和学生一道创造新的知识技能及提升至善价值理性……。这种因人工智能应用于教学所带来的对传授、学习、记忆、提取、应用和创造知识技能的传统教学逻辑范式及其价值理性的变革，不仅使学生的学习价值、内容、方式发生了巨大的变化，而且也使教师的施教和学习以及科学研究等的理性、价值、内容、方式等发生了巨大的变革，甚至使大学师生的"人之为人"的价值理

---

① 陆国栋、章雪富：《大学教育的课程谱系》，《中国高等教育》2014 年第 22 期。

② 马建荣：《论应用型本科人才培养目标下的课程教学设计》，《中国高教研究》2011 年第 4 期。

③ 张兄武：《应用型本科院校实施研究性教学的探讨》，《中国高等教育》2010 年第 6 期。

性和建构方式都发生了有别于传统的巨大变化。传统教学论的"要教给学生一碗水，教师必须有一桶水"的理论已经被"教师必须是永不枯竭的泉水、活水"理论所取代。教师是园丁，是蜡烛的为师价值论已经被教师是"人师"、"大师"、"楷模"、"学生身心协调发展的激励人、陪伴者"、"终身学习者、创新者"等价值论和行动所取代……

　　简言之，知识技能和科学技术的日新月异的全球化发展与广泛应用，促进的不仅仅是生产力的解放，更多的是促进了人的观念、理性、价值和思维、行动方式等的改变。人作为人本身是生命和精神有机统一的、不断建构的存在，是教育和创造教育的存在。科学技术和人的这种永远在路上的持续建构属性，对教育教学而言，就是"以精神之力引导教育的内涵超越实用技术和宗教对教育的限制，使人救赎世界，变成真正的人自己，而不至于被科学技术打败"①。大学及其教学不是被快速发展的科学技术及其观念所支配，而是要积极引领其人化发展而不是异化，这是大学及其教学的本质规定。因此，大学教学论不是被快速发展的科学技术及其价值理性支配和牵引而发展，而是师生回到事实本身，回到大学及其教学事实本身，回到人之为人本身的主动建构，以适人化的方式不断建构、丰盈大学教学论的内涵与外延，这是大学及其教学论自身发展的应然趋势和规律趋势。

　　综上所述，在后现代境域中，我国当代大学教学论的学理研究和体系建设，正处在反思传统、学习借鉴其他哲学和教学论、正视当前面对的各种危机的快速发展之中。它不是"可替代"或"无研究价值"的研究，而是必须深入开展"学习与创造齐头并进式大学教学论研究"②。这不仅是大学教学论研究的必然趋势，也是深化高等教育改革、提高大学教学质量、化解各种人为危机必不可少的路径。

---

① ［德］雅斯贝尔斯：《什么是教育》，邹进译，三联书店 1991 年版，第 68—69 页。

② 汪明、张睦楚：《迈向学习与创造齐头并进式大学教学论研究之道》，《继续教育研究》2015 年第 5 期。

第二节　我国当代大学教学论应用研究的困厄与发展

在伽达默尔（Hans-Georg Gadamer）的诠释学现象学（Hermeneutik phänomenologie）看来，"应用"（英 application；德 Applicatio）和理解、解释一样都是现象学不可或缺的一部分，"理解始终已经是应用"，应用是把某种普遍的东西应用于某个特殊的个别的事例，应用在过去和现在、本质和现象之间起调节作用。如果没有这个应用的调节作用，传统就无法对现实产生实际的影响，而且"诠释学现象学所谈论的应用所涉及的是一种在所有理解中蕴含的因素……其中根本没有'有意识的应用'"①。因此，在现象学看来，应用不是理解现象的伴随的、偶尔的成分，而是整个地规定了理解。在回到事实本身的现象学方法看来，我国当代大学教学"应用"研究正处在艰难发展之中。

一、大学教学论作为"应用科学"的困境

在科技哲学看来，"应用科学（applied science）是直接服务于生产或其他社会实践的科学。与'理论科学'相对的范畴。在自然科学中，由应用理论和生产技术所组成。是生产技术的科学总结，也是技术科学在生产领域中的具体运用。其主要任务在于解决基础科学和技术科学物化为生产力，以及生产技术的应用等一系列理论问题。着重研究将已有科学技术成果直接用于人类生产或生活的，属于工艺应用性质的学科……应用科学反映了人类从理性认识到实践的飞跃，表现了利用自然和改造自然的能动作用。应用科学的发展，对社会生产力的发展起着直接的推动作用，它直接关系到国家的工业、农业和国防建设的发展速度。"② 从这一定义和大学教学及其教学论的事

---

① ［德］伽达默尔：《诠释学Ⅱ：真与方法》，洪汉鼎译，商务印书馆 2013 年版，第 324 页。
② 冯契主编：《哲学大辞典》，上海辞书出版社 2007 年版，第 981 页。

实来看，大学教学论应用研究之所以发展艰难而又必须加大力度发展的本因就可以找到了。

其一，大学教学论不全然（或不绝对）是应用科学。

自夸美纽斯提出"教学论（didactic）是把一切事物交给一切人们的全部艺术，是一种教起来准有把握、准有结果的艺术，是一种教起来使人感到愉快的艺术"以来，教学论究竟是一门艺术科学、应用科学还是理论科学的论争一直延续至今。我国当代教学论奠基人和发展者的王策三教授说："教学论是为解决教学问题而研究一般教学规律的理论科学；是以研究一般教学规律来帮助解决教学问题的理论科学。是不同于教学法、教学规律汇编的揭示教学规律的科学。"① 顾明远教授认为："教学论是以研究教学规律为对象的学科……教学论的研究对象迄今尚无定论，如苏联达尼洛、叶希波夫认为是研究教养和教学的理论；勃列诺夫认为是研究教与学之间关系的科学；德国克拉因认为是研究教学中智育和德育的统一过程的规律；南斯拉夫鲍良克则认为只是研究教养的一般规律；美国布鲁纳提出它是探索怎样用各种手段帮助学生认知结构发展的理论。当代中国学者普遍认为是研究教学普遍规律的科学。"② 李森教授认为："所谓教学论，是关于种种教学现象及其规律的学科。主要研究各种各样的教学现象并揭示隐藏在各种教学现象背后的规律，分为理论教学论和应用教学论两个方面的内容。理论教学论的主要任务是对教学问题进行理性思索，揭示隐藏在各种教学现象背后的规律，为教学演化、发展和改革提供理论支持，理论教学论又分为教学科学论和教学艺术论，教学科学论又可分为基础性教学科学论和拓展性教学科学论；教学艺术论以教学的'美'为对象，研究教学艺术的规律和表现形式。应用教学论分为分段教学论和分科教学论。分段教学论探讨各个教育阶段的教学问题，包括学前教学论、小学教学论、中学教学论、大学教学论、成人教学论和老年教学论。分科教学论包括语文教学论、数学教学论……中小学有多少学科，就有多少分科教学论。理论教学论和应用教学论、基础性教学科学论和拓展

① 王策三：《教学论稿》，人民教育出版社 1985 年版，第 57—59 页。
② 顾明远：《教育大辞典》，上海教育出版社 1998 年版，第 717 页。

性教学科学论的产生，昭示着现代教学论的发展既高度分化又高度综合……现代教学论的研究对象包括教与学的关系、教与学的条件和教与学的操作。现代教学论是由教学本体论、教学认识论和教学研究方法论相互联系、相互作用所构成的有机整体。"①

由这些论争可以看出，教学论是揭示教学规律的理论和应用有机统一的科学，尤其是现当代教学论，虽然可以划分成若干分支，但都是理论和应用有机统一的科学（或学科）。大学教学论虽然可以从学段上区别于中小学教学论、成人教学论等，但现当代大学教学论也不可能仅仅是"应用教学论"，它同样是以教学规律为研究对象（只是限制在大学教学规律这一领域）的科学，是研究大学十三大学科（文、史、法、哲、教、理、工、农、经、管、医、神、军）的教与学的本体、认识、方法的普遍现象及其规律的学问。而且大学十三大学科各自又分为若干二级学科、专业、方向等，这正是大学教学论的学科体系建设艰难的重要原因。一旦把大学教学论界定为应用教学论，相关应用理论就因缺乏合法性和可操作性，而成为大学教学论学科体系建设的"致毁知识"。同时，由于大学秉持"学术无国界"、"教学自由"、"个性化教学"的教学活动，任何大学教学应用理论和方法对大学师生而言仅仅是借鉴、提醒、参考，绝不可能是规定、遵循，这才是大学教学论的应用及其价值的本体部分。

概而言之，正是因为把大学教学论限制在应用科学领域，又加上大学不少师生先天对应用科学的规定和遵循的抵制，就使大学教学论一方面因不可能提供绝对的可应用、能应用的理论和方法而使大学教学论的学理研究的本己乏力；另一方面也因过于强调的应用学科性而使大学教学论学理研究的人力和研究成果的异己力量难以壮大。因此，无论是从大学教学论的本己价值还是意向价值来看，或是从其异己价值和成效价值来看，大学教学论都是理论和应用有机统一的学问（或学科）；而且，其应用本身更加凸显其提醒、协商、借鉴、反思等功能的觉察和建构。正是因为对大学教学论的这一应用本质的失察，才使大学教学论的研究显得乏力，甚至失效。

---

① 李森：《现代教学论纲要》，人民教育出版社 2005 年版，第 6—11 页。

其二，乏力的应用异己力使大学教学论学理研究乏力。

古今中外的大学教学，不仅其师生是"大人"，而且其施教的主体（教师）一直以来都是圣者、圣徒、大师、专家、学者，都是至善人格的楷模，是与天地父母同在的存在。他们的教学活动、德范引领、人才培养、科学研究乃至社会生活都是一个国家（或教派）民族的象征，都是精英中的精英的活动。其教学活动本身都是无愧于信仰、良心、国家（或宗教）、民族以及文化、文明和科学技术的存在。而且，大学生也是精英，是自我趋善并主动引领建构至善世界的"绅士"、"仕"、"英雄"、"领袖"等。即使个别大学师生的教学行为及其结果游离于大学教学本质之外，也仅仅是个案。因此，至少截至近代，大学师生的教学活动是不需要争辩的，也是极少需要批判的。大学教学活动因是自我趋善、主动引领至善世界建构的活动，因而也就缺乏大学教学论的学理研究和应用、理解的异己之力。但是，到现当代，随着大学成为政治、经济、文化发展的重要组成部分，成为国力竞争所需人力资源的重要保障等，以及高等教育大众化、普惠化的不断发展，使大学教学危机日趋严重。而且因大学自身持久的"惰性"又不能有效化解这一危机时，大学教学论学理研究和应用指导才被提上了议事日程，其异己之力就产生了却处于艰难增强之中。

虽然现当代大学教学论的理论和应用研究有一定的异己之力的支撑，对大学教学论的理解和应用也有本己之力，但是大学教学论作为一门科学、一门理论与应用有机结合的科学，其理论体系、应用理论与策略、研究方法、学术价值等和其他理论科学或应用科学一样，是一个长期而艰苦的建构过程，这种学理研究的异己之力的乏力，必然制约大学教学论学理研究的快速发展。

二、异己之力的不断增强必将促进我国大学教学论学科发展

我国当代大学教学论虽然起步较晚，但随着科技、经济、政治、文化和大学自身的快速发展，大学教学论的学术研究和应用指导的外力正在快速增强，这必将推动该学科快速发展。

其一，以提升大学教学质量的国际化为目的的大学教学论的发展，是大学教学论快速发展的重大异己之力。

当今各国大学的竞争不仅仅是国内大学之间的竞争，而是大学在世界范围内的竞争。各国大学的世界范围内竞争，不仅在争夺人力资源（师资、学生、资金），更是以教学质量为核心争夺各种有形无形的资源。

1997 年 4 月，欧洲理事会与联合国教科文组织在里兹本召开会议并在会间共同推出了《欧洲地区高等教育资格承认公约》（简称《里兹本公约》）。1999 年，29 个欧洲国家在意大利博洛尼亚签署并执行的欧洲高等教育改革计划（即《博洛尼亚宣言》）。截至 2005 年，欧洲有 36 个国家签署了《里兹本公约》，45 个国家签署了《博洛尼亚宣言》。这一行动，把大学教育国际化、大学教学质量国际一体化推向全新的高度。欧洲之外的世界各国虽然没有加入《里兹本公约》和《博洛尼亚宣言》，但是参照欧洲高等教育一体化所制定的大学办学标准、大学教学质量标准及其评价模式、区域高等教育一体化等的发展已成为时代主流。而大学教学质量及其评价模式的国际一体化，首先是大学课程设置、教学方式方法、大学学制等的国际一体化，然后才有可能实行评价的国际一体化。对此，欧洲各国首先在大学课程、大学教学论研究及其应用等方面开展了国际一体化的实践与研究：德国成立的"德国高校教学研究会"于 2005 年发布了《关于高校教学法继续教育标准化和认证的指导方针》；英国成立了教学学会（ILT）来指导英国大学开展教学论、提升大学教师教学能力和保证教学质量的研究与评价……。除欧洲大陆外，美国 1905 年成立的卡耐基教学促进基金会一直秉持"从事所有必要的工作来鼓励和支持教师职业和高等教育，使之成为高尚的事业"的宗旨支持大学教学论的研究与试验，该基金会第七任主席欧内斯特·L. 博耶于1990 年提出了"教学学术"范畴，从而使美国大学教学论研究取得突破性的进展。

大学教学的国际化快速发展，使世界各国或以官方的教学评估机构，或以半官方的教学促进协会等组织来大力推动本国大学教学论研究与应用从而实现和国际接轨，这是大学教学论研究和应用的巨大动力。在这个背景下，我国于 21 世纪初成立的"大学教师教学发展中心"和"全国高等学校教学研究会"，其宗旨是"遵循理论联系实际的原则，开展高等学校教学理论与实际问题的研究，为教学改革提供决策咨询、服务，为推进教学改革、提高教学质量、培养具有创新精神和实践能力的高级专门人才服务"。"大学教师教学发展中心"和"全国高等学校教学研究会"将为我国大学教学论研究在人力、智力、组织保障等方面注入巨大的动力。

其二，教学需求的"逆向"转换使大学教学论的应用研究获得巨大的动力。

传统或古典大学教学及其价值是教师教什么、学生就学什么的价值体现，是从上施下效、师传生受、教师怎么教学生就怎么学的教学价值展现。但是，在现当代，由于大学生学习价值、社会价值、主体意识等深受实证科学和实用主义等观念及其实事性的支配，以及科学技术的快速发展和世界交流日趋紧密，整个大学教育教学系统已经发生巨大变化：大学生不仅是大学教学的主体，甚至已经成为教学活动的主导——大多数学生当下与未来人格至善和人生事业发展的需要，已经主导着大学教师的施教内容、方式、价值取向等，否则，学生将质疑教学活动的存在意义及其价值。同时，学生意愿的知识技能和价值理性不仅是前沿的、本真的，而且是讲求效率的、快速生成的。这种以学促教的大学教学价值的"逆转"，使每位在职大学教师时刻面临着职业危机，也使大学教师渴求获得教学理论的提醒、指导，以消除"惰性"、"倦怠"和危机。而且，大学生意愿的教学价值和科学技术发展、人才培养、价值理性、真理正义等之间的教学关系的调谐，没有教学理论及其相关教学方式方法的借鉴、批判、整合，仅靠教师的自我摸索、觉察、觉悟，"逆向"教学价值至少是缺失时效价值的，甚至可能是欺罔的"伪教学"、"伪价值"。因此，大学教学价值的生本"逆向"需求是大学教学论研究的动力之一，也是"有良心"的大学教师自觉学习和开展自己承担课程的大学教学论研究的动力之一。这种动力正处于快速递增之中。

其三，"公权力"的介入是推动我国当代大学教学论快速发展的巨大异己力。

随着科技、经济全球化和高等教育大众化等不可逆转的快速发展，"教学是大学工作的核心，是实现大学使命之根本路径"的本质规定正在被功利化，被去本质化。大学及其教学质量危机不仅严重地威胁着大学的生存和发展，而且已经严重地影响了国力、科学技术、国家稳定、民生、民族复兴等。当作为政府全额事业拨款建设的组织（不仅仅是大学）阻碍国家持续健康发展时，政府"公权力"必将介入以"拨乱反正"——以行政权力遏制其进一步异化，并规范其回到正确的发展道路。针对我国当代正在异化（或被异化）的大学教学和大学教学论研究乏力的现状而言，"公权力"的巨大正能量正在强化：进入 21 世纪以来，我国先后有三十多所大学建立了"大学教师教学发展中心"，该中心的职责就是必须担负起提升大学教师教学能力的主要责任，这正是以权力机构强制推进大学教师（尤其中青年教师）提高教学能力、提升教学质量。另一方面，随着与世界接轨的教师资格证制度的不断完善，大学教师资格证将是获得大学教席、教学专业技术职级晋升和增薪的条件，而要获得大学教师资格证，拥有大学教学相关知识技能、激活大学为师潜力、提升大学教学能力、接受大学教学能力面试或试教等一系列环节，离不开大学教学知识技能的学习和训练。而这个学习或训练必然离不开大学教学论优秀著述的帮助，这也为大学教学论研究提供了巨大的动力和应用市场。简言之，"公权力"的大学教师教学发展中心和大学教师资格证制度的不断国际化深入发展，是大学教学论的学理研究及其学科化建设的巨大异己之力，这将有效推动该门科学的快速发展。

其四，大学及其教学质量的各种评估是大学教学论学理研究及应用的巨大异己之力。

如前所述，因现当代大学教学、大学教学质量等的被功利化，加上大学自身固有的"惰性"，迫使"公权力"介入，通过"以评促建，以评促管，以评促改，评建结合，重在建设"的评价活动以促使大学及其教学、质量等回归其正道。针对大学的办学水平、教学质量、教学工作等范畴的各种方式的评价（或评估），虽然硬件建设、投入等也是评价（或评估）的内容，但是其核心、主体还是大学教学及其质量。而任何质量评价必然与实效、时效相关——都是对相关时段内活动过程及其效果的判断，对大学教学及其质量的评价亦不例外——都是对相关时段内教学活动及其效果的判断。而大学教学及其质量评价的结果不仅事关被评价（或评估）大学的生死存亡，而且事关被评价大学师生员工的当下与未来发展。对此，虽然外评价的教学质量评价只是把教学结果和有限的教学过程作为评价对象，但是对被评价对象（大学及其师生）而言，是对每个师生、每门课程实施的教和学的过程及其效果的长期发展的实效与时效的评价。简言之，教学及其质量评价的本质是指向教学过程及其时效的价值判断，要提高大学教学及其质量的时效和实效，科学而讲求效率的教与学的理论指导和实践是关键。这也就为大学教学论研究与应用指导提供了强大的外力——以评促改、以评促建等二十字方针，不仅仅是促进教学及其质量提升的强大异己力、外力，也是促进大学教学论理论研究和应用发展的强大异己力、外力。

其五，后现代各种学术理论、哲学思潮和科学技术在大学教学过程中的广泛使用，是大学教学论应用发展的又一异己力。

不论是实用主义、功利主义、唯科学主义，还是人本主义、建构主义、终身学习理论、教育公平理论等，对大学教学而言，它们虽然以观念、价值理性等支配大学教学的主体（师生）和客体（课程、知识技能、方式方法等），但它们都有一个共同的本质特征——人和知识技能、价值理性的持续发展，而不是毁灭或阻碍学术理论自身和人的发展。各种理论虽然在批判其他理论的基础上发展自身，但它们都是基于后现代境域中的人、社会及其自身的发展需要而发展，它们都以人对其理解、接纳为桥梁，都灌注在教育教学过程之中，最终以人的观念和生活方式而显现其存在与发展价值。正是各种理论在大学教学中的应用和谋求其自身发展，也就构成了大学教学论的理论争辩和应用调谐的发展动力。任何理论对教学而言，既是观念的存在，也是应用的存在；理论的教学及其人本性应用是理论实事价值及其合法性的体现。这也正是相关理论和大学教学论发展的巨大动力。

大学教学不是反技术应用的活动，而是主动引导前沿科学技术发展并将其广泛应用于教学和社会生活实践的活动，是把科学技术最新成果嵌入教学过程的有机统一活动。后现代大学，既是科学技术研究和创新的主要阵地，也是各种科学技术应用于实践的主要检验场。除了大学自身的科学技术研究首先广泛应用于或嵌入大学教学过程外，大学校园之外的各种前沿科学技术也被广泛地或间接地植入大学教学，这是后现代大学和科学技术关系的实然体现。

　　大学教学论作为一门科学（学科），不是既成不变的，而是不断建构的：作为理论科学的大学教学论，其自身学理基础、哲学基础、发展规律、研究对象、价值理性等因时代变化和作为科学本身发展规律的需要而拥有强大的本己之力；作为应用科学的大学教学论，其应用价值、成效价值、发展路径等因大学的功能、经济社会、大学师生自身存在与发展等的需要而具有强大的异己之力。本己之力和异己之力已然存在并不断增强着，作为理论科学和应用科学有机统一的大学教学论的发展之所以乏力，存在科学研究的合法性之争的本因，是大学教师、大学教学论研究者未真正回到事实本身，对其本己价值、成效价值严重失察所致。

　　展望未来，不论是大学教学论自身发展的需要，还是大学师生、大学自身、社会经济文化、科学技术、国力竞争、民族复兴等发展的需要，大学教学论的科学研究、范式转换、发展前景等，都是动力巨大、潜力可观、人力强大、价值巨大的。在当代和未来的大学教学中，大学生绝不接受把自己当成教学质量提升的试验品。作为有良心，有至善信仰，有教师职业危机等的大学教师，不仅将主动积极学习大学教学论，而且必将主动研究教学论，研究自己承担课程的教学论，主动开展科学与教学有机结合的研究。大学教学论学科建设、应用实践必将随着时代的发展而快速发展。

主要参考文献

1. 胡塞尔：《现象学的方法》，倪梁康译，上海译文出版社 2005 年版。

2. 胡塞尔：《欧洲科学危机和超验现象学》，张庆熊译，上海译文出版社 2005 年版。

3. 胡塞尔：《生活世界现象学》，倪梁康、张廷国译，上海译文出版社 2005 年版。

4. 倪梁康选编：《胡塞尔选集》，上海三联书店 1997 年版。

5. 倪梁康：《胡塞尔现象学概念通释》（修订版），三联书店 2007 年版。

6. 胡塞尔：《现象学的观念》，倪梁康译，上海译文出版社 1986 年版。

7. 胡塞尔：《哲学作为严格的科学》，倪梁康译，商务印书馆 2007 年版。

8. 孙周兴选编：《海德格尔选集》，上海三联书店 1996 年版。

9. 海德格尔：《面向思的事情》，陈小文、孙周兴译，商务印书馆 2007 年版。

10. 伽达默尔：《真理与方法》，洪汉鼎译，商务印书馆 2007 年版。

11. 刘小枫选编：《舍勒选集》，上海三联书店 1999 年版。

12. 舍勒：《伦理学中的形式主义与质料的价值伦理学》，倪梁康译，三联书店 2004 年版。

13. 舍勒：《知识社会学问题》，艾彦译，华夏出版社 2000 年版。

14. 舍勒：《哲学与世界观》，曹卫东译，上海人民出版社 2003 年版。

15. 施皮格伯格：《现象学运动》，王炳文、张金言译，商务印书馆 2011 年版。

16. 施太格缪勒：《当代哲学主流》，王炳文等译，商务印书馆 2000 年版。

17. 夸美纽斯：《大教学论》，傅任敢译，教育科学出版社 2000 年版。

18. 弗莱克斯纳：《现代大学论》，徐辉、陈晓菲译，浙江教育出版社 2001 年版。

19. 福禄培尔：《人的教育》，孙祖复译，人民教育出版社 2001 年版。

20. 雅斯贝尔斯：《什么是教育》，邹进译，三联书店 1991 年版。

21. 布鲁贝克：《高等教育哲学》，王承绪等译，浙江教育出版社 1987 年版。

22. 怀特海：《教育的目的》，徐汝舟译，三联书店 2002 年版。

23. 克拉克：《高等教育新论》，王承绪等译，浙江教育出版社 1988 年版。

24. 加塞特：《大学的使命》，徐小洲、陈军译，浙江教育出版社 2006 年版。

25. 利兹马等：《大学教学法》，蔡振生译，高等教育出版社 1987 年版。

26. 巴尼特：《高等教育理念》，蓝劲松译，北京大学出版社 2012 年版。

27. 莫利：《高等教育的质量与权力》，罗慧芳译，北京师范大学出版社 2008 年版。

28. 康德：《论教育学》，赵鹏、何兆武译，上海人民出版社 2005 年版。

29. 范梅南：《教学机智——教育智慧的意蕴》，李树英译，教育科学出版社 2001 年版。

30. 冯锲主编：《哲学大辞典》，上海辞书出版社 2007 年版。

31. 顾明远主编：《教育大辞典》，上海教育出版社 1998 年版。

32. 王策三：《教学论稿》，人民教育出版社 1985 年版。

33. 张楚廷：《大学教学学》，湖南师范大学出版社 2002 年版。

34. 徐辉、季诚钧：《大学教学概论》，浙江大学出版社 2004 年版。

35. 李森：《现代教学论纲要》，人民教育出版社 2005 年版。

36. 于美方：《大学教学论》，上海社会科学院出版社 1989 年版。

37. 钱伯毅：《大学教学论》，中国科学技术大学出版社 1991 年版。

38. 赵文辉：《高校教学质量保障问题研究》，中国人民公安大学出版社 2009 年版。

39. 李剑萍：《大学教学论》，山东大学出版社 2008 年版。

40. 孙泽文：《现代大学教学引论》，华中师范大学出版社 2006 年版。

41. 潘懋元：《潘懋元文集》，广东高等教育出版社 2010 年版。

42. John Henry Newman. *The Idea of a University*. 中国人民大学出版社 2012 年版。

43. Hussel, *Phänomenologische Psychologie. Vorlesungen Sommersemester* 1925, Hua IX, hrsg. Von Walter Biemel, Den Haag 1962, S. 300.

44. Max Scheler. *Die Wissensformen Und Die Gesellschaft*. A. Francke AG. Verlag. Bern Dritte, durchfesehene Auflage pp.383-420, Universität und Volksbocbschule. 1980.

45. Ralph Tyler. *Basic Principles of Curriculum and Instruction*, Chicago：The

University of Chicago Press，1949.

46. Nohl，H. Ausgewählte pädagogische Abhandlungen. Paderborn：Ferdinand Schöningh. 1967.

47. Edie，J.M. *An invitation to phenomenology.* Chicago：Quadrangle Booke.1965.

48. Ray，W. *Literary meaning：from phenomenology to deconstruction.* Oxford：Basil Blackwell. 1984.

49. Max van Manen. The phenomenology of pedaguogic observation. *The canandian Journal of Education.* Vol.4.1979.

50. Snith，S. *The pedagogy of risk.* Unpublished Dissertation. Edmonton：The University of Alberta. 1989.

51. Schleiermacher，F.E.D. *Ausgewählte pädagogische Schriften.* Paderborn：Ferdiand Schöning. 1964.

责任编辑：段海宝

图书在版编目（CIP）数据

现象学直观的大学教学论/阮朝辉 著. —北京：人民出版社，2016.7

ISBN 978-7-01-016029-0

Ⅰ.①现… Ⅱ.①阮… Ⅲ.①高等学校-教学研究 Ⅳ.①G642.0

中国版本图书馆 CIP 数据核字（2016）第 061862 号

现象学直观的大学教学论

XIANXIANGXUE ZHIGUAN DE DAXUE JIAOXUELUN

阮朝辉 著

人民出版社 出版发行

（100706 北京市东城区隆福寺街 99 号）

北京汇林印务有限公司印刷 新华书店经销

2016 年 7 月第 1 版 2016 年 7 月北京第 1 次印刷

开本：710 毫米×1000 毫米 1/16 印张：20.75

字数：310 千字

ISBN 978-7-01-016029-0 定价：55.00 元

邮购地址 100706 北京市东城区隆福寺街 99 号

人民东方图书销售中心 电话 （010）65250042 65289539